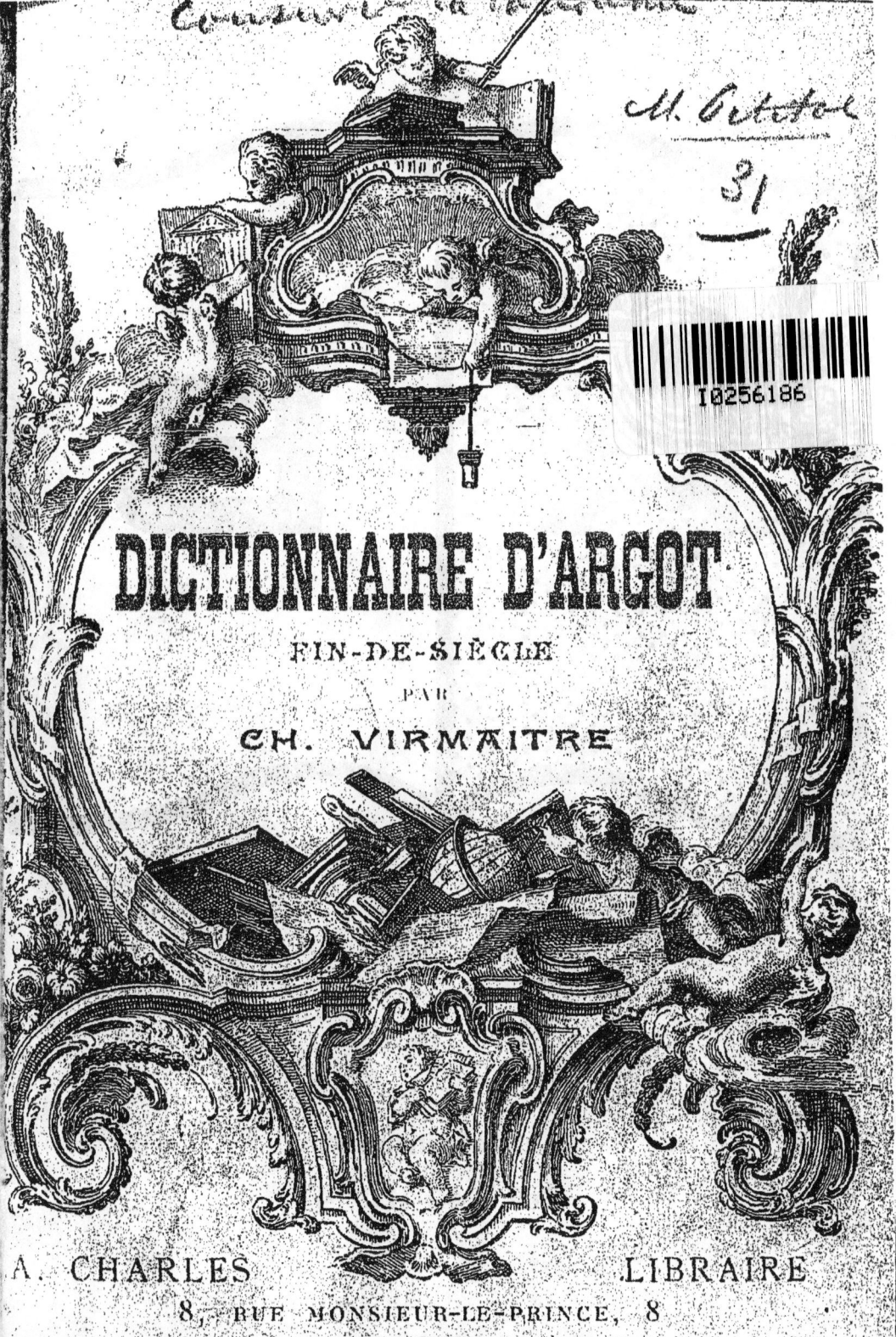

DICTIONNAIRE D'ARGOT

FIN-DE-SIÈCLE

PAR

CH. VIRMAITRE

A. CHARLES — LIBRAIRE
8, RUE MONSIEUR-LE-PRINCE, 8
PARIS

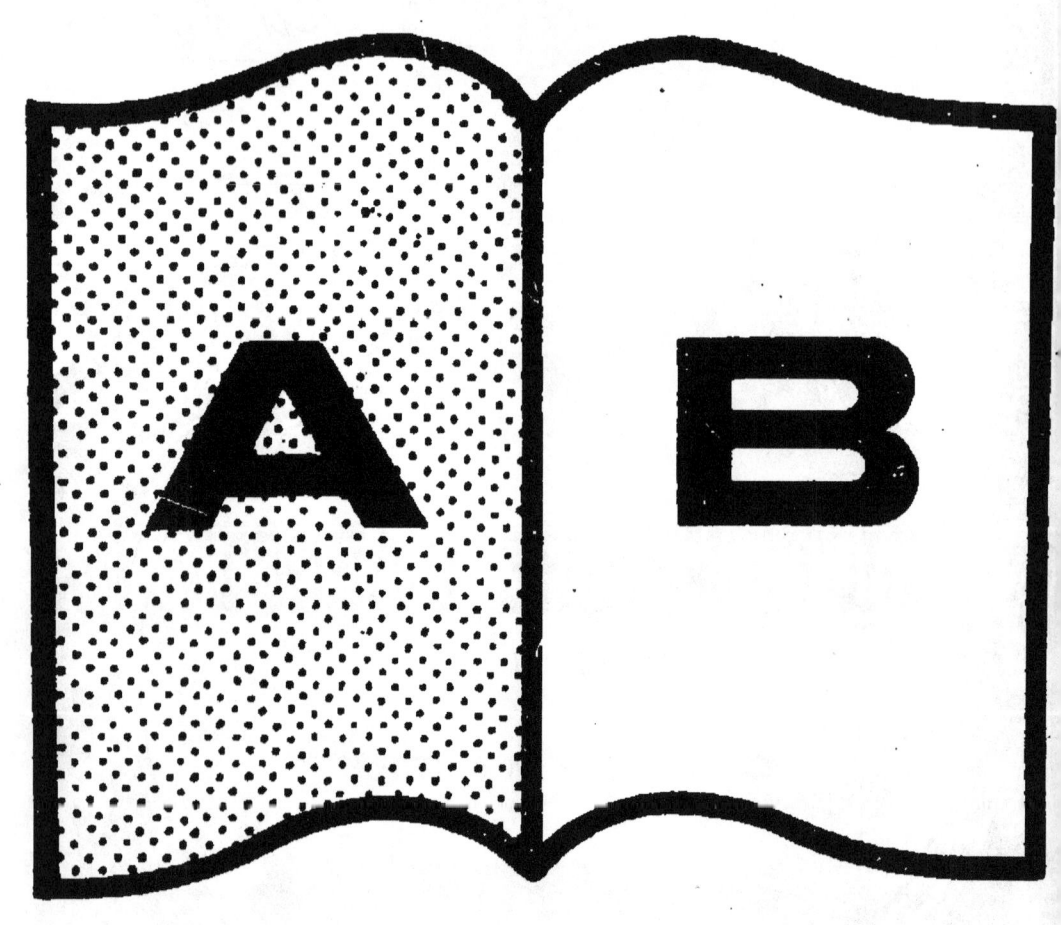

Contraste insuffisant
NF Z 43-120-14

DICTIONNAIRE D'ARGOT
FIN-DE-SIÈCLE

DU MÊME AUTEUR

PARIS-DOCUMENTAIRE

VOLUMES PARUS

I. Paris-oublié.
II. Paris-qui-s'efface.
III. Paris Canard.
IV. Paris-Palette.
V. Paris-Impur.
VI. Paris-Cocu.

VII. Paris-Police.
VIII. Paris-Escarpé.
IX. Paris-Boursicotier.
X. Paris-Galant.
XI. Paris-Médaillé.
XII. Paris-Croque-Mort.

VOLUMES A PARAITRE

Paris-la-Nuit.
Paris-Ambulant.
Paris-Dompteur.
Paris-Mastroquet.
Paris-Brasserie.
Paris-Bastringue.
Paris-Cabotin.
Paris-Palais.
Paris-Brocanteur.
Paris-Gargantua.
Paris-Canotier.
Paris-Tripot.
Paris-à-Table.
Paris-Mendigo.

Paris-Prison.
Paris-Escrime.
Paris-qui-s'éveille.
Paris-Toqué.
Paris-Musicien.
Paris-Huissier.
Paris-Etudiant.
Paris Domestique.
Paris-Gavroche.
Paris-Borgia.
Paris-Badaud.
Paris-Cafard.
Paris-Portière.
Paris-Bourgeois.

VOLUMES DIVERS ÉPUISÉS

La Commune de Paris, 1870-1871.
Les Maisons comiques.
Mémoires secrets de Troppmann.

Les Virtuoses du Trottoir.
Les Curiosités de Paris.
Les Sauterelles rouges.
Ces Dames du grand monde.
Les Jeux et les Joueurs.

A Francisque SARCEY

HOMMAGE RESPECTUEUX

Ch. VIRMAITRE.

DICTIONNAIRE d'Argot

FIN-DE-SIÈCLE

PAR

Charles VIRMAITRE

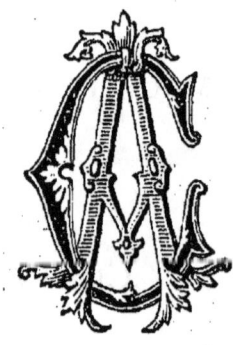

PARIS
A. CHARLES, LIBRAIRE
8, RUE MONSIEUR-LE-PRINCE, 8

1894

A MON CHER ET HONORÉ CONFRÈRE

FRANCISQUE SARCEY

Permettez-moi de vous prier d'accepter l'hommage de ce volume. Je suis persuadé que le nom du maître critique lui portera bonheur.

J'ai essayé de faire juste, sans, comme mes devanciers, écarter volontairement des termes risqués.

Je les ai écrits comme ils sont employés dans les milieux auxquels je les emprunte.

Pour écrire mes précédents ouvrages, j'ai dû vivre dans ces milieux, depuis l'atelier jusqu'aux bouges les plus infects, inconnus des chercheurs, et où, d'ailleurs, nul n'oserait s'aventurer sans danger.

C'est donc un Dictionnaire vécu, étudié sur le vif. S'il n'est pas aussi savant que ceux de MM. Jean Rigaud, Alfred Delvau et Lorédan Larchey, il a au moins le mérite de n'être pas fantaisiste ; il n'est pas l'écho atténué par une pudibonderie par trop Bérengeriste des expressions en usage depuis des siècles.

Des dames à un certain bal célèbre, mirent leur chemise au vestiaire, j'ai fait comme elles, ce sera moins beau sûrement, mais c'est aussi nature.

TO BE OR NOT TO BE

Veuillez agréer, mon cher Maître, mes remerciements et l'expression de mes sentiments de confraternité.

CH. VIRMAITRE.

Mon cher Confrère,

Vous m'avez fait grand plaisir en vous souvenant du goût que j'ai toujours montré pour les études de linguistique. J'aime les locutions d'argot, dont beaucoup sont très pittoresques; au lieu de les proscrire toutes, comme font les dégoûtés, nous devrions avoir à cœur de choisir les plus expressives et de les introduire dans la conversation de la bonne compagnie, d'où elles passeraient dans le Dictionnaire de l'Académie, qui leur donnerait ainsi leurs lettres de naturalisation.

Je vous remercie et vous serre la main.

FRANCISQUE SARCEY.

PRÉFACE

Avant que les bonnes feuilles de ce Dictionnaire ne me tombassent sous les yeux, je ne connaissais guère, je dois le dire à ma honte, que l'argot de Méténier et celui de Bruant. Je dois confesser que mon éducation était incomplète. Et comme je crois que beaucoup sont dans mon cas, il est de toute évidence que ce Dictionnaire est destiné à rendre les plus grands services aux femmes du monde qui vont, au cabaret du Mirliton, quérir des émotions un peu faisandées, et qui en reviennent mélancolieuses, oh! combien! et le cœur tout en pantenne, les pauvres chères ! de ce qu'elles n'ont pas goûté, n'ayant pas compris, toute la boue dont, à leur passage dans son bouge, les éclaboussa l'habile cabot-limonadier.

*
* *

Quel beau livre, quel livre puissant, de quel haut intérêt, et de quelle portée morale, philosophique et sociale, il y aurait à écrire sur l'argot ! Quels coins de voile il soulève sur ce monde mystérieux, inconnu, inquiétant, si loin de notre société bourgeoise, sur ce monde du crime, où le vol et l'assassinat portent cyniquement le même nom que la retape de la fillasse : le turbin ! Le turbin c'est-à-dire le TRAVAIL !!!

Ah ! nos lois ! nos règlements ! nos conventions ! Ah ! nos morales ! nos vertus ! nos devoirs ! Ah ! nos Codes, nos gendarmes ! A quels antipodes !

*
* *

Il y a dans l'argot l'histoire de tout un monde, il y a la psychique de tout un peuple qui pense, croit et agit tout contradictoirement à nous, de même qu'il parle une autre langue que nous, une langue difficile à saisir, en dépit de tous les dictionnaires, parce que sa mobilité est en raison directe des efforts faits par les profanes pour la pénétrer.

Je n'ai ni le temps, ni l'autorité qu'il siérait pour essayer d'écrire, en tête de ce livre, le Commentaire qu'il faudrait. Je ne veux, je ne puis que tenter quelques considérations sur ce qu'est l'argot, au point de vue philologique, et sur la manière dont se forme et se déforme, encore aujourd'hui, ou plutôt se transforme en se déformant ce vocabulaire d'une richesse si colorée et si sapidement et intensément pittoresque.

* * *

Les dictionnaires d'argot, publiés jusqu'à présent, n'ont pas assez, me semble-t-il, insisté sur les modes de recrutement et de transformation des vocables argotiques. Or, précisément, ce côté philologique m'a tout de suite paru, à moi, profane, comporter un intérêt de premier ordre. Je sais bien qu'il faudrait tout un livre pour écrire, expliquer et commenter la longue et si accidentée histoire philologique de l'argot, dont les compétents font remonter les origines jusqu'au XIIe siècle.

Toutefois, à défaut de cette étude savante il y a tout au moins à donner la formule de la mobilité de cette langue, qui, à dix ans de distance, devient presque méconnaissable et quasi incompréhensible pour qui n'en suit pas les évolutions et n'en connaît pas le mécanisme.

* * *

L'argot est un langage artificiel, un vocabulaire de convention.

Riche d'un fond de vieux mots français, latins, ou d'importation étrangère (par le fait, par exemple, des guerres), l'argot, je le répète, est une langue essentiellement bougeante et fugace.

Cette mobilité est obtenue par divers principaux procédés, tels que : déformation de mots existants, substitution de mots, apport de suffixes divers.

Le procédé de déformation le plus curieux est celui qui consiste à remplacer la première lettre d'un mot par la lettre *l*, à la rejeter à la fin du mot, et à terminer le mot par un suffixe, comme *oque, ique, ème, onche, uche.*

C'est ainsi que le mot « fou » a produit *loufoque*. L'*f* de *fou*, remplacée par un *l* et passant à la fin du mot, a formé *louf*, radical auquel est venu s'ajouter le suffixe *oque*, soit *loufoque*. C'est pareillement que *linvé* vient de *vingt*, le *v*, remplacé par l'*l*, est passé à la fin du mot, et le *t* est disparu euphoniquement.

Quelquefois le suffixe s'intercale dans le mot. Caler, mourir, devient *calancher*, par l'addition du suffixe *anche*, qui est un suffixe courant en argot, comme *ique* et *oque*. Exemple: boutique, qui fait *bouloque* et *boulanche*.

Un autre suffixe, qu'on retrouve un peu partout, est la syllabe *quin*. Roux = *rouquin*. Lance, eau, fait *lancequine* et *lancequiner* pleuvoir.

Le suffixe *go* entre dans la composition de beaucoup de mots : *icigo* pour ici, remplaçant *icicaille* qui est très vieux ; *sergot*, *mendigot*, etc.

* * *

L'argot s'enrichit de mots nouveaux par la méthode des synonymes et par métaphores. C'est à dire, à plus exactement parler, que les choses et les gens sont désignés par une de leurs propriétés, une de leurs fonctions, la plus saillante : une montre devient une *toquante*, parce qu'elle fait toc, toc ; un juge s'appelle un *endormi*, un avocat un *bavard* ; l'avocat général l'*avocat bêcheur*, une corde *ligottante*.

Les dérivations par synonymes, donnent parfois des résultats qui déconcertent de prime abord. Comment expliquer que *taupe*, femme, vient de *marmite*, qui désigne également la femme. C'est que *marmite*, par substitution de finale est devenue *marmotte*, et que *marmotte*, ayant éveillé l'idée d'animal qui dort sous terre, est un terme cousin germain de *taupe*.

Une des conséquences à laquelle, par ce procédé, on arrive vite, est le calembourg.

L'argot y a aussi recours pour se modifier. C'est ainsi que Saint-*Esprit* devient Sainte-*Essence*, le portier *cloporte*, les latrines le *numéro 100*.

Suivant cet ordre d'idée, l'expression *passer à tabac*, doit venir logiquement de *chiquer* qui en argot signifie *battre*; *chiquer* éveillant tout naturellement l'idée de tabac.

*
* *

N'y aurait-il pas tout un chapitre à écrire sur la poésie de certaines expressions, telle que *blanchette* qui veut dire hiver, telle que *brouillotte* qui signifie la nuit? Et sur l'esprit de certaines locutions imagées? *Coucher sur la plume de Beauce*, n'est-ce pas joli pour dire « coucher sur de la paille » ! Quand la fille qui fait la retape *rechasse* les passants (les reluque si vous voulez) pour les allumer, on dit qu'elle *distribue son prospectus*.

Et combien d'autres ?

*
* *

Ce Dictionnaire vient à son heure, il est l'expression exacte de la langue actuelle qu'on parle couramment dans les bouges. Il émane de la plume d'un qui a beaucoup retenu, après avoir beaucoup vu. Virmaitre est plus qu'un écrivain documentaire, c'est le Document lui même. Il est le seul homme de Paris qui a été partout, là même, là surtout, où la police, éventée à distance, n'entre pas. Il a rapporté de cette ballade de touriste dans le tréfond de Paris, tout une œuvre d'un arome spécial. Que si ces clichés photographiques effarouchent quelques pudeurs, au moins ont-ils pour eux d'être d'une exactitude absolue, puisqu'ils ont été pris sur le vif.

Ce *Dictionnaire d'Argot fin-de-siècle,* en dépit, et peut-être à cause, du cynisme de certains vocables, et du pittoresque violent de certaines locutions, n'est pas le moins curieux morceau de sa collection.

LÉO TRÉZENIK.

EXPLICATIONS

Il est inutile de chercher les origines de l'argot, car tous les auteurs qui ont essayé de les découvrir sont en parfait désaccord.

D'ailleurs, où commence l'argot, où finit-il ?

Chaque jour ce langage se forme, se déforme et se transforme.

Ce qu'il faut reconnaître et simplement constater, c'est qu'il est des plus anciens. Il existe depuis la création des associations de filous, de voleurs et de mendiants ; ils avaient en effet besoin d'un langage conventionnel pour se comprendre entre eux, sans que le vulgaire non initié pût saisir le véritable sens de leurs conversations.

* *
*

Le mot *Argot* dérive-t-il du grec *Argos*, d'*Argus* emblème de la vigilance ; de la vieille expression

Narquot (mendiant), de *Ragot*, truand du XVIᵉ siècle, du mot *Argu*, finesse, etc., etc.?

Cela importe peu. Ce qu'il faut considérer c'est que l'usage de l'argot est passé dans nos mœurs, dans toutes les classes de la société ; on en retrouve des expressions dans la langue courante.

Nous avons l'argot des *voleurs*, des *souteneurs*, des *filles de la rue* et du *demi-monde*, des *ateliers*, des *bouchers*, des *coulisses*, du *peuple*, des *troupiers*, des *bohêmes*, des *gens de lettres*, des *saltimbanques*, des *joueurs*, des *boursiers*, des *typographes*, des *bourgeois*, des *musiciens*, des *mendiants*, etc., etc.

⁎
⁎ *⁎*

Si les expressions employées dans ces divers milieux diffèrent sensiblement comme étymologie et comme sens, tout en signifiant la même chose, c'est que cette langue est très riche ; elle est si riche que pour exprimer le mot *tête*, par exemple, il existe plus de vingt vocables : *Trogne, caboche, bobine, fiole, caillou, bouillotte, cafetière, couache, poire, hure, sorbonne, olive, nord, baptême, trompette, globe, binette, cabèche,* etc., etc.

⁎
⁎ *⁎*

L'étude de l'argot a tenté de grands écrivains,

mais ils n'ont pu réussir à pénétrer dans les profondeurs de ce mystérieux langage.

Vidocq, le célèbre voleur, fut, dans notre siècle, le premier initiateur populaire de l'argot ; il était placé pour cela, il avait vécu dans le monde des prisons, au bagne, à la Force, et pendant qu'il fut chef de la sureté, il vit défiler devant lui tous les chefs de bandes célèbres.

Après lui sont venus MM. Alfred Delvau, Jean Rigaud et Lorédan Larchey.

Je ne parle pas des auteurs qui n'ont fait qu'emprunter les expressions de nos devanciers, en commettant de grossières erreurs sur le sens et la valeur des mots, erreurs qui prouvent qu'ils n'ont rien pris sur le vif, et qu'ils se sont contentés d'employer les mots tels qu'ils les avaient entendus.

Ainsi, l'un d'eux dit *cadelle* pour *cadenne* (chaîne) ; *brouter* (manger), pour *prouter* (colère). C'est à l'infini.

*
* *

Au XVIe siècle, l'argot avait pris une telle extension que l'on songea à modifier ce langage et à l'unifier. Ce travail fut confié aux *archi-suppôts*, titre que prenaient les *cagoux*, principaux officiers du roi des Truands.

Voici ce que dit à ce sujet Ollivier Chereau ;

« ... En un mot, ce sont les plus scavants, les
« plus habiles *marpauts de toutime l'argot*, qui
« sont des escoliers desbauchez et quelques *rati-
« chons* de ces coureurs qui enseignent le *jargon*
« *a rouscailler bigorne* qui ostent, retranchent,
« réforment l'argot, ainsi qu'ils veulent, et ont
« ainsi une puissance de *trucher sur le toutime*
« sans *ficher floutière*. »

*
* *

La méthode suivie par mes devanciers a ceci de particulier : c'est qu'ils se sont évertués à attribuer à telles ou telles personnalités la paternité des expressions nouvelles. Cela n'est pas juste, car l'argot ne s'étudie pas dans les livres, il s'étudie dans les rues, dans les ateliers, dans les bouges, en un mot dans tous les mondes où il est la langue usuelle.

*
* *

C'est le peuple qui est le véritable créateur de la *langue verte*, c'est lui qui trouve chaque jour des mots nouveaux pour exprimer sa pensée ; ce qu'il recherche avant tout, c'est la figure qui frappe, l'image qui détermine l'objet ou la chose qu'il veut désigner, voilà la raison pour laquelle l'argot est si pittoresque, ne repose sur aucune règle fixe et n'appartient à personne parce qu'il appartient à tous, à la masse.

* * *

Dans un atelier, deux ouvriers causent, l'un dit à l'autre :

— Tu ne finiras pas ton travail?

L'autre lui répond :

— Non, c'est que je *lousse*.

L'apprenti qui a entendu dans les faubourgs dire d'un homme qui *pète* : « Il est *enrhumé* » transforme l'expression ; au lieu de dire : *c'est que je lousse*, il dit : *c'est que je pète*.

Les deux expressions restent, la dernière complète la première, et toutes deux sont dans la circulation pour exprimer la même pensée.

A qui appartiennent-elles ? à tout le monde.

Qu'importe au peuple que les étymologistes se torturent la cervelle pour prouver que *gogo* vient de *gaudium* et *baragouiner* du Bas-Breton ?

Pour lui *gogo* est un imbécile, voilà tout.

* * *

Dans ce *Dictionnaire d'Argot* j'ai procédé d'une toute autre manière que mes prédécesseurs ; je ne cite personne, parce que, je le répète, c'est le peuple qui est l'auteur de tous les mots d'argot en usage.

Depuis dix ans que je travaille à ce Dictionnaire, j'en ai étudié les expressions sur le vif, dans les prisons, dans les ateliers, dans les bas-fonds, dans le monde des filles de la rue et des filles de la haute, et ailleurs ; j'ai acquis la certitude qu'attribuer à quelqu'un telles ou telles expressions c'est contraire à la vérité. Je me contente d'indiquer à la suite de chaque mot à quel argot il est emprunté et dans quel milieu il est en usage.

* * *

Certainement, j'ai employé des expressions brutales, grossières, mais je n'en suis pas cause ; pour être un photographe fidèle, je ne devais pas tourner autour du pot, je ne devais pas hésiter à soulever le couvercle.

C'est ce que j'ai fait.

Le parfum du fricot ne sera peut-être pas du goût de tout le monde, je le regrette ; il y en a qui aiment l'odeur de la peau d'Espagne et d'autres qui lui préfèrent celle du vidangeur.

Toutes deux sont aussi bonnes l'une que l'autre, la peau d'Espagne a fait la fortune du parfumeur, et la merde celle du vidangeur.

D'ailleurs, une expression n'est grossière que lorsqu'elle est voulue ; quand elle employée pour déterminer un objet, un fait, un individu elle perd sa grossièreté pour passer à l'état d'image, et dans cinquante ans ce qui paraît brutal aujourd'hui paraîtra sûrement anodin.

* * *

Si, à l'époque où l'on poursuivait *Madame Bovary* on nous avait dit qu'en 1894, l'Académie française accorderait quatorze voix à l'auteur de *Germinal*, de *Nana* et de l'*Assommoir*, on aurait conspué l'audacieux prophète.

A tout il faut s'attendre pour ne s'étonner de rien.

Je remercie mes collaborateurs du concours qu'ils ont bien voulu me prêter pour accomplir ce travail ; pour être conséquent avec mon système, je n'en nomme aucun, car il en est qui ne voudraient pas voir figurer leurs noms à côté de ceux de Gamahut, d'Abadie et d'autres célèbres voleurs et assassins qui ont été pour moi des lexicographes.

Ch. Virmaitre.

NOUVEAU
Dictionnaire d'Argot

SIGNES ABRÉVIATIFS

Les noms suivis des initiales *L L* donnent les explications de M. Lorédan Larchey ; *A D* celles de M. Alfred Delvau.

Les erreurs des autres auteurs cités par ces messieurs ne valant pas la peine d'être relevées, je les passe sous silence.

Toutes les expressions nouvelles, ou celles à qui j'ai restitué leur véritable sens sont suivies de la lettre *N*.

A

ABATTRE : Faire des dettes, *L. L.*

Abattre veut dire faire beaucoup d'ouvrage. — C'est un ouvrier habile, il en *abat* en un jour plus que ses compagnons en une semaine (Argot du peuple).

ABATTAGE : (En recevoir un) être grondé à en être *abattu*. Equivalent à recevoir un *gras*, un *suif*, en un mot, à être *enlevé* (Argot du peuple). *N.*

ABATTAGE : (en avoir) être grand, fort, d'une taille à dominer. — Il a de l'*abattage*, il peut frapper fort (Argot du peuple). *N.*

ABADIS ou ABADIE : V. *Trépe.*

ABAT-RELUIT : Cette expression désigne la visière placée sur la casquette des vieillards ou des gens faibles de la vue pour adoucir l'intensité de la lumière (Argot des voleurs).

ABATIS : Les pieds ou les mains.

Dans le peuple, on dit d'un individu mal conformé : Il a des *abatis* canailles, ou encore il a des *abatis* à la manque.

Quand deux hommes se battent, la foule dit du plus

faible : il peut numéroter ses *abatis* (Argot du peuple).

ABATTOIR : Lieu où l'on *abat* les animaux ; les prisonniers ont donné ce nom au cachot des condamnés à mort (Argot des voleurs).

ABBAYE DE S'OFFRE-A-TOUS : V. *Bocard*.

ABBAYE DE MONTE-A-REGRET : La guillotine.

L'expression peut se passer d'explications : ceux qui y montent le font sûrement à regret (Argot des voleurs).

ABBAYE DE CINQ PIERRES : Les cinq dalles de granit placées devant la Roquette, sur lesquelles on monte l'échafaud.

Lacenaire dédia ces strophes à ces cinq dalles :

Oh ! je vous connais bien, dalles
    [qui faites place
Aux quatre pieds de l'échafaud.
Dalles de pierres blanches où
    [ne reste plus trace
Du sang versé par le bourreau.

ABBAYE RUFFIANTE : Four chaud, dans lequel les vêtements des prisonniers sont passés au soufre pour détruire la vermine (Argot des voleurs).

ABÉQUEUSE : Maîtresse d'hôtel ou nourrice : elles donnent la becquée.

Cette expression s'applique depuis peu aux voleuses qui dévalisent les magasins de nouveautés en se servant d'un enfant.

Ce vol nécessite trois personnages : la mère, la nourrice et le *momignard*.

Tous trois entrent dans un magasin. La mère se fait montrer les étoffes. Elle détourne l'attention du commis par un manège quelconque. Profitant de ce moment, elle fait tomber à terre une pièce d'étoffe. La nourrice se baisse, comme pour y déposer l'enfant un instant, et cache prestement l'objet sous la pelisse du petit. Aussitôt elle le pince fortement. L'enfant crie comme un possédé. Elle fait semblant d'essayer de le calmer, mais elle le pince encore plus fort. Ses cris redoublent. Alors la mère témoigne une impatience très vive.

— Te tairas-tu, lui dit-elle ; allez-vous en, nourrice. Nous reviendrons une autre fois.

Leur manière d'opérer se nomme le *vol à la nourrice* (Argot des voleurs). *N*.

ABBESSE : Maîtresse d'une maison de tolérance.

Allusion aux filles qui

sont cloîtrées comme dans un couvent (Argot du peuple).

ABÉTI : Lourd, pâteux, nonchalant.

Mot à mot : *abruti* par des pratiques personnelles ou de naissance (Argot du peuple). *N.*

ABLOQUER : Acheter en tas, en *bloc*.

Les brocanteurs *bloquent* un tas de marchandises les plus disparates (Argot des camelots). V. *revidage*.

ABONNÉ AU GUIGNON : Déveine persistante, qu'aucun effort ne peut conjurer.

On dit aussi : « Il a si peu de chance qu'il se *noierait dans un crachat* (Argot du peuple).

ABOULER : Se dit dans le peuple d'un récalcitrant qui ne veut pas payer ; *abouler* la monnaie.

— *Aboulez* donc, mon vieux, faut y passer.

On dit aussi à quelqu'un qui attend : Un peu de patience, il va *abouler* (Argot du peuple).

ABOYEUR : Nom donné dans les prisons à l'auxiliaire chargé d'appeler les détenus à voix haute pour le greffe ou pour l'instruction.

Ce nom est également donné aux crieurs qui, dans les ventes publiques, *aboient*

la mise à prix des objets à adjuger (Argot des voleurs).

ABREUVOIR : La boutique du marchand de vins où les ouvriers ont l'habitude chaque matin de boire la goutte.

Quand la station a été trop prolongée, que l'homme rentre au logis *éméché* dans les grandes largeurs, la ménagère lui dit d'un ton rogue : As-tu assez *abreuvé* ton cochon ? (Argot du peuple).

ACCAGNARDIR (s') : Être indolent qui s'amuse à des bagatelles, qui piétine sur place et dormirait, comme dit le proverbe, le cul dans la rivière par dix degrés au-dessous de zéro (Argot du peuple).

ACCIDENTIER : Voleur qui profite des *accidents*, et sait au besoin les faire naître pour dévaliser ceux qui en sont les victimes.

Le voleur s'empresse autour du blessé, et pendant que lui et un de ses complices le portent chez le pharmacien, ils dévalisent le pauvre diable en route.

Ce genre de vol est nouveau (Argot des voleurs). *N.*

ACCORDAILLES : Synonyme de *fiançailles* ; il y a toutefois une légère nuance : elles se font généralement sans le secours du maire ; les conjoints ne sont pas liés par l'écharpe municipale (Argot du peuple). N.

ACCORDEUR DE FLUTES : Juge de paix (Argot du peuple). V. *Baton*.

ACCOUCHER : Avouer, parler.

Quand un prévenu garde un mutisme obstiné, les agents chargés de le « cuisiner » lui disent : *Accouche* donc, puisque c'est le même prix (Argot des voleurs).

ACCOUPLÉES : Expression qui désigne dans un monde spécial les habituées du *Rat Mort*, de la *Souris* ou du *Hanneton*, deux femmes qui s'aiment avec une ardente passion et en conséquence détestent les hommes (Argot des filles). V *Gougnottes*. N.

ACCROCHER SON PALETOT : Voleur qui, chez le juge d'instruction, *farde* la vérité.

Mot à mot : Mentir (Argot des voleurs). N.

ACCUREUSE : Commode (Argot des voleurs). N.

ACHETER QUELQU'UN : Se moquer, lui faire croire des choses insensées, se *payer sa tête*.

Mot à mot : prendre un individu pour un imbécile.

Acheter à la course, voler en passant un objet quelconque à un étalage (Argot du peuple).

ACRÉE ou ACRIER ou ACRÉ : Méfie-toi, prends garde, il y a du *pet* (danger), voilà la *rousse* (Argot des voleurs).

ACTEUR : La tournure que portent les femmes pour faire bouffer leur robe.

Cette tournure est ainsi nommée parce qu'elle est au-dessus du *trou du souffleur* (Argot du peuple). N.

ACTIF : Ne se prend pas, dans le monde où ce mot est employé, dans le sens d'*activité*.

Il veut dire que l'*actif* est l'amant du *passif* (Argot des pédérastes). V. *Passif*.

AFFALER SON GRELOT : Se taire.

Dans le peuple, on dit d'une femme bavarde qu'elle est un *moulin à paroles*. Quand elle bavarde trop bruyamment, on lui conseille de mettre du papier dans sa *sonnette*.

L'image est fort juste, la sonnette ne *tinte* plus (Argot du peuple). N.

AFFAMÉE (l') : La bouche.

Allusion à la faim ou à

la femme hystérique *affamée* de baisers (Argot des voleurs). N.

AFFE (l') : L'âme.

Son *affe* se débine.

Mot à mot : il rend l'âme (Argot des voleurs). N.

AFFOURCHÉE SUR SES ANCRES : Fille publique qui *renâcle* sur le *turbin* pour faire *tortorer* son souteneur.

Cette expression ancienne est fréquemment employée, car l'image est frappante. *Affourchée*, immobile comme le vaisseau amarré dans le port.

Sur ses ancres, sur ses *jambes*.

La fille ne *trimarde* pas (Argot des souteneurs).

AFFRANCHI (être) : Ne rien craindre.

On dit dans le peuple d'une fille qui a perdu son *capital* : elle est *affranchie* (Argot du peuple).

AFFRANCHIR : Exciter un individu mâle ou femelle au vice ou au vol.

S'*affranchir* d'une tutelle gênante (Argot des voleurs).

AFFRANCHIR : Châtrer, faire ablation des parties génitales à un animal quelconque.

Le tondeur de chiens est l'*affranchisseur* des chats, comme le chanoine Fulbert le fut pour Abélard (Argot du peuple).

AFFRANCHISSEUR : Voleur qui pousse un honnête homme pressé par le besoin à voler (Argot des voleurs).

AFFUR ou AFFURE : Profit, bénéfice.

— J'ai mon *fade d'affure* (part de vol ou d'une opération quelconque) (Argot des voleurs).

AFFURER : Tromper, faire un profit illicite. A D.

Cette expression signifie : *gagner*.

L'argent que les croupiers *étouffent* sur la cagnotte, les sous que l'enfant détourne d'une commission ; le conducteur d'omnibus qui *oublie* de sonner un voyageur, c'est de l'*affure* (Argot des voleurs).

AFFUTER : Tromper. A D.

J'ignore où il a pu entendre que ce mot avait cette signification, il est pourtant depuis longtemps en usage dans le monde des ouvriers.

Affuter un outil, le passer sur la meule pour le rendre tranchant.

Quand, dans les ateliers, on embauche un ouvrier,

il attend sa paye du samedi ou de la fin du mois pour être *affuté*, savoir ce qu'il *gagnera* (Argot du peuple). *N*.

AFFUTER DES PINCETTES (s') : Courir, se sauver à grande vitesse (Argot des voleurs).

AGENOUILLÉE : Fille du demi-monde et même du demi-quart qui a des aptitudes spéciales.

L'expression est suffisamment expliquée par la position d'être *agenouillée*… pas sur les dalles d'une église pour prier le bon Dieu (Argot des filles). *N*.

AGOBILLES : Outils employés par les malfaiteurs pour voler

Ce mot est très ancien (Argot des voleurs).

AGUA ou **AGOUA** : Eau.

Corruption du mot latin *aqua* (Argot des voleurs).

AGUALURO : Jeter, bannir.

On emploie cette expression pour envoyer promener quelqu'un loin de soi (Argot des voleurs).

AIDE-MARI : L'amant.

Il *aide* à la besogne conjugale, sans en avoir les désagréments.

On dit aussi l'*autre*.

Pour les omnibus traînés par trois chevaux, on dit : *ménage à trois*.

Allusion à ce qu'ils *tirent* les uns après les autres (Argot du peuple). *N*.

AIGLE BLANC : Chef de bande de voleurs.

Sans doute parce que l'aigle vole haut (Argot des voleurs). V. *Méquard*. *N*.

AIGLON : Apprenti voleur (Argot des voleurs). *N*.

AIGUILLE : Fausse clé (Argot des voleurs).

AIGUILLEUR : Vol au moyen de fausses clés (Argot des voleurs).

AILERONS ou **AILE** : Bras.

— Mademoiselle, voulez-vous accepter mon *aile*.

Couvrir une femme d'une *aile* protectrice.

— Prends mon *aile*, s'y te touche, je le crève (Argot du peuple). V. *Abatis*.

AIMER A CRÉDIT : Être l'amant de cœur d'une femme.

Ne la payer qu'en nature.

De la famille des maquereaux (Argot des filles).

AIMER POUR PEAU DE BALLE : Aimer pour rien.

Perdre son temps et sa jeunesse, amour qui ne rapporte pas (Argot des filles). *N*.

AIMER AU CHASSE : Aimer

à l'œil, faire une queue à son souteneur avec un passant *galbeux* (Argot des filles). *N*.

ALARMISTES : Chien de garde.

L'animal donne l'*alarme* à ses maîtres.

En 1848, les *alarmistes* étaient des bourgeois qui répandaient chaque jour des mauvaises nouvelles (Argot des voleurs).

ALBACHE : Faux nom, en donner un.

On nomme ainsi le voleur qui donne un faux nom pour dissimuler son identité (Argot des voleurs). *N*.

ALBOCHE : Allemand.

Autrefois les ouvriers disaient *boche*, pour qualifier un lourdeau, *al* a été ajouté pour désigner les *Allemands* en général (Argot du peuple). *N*.

ALENTOIR : Aux environs, aux alentours.

— *Nib de Tronche* fait le *pet* aux *alentoirs* pendant que les *aminches*, *raliboisent la cambrousse du garnaffier* (Argot des voleurs).

ALIGNER (s') : Les duellistes *s'alignent* pour se battre.

Quand un travail est très soigné l'ouvrier dit avec fierté : Hein ! comme c'es *aligné*.

Quand il s'agit d'argent. *aligner* est synonyme *d'allonger* (Argot des voleurs).

ALFA : Cheveux blonds.

On sait que l'*alfa* plante textile qui sert à fabriquer la pâte du papier, a absolument l'aspect d'un paquet de filasse.

Allusion de fait et de couleur (Argot des voleurs). *N*.

ALLEZ VOUS ASSEOIR : Terme employé pour envoyer promener un individu ennuyeux.

Cette expression ancienne a servi à un chansonnier de 1848 pour composer une chanson dont le refrain : *Allez vous asseoir* est resté célèbre (Argot du peuple).

ALLER A DACHE : Mot à mot allez vous faire voir. vous m'ennuyez (Argot du peuple).

ALLER A DAME : Etre assommé à coups de poings et tomber comme une masse sur le pavé (Argot du peuple). V. *Fluxion de pavé*.

ALLER A NIORT. Nier.

Recommandation qu'ont soin de faire les voleurs à

leurs complices quand ils vont à l'instruction.

Ils se souviennent du mot du boucher Avinain qui, la tête sous le couteau, cria : N'avouez jamais (Argot des voleurs).

ALLER AU RAPPORT SANS ARME : Moucharder ses camarades.

Expression employée dans les ateliers pour indiquer que l'un des leurs va chaque jour au *rapport*, chez le patron pour lui raconter ce qui se passe et même ce qui ne se passe pas (Argot du peuple).

ALLER AU REFIL : Dénoncer un complice (Argot des voleurs). V. *Mouton N*.

ALLER OU LE ROI VA A PIED : Satisfaire un besoin dans le silence d'un cabinet qui n'a rien de ministériel.

L'allusion est juste ; malgré sa grandeur, le roi ne pourrait y aller en voiture (Argot du peuple.)

ALLER VOIR DÉFILER LES DRAGONS : Ne pas manger.

Être de la revue signifie la même chose (Argot du peuple).

ALLEZ VOIR LA-BAS SI J'YSUIS : Ce qui veut dire nettement à une personne : Foutez-moi le camp (Argot du peuple).

ALLIANCES : Poucettes.

Les gendarmes mettent les *poucettes* aux prisonniers pour les conduire de brigade en brigade. (Argot des voleurs) V. *Cabriolet*.

ALLUMAGE (professeur d') : Grec qui apprend à ses élèves le moyen à employer pour *allumer* les joueurs naïfs.

Il y avait anciennement au boulevard du Temple, un café où se rencontraient les grecs ; il était connu sous le nom de *café d'allumage* (Argot des grecs). V. *Suiffart*.

ALLUMER : Faire de l'œil à un passant.

Chauffer une salle de théâtre ou une réunion publique pour faire éclater l'enthousiasme et assurer le succès.

Frapper ses animaux à coups de fouet pour les exciter.

Compères chargés dans les salles de ventes *d'allumer* les acheteurs (Argot du peuple).

ALLUMER LA QUITOURNE : Fille qui fait la fenêtre, qui raccroche en chambre.

A la tombée de la nuit elle *allume* sa lampe. Comme elle la *tourne* de façons différentes pour signaler aux passants qu'elle est *libre* ou *occupée*, de là, *la qui-tourne* (Argot des filles.)

ALLUMER SON PÉTROLE : Rendre quelqu'un amoureux.

Mot à mot l'*enflammer*.
— Le grand t'a donc plaquée ?
— Comme un pet.
— T'a pas su y *enflammer le pétrole* (Argot des filles).

ALLUMEUR : Agent provocateur chargé d'organiser un complot politique quand le gouvernement a besoin d'effrayer la population pour faire voter une loi réactionnaire.

On en trouve un curieux exemple dans les *Mémoires de Claude*, à propos de l'*Internationale* et des *allumeurs* de la rue des Gravilliers. (Argot du peuple).

ALPAGUE : Abréviation d'*alpaga*.
— Je vais me *balader*, Nini passe-moi mon *alpague* (Argot du peuple).

ALPHONSE : Souteneur.

On a attribué cette expression à M. Alexandre Dumas qui en a fait le titre d'une pièce ; elle était connue depuis plus de vingt ans par la chanson si populaire de Lacombe : *Alphonse du Gros-Caillou* (Argot du peuple).

ALTÈQUE : beau, plus que beau (Argot des voleurs).

ALZINGUE : Même signification qu'*Alpague*.

AMANDES DE PAINS D'ÉPICE. V. *Dominos*.

AMARRÉ : Allusion aux *amarres* qui fixent les bateaux sur la jetée, dans les ports.

Amarrer quelqu'un, se l'attacher.
— J'ai *amarré* un chouette gonce qui casque tout le temps (Argot du peuple.)

AMBULANTE : Fille qui va de cafés en cafés, tantôt à Montmartre tantôt à Grenelle. C'est généralement une fille rangée qui n'a pas de souteneur. Elle passe dans son quartier pour une laborieuse ouvrière qui va travailler au loin.

Elle ne *ramène* jamais chez elle (Argot du peuple). N.

AMÈRE (la trouver mauvaise).

Les voleurs principalement trouvent toujours leurs condamnations *amères*.

Synonyme de *il faut avaler la pilule* (Argot du peuple).

AMÉRICAINE (Vol à l') : Ce vol fut inventé par Hurand, qui en 1844, était détenu à la prison de la Force.

On sait en quoi consiste

ce vol qui est fréquemment pratiqué.

Il a donné naissance au *vol au charriage* qui se divise en plusieurs catégories. (Argot des voleurs). V. *Charriage*.

AMINCHE : Ami.

Quand deux voleurs sont associés ils sont *aminches d'aff*. (Argot des voleurs).

AMINCHES D'AFF : Amis d'affaires.

Un vol pour un voleur est une *affaire*, comme voler c'est *travailler* (Argot des voleurs).

AMOCHER : Recevoir des coups.

Quant ils laissent de fortes traces on dit que l'ami a été rudement *amoché* (Argot du peuple). V. *Trinquer*.

ANDOUILLE MAL FICELÉE : Individu déguingandé, à la démarche traînante.

Se dit surtout de quelqu'un mal habillé, ayant des allures ridicules.

On dit aussi : Mal *fagoté* (Argot du peuple).

ANGLAIS : Créancier.

Cette expression se trouve dans Marot, elle était tombée en desuétude lorsqu'elle revit le jour vers 1804.

Napoléon I*er* avait plusieurs commis attachés à un cabinet spécial. Il remarqua à différentes reprises que l'un d'eux arrivait depuis quelques matin, deux heures au moins avant ses collègues.

L'empereur intrigué lui en demanda les motifs.

— Sire, répondit le commis c'est à cause des *anglais*.

— Je ne vous comprends pas.

— Sire, les *anglais* sont vos ennemis, mes *créanciers* sont les miens.

— Bien, fit l'Empereur, donnez m'en la liste, je vous en débarrasserai, comme moi des autres.

Le mot est resté et est employé fréquemment (Argot du peuple).

ANGLAIS (ils debarquent).

Il est aussi brave,
Que sensible amant,
Des *anglais* il brave,
Le *débarquement*.

(Argot du peuple). V. *Bande sur l'affiche*.

ANGLUCE : Oie (Argot des voleurs). V. *Ornichon*.

ANGOULÊME : La bouche (Argot des voleurs). V. *Affamée*.

ANGUILLE : Ceinture.

Allusion à sa souplesse (Argot des voleurs).

ANITERGE : Mouchoir (Argot des voleurs). V. *Blavin*.

ANTIF ou ANTIFFLE : Marcher.
— Que fait ta môme?
— Elle bat l'*antif* pour *dégoter* un *miché* (Argot des souteneurs).

ANTIFFE : Eglise (Argot des voleurs). V. *Antonne*.

ANTIQUITÉ : Vieille femme
Au temps de sa jeunesse Théophile Gautier, en compagnie d'un de ses amis, se promenait dans le jardin des Tuileries. Il avisa une vieille femme vêtue d'une robe à ramages qui datait au moins du Directoire.
Il s'approcha d'elle, le chapeau à la main.
— Madame, lui dit-il, je raffole des *antiquités*, voulez-vous me permettre de baiser le bas de votre robe?
Elle répondit fièrement :
— Si monsieur veut embrasser mon cul, il a vingt cinq ans de plus que ma robe (Argot du peuple). *N*.

ANTONNE : Eglise.
Du vieux mot : *Antie* (Argot des voleurs).

ANTONNEUR : Voleur qui a la spécialité de dévaliser les églises.
Il vole l'argent contenu dans les troncs à l'aide d'une baleine enduite de glu (Argot des voleurs).

APASCLINER (s') : S'acclimater.
L'*aminche* s'apascline doucettement à *tunobé* (Argot des voleurs). *N*.

APPACHONNER : Attirer à soi.
— J'ai *appachonné* un *morlingue* dans la *valade* d'un *goncier* pendant qui baillait devant les *sigues* de la *Boulanche* d'un *balanceur de braise* (Argot des voleurs). *N*.

APOTRES : Les doigts (Argot des voleurs). V. *Ministre de l'Intérieur*.

AQUARIUM : Lieu où se réunissent les souteneurs.
Allusion aux poissons.
Aquarium : la Chambre des députés.
Cette expression n'est pas très polie pour ces messieurs, qui assurément ne sont pas tous des poissons, mais comme elle est d'origine anarchiste, elle ne surprendra personne (Argot du peuple). *N*.

AQUIGER : Battre, blesser.
On dit par corruption de celui qui est battu : il est *attigé* (Argot du peuple).

AQUIGER : Prendre.
Aquiger n'est pas le vrai

mot, c'est *quiger* (Argot des voleurs).

AQUIGEUR : Voleur qui cherche querelle à un passant.

Pendant qu'il le bat, un complice le dévalise proprement et lestement (Argot des voleurs).

ARAIGNÉE DANS LE PLAFOND (avoir une) : Synonyme de *loufoque*.

Avoir la cervelle détraquée (Argot du peuple).

ARCASINEUR : Voleur au trésor caché.

Le voleur se nomme *arcasien* parce qu'il procède au moyen d'une lettre (*arcat*) écrite d'une prison quelconque à l'individu qu'il s'agit d'escroquer.

L'*arcat* indique généralement un trésor caché à l'étranger. Des naïfs mordent toujours dans l'espoir d'un gros gain (Argot des voleurs).

ARCO : Avare (Argot des voleurs). V. *Grippe-sous*.

ARÇONNIER : Celui qui donne le signal de l'alarme convenu entre les voleurs.

Au temps de Vidocq, le *C* figuré à l'aide du pouce sur la joue droite signifiait : prenez-garde voilà la rousse (Argot des voleurs).

ARDENTS : Les yeux (Argot des voleurs).

ARDOISE (boire à l') : Il existait autrefois un marchand de vin à la barrière Montparnasse ; le patron ne sachant ni lire ni écrire, les clients marquaient eux-mêmes leurs dépenses sur une *ardoise* à l'aide d'un morceau de craie.

Un jour le brave homme s'aperçut que les consommateurs s'entendaient, et que le dernier qui marquait effaçait avec sa manche, comme par mégarde, les comptes précédents.

Il coupa le crédit, mais l'expression de *boire à l'ardoise* est restée (Argot du peuple). V. *Marquer à la fourchette*. N.

ARLEQUINS : Détritus de toutes sortes de mets que les cuisiniers des restaurants vendent à des marchandes des Halles.

Ces débris sont triés avec soin, et elles en font des assiettes assorties que les malheureux achètent un ou deux sous.

Cette expression vient de l'habit d'*Arlequin*, qui est composé d'étoffes de différentes couleurs (Argot du peuple).

ARMOIRE A GLACE : Sac du troupier (Argot du troupier). V. *As de carreau*.

ARMOIRE A RICHER : Le ventre.

Allusion aux matières fécales que contiennent les intestins (Argot du peuple).

ARNACHE : Agent de police. *A. D.*

Arnache : trompeur. *L. L.*

Les voleurs disent : *Arnaque*.

Cette expression vient du vieux mot français : *harnacher* ; il est employé, sans doute, par les voleurs, parce que les agents les *harnachent* en les ligottant, soit avec les *alliances*, soit avec le *cabriolet* (Argot des voleurs).

ARNAQUE : Nom d'un jeu qui se joue sur la voie publique et sur les boulevards extérieurs ; il est connu également sous le nom de *tourne-vire*.

Ce jeu consiste en une roue posée à plat sur un pivot, la table est composée de trois *planches mobiles*, supportées par deux tréteaux ; ces planches sont recouvertes d'une toile cirée ; cette toile est divisée en carrés qui forment cases, ces cases se distinguent par des emblèmes différents, les quatre rois : trèfle, cœur, pique et carreau, une ancre, un cœur, un dé et un soleil. Les joueurs misent sur une case, la roue tourne et celui qui gagne reçoit dix fois sa mise.

En évidence, sur la table, il y a des paquets de tabac, des cigares, des pipes et autres objets, mais c'est pour la *frime*, le tenancier du jeu paie le gagnant en monnaie. Ce jeu est un vol.

Autour de la table, il y a toujours deux ou trois *engayeurs*, ils sont de préférence à chaque bout (la table est un carré long) ; au moment où la plume va s'arrêter sur une case, par un mouvement imperceptible, un des *engayeurs* s'appuie sur la planche mobile du milieu, la plume dévie et le tour est joué ; si c'est un *engayeur* qui gagne, il partage avec ses complices (Argot des camelots). *N.*

ARPETTE : Apprenti de n'importe quel métier.

Ce mot se prend aussi dans le sens de *petit, moufflet*, diminutif de moutard (Argot du peuple).

ARPIONS : Vieille expression qui veut dire : pieds.

Jean Hiroux disait au président des assises :

— Je demande qu'on fasse sortir le gendarme, il plombe des *arpions*.

— Gendarme, répondit le président, remuez vos

pieds dans vos bottes d'ordonnance.

Prévenu, la punition commence (Argot des voleurs).

ARRACHER UN PAVÉ : V. *Rouscailler*.

ARRACHEUR DE CHIENDENT : Voleur qui cherche une occasion de voler (Argot des voleurs).

ARRANGEMANN : Arranger.

Arranger quelqu'un en lui faisant faire une opération ruineuse.

Les grues *arrangent* les pantes.

Une femme *arrange* un homme en lui communiquant un mal vénérien.

On *arrange* un homme en le battant à plate couture.

— Il est *arrangemann* le *gonce*, il ne *rebiffera* pas, il est foutu d'en *crapser* (Argot des souteneurs). *N*.

ARRONDIE : Montre.

Allusi n à sa forme ronde (Argot des voleurs).

ARROSER : Donner un acompte sur une dette.

Un huissier cesse les poursuites commencées quand le débiteur *arrose*.

Donner de l'argent à un fonctionnaire pour obtenir un privilège, c'est *l'arroser*.

Nos députés le furent largement par Arton pour l'affaire du Panama.

Martingaler son enjeu c'est *arroser* le tapis (Argot du peuple). *N*.

ARROSEUR DE VERDOUZE : Jardinier (Argot des voleurs).

ARTIE DE MEULAN : Pain blanc.

Allusion à la blancheur des farines produites par les moulins de cette ville (Argot des voleurs).

ARTIE DU GROS GUILLAUME : Pain abominablement noir qui rappelle celui du siège de Paris, en 1870, qui contenait de tout, excepté de la farine (Argot des voleurs).

ARTIE : V. *Bricheton*.

ARTICHE (l') : Le derrière.

— Je vais t'enlever l'*artiche*.

On nomme *artiches*, par abréviation d'*artichauts*, les barres de fer pointues et hérissées qui couronnent les murs et les grilles des prisons (Argot des voleurs) *N*.

AS DE CARREAU : Sac du fantassin (Argot du troupier). V. *Armoire à glace*.

AS DE PIQUE : Se dit d'une femme qui possède abondamment ce que d'autres n'ont que très peu... (Argot du peuple). V. *Fournitures*.

ASPHALTEUSE : Fille qui raccroche sur le trottoir.

Elle foule l'*asphalte* en tous sens (Argot des filles).

ASPERGE MONTÉE : Grande femme toute en jambes, maigre et sèche comme un copeau.

On dit aussi : longue comme un *jour sans pain* (Argot du peuple).

ASPIC : Avare.

Aspic signifie aussi mauvaise langue, langue de vipère.

Cette expression est empruntée au proverbe : Mieux vaut un coup d'épée qu'un coup de langue (Argot du peuple). *N.*

ASSOMMOIR : Boutique où l'on vend des liqueurs vitriolées qui *assomment* les buveurs.

Le premier *assommoir*, bien avant celui du fameux Paul Niquet, fut créé vers 1810, rue de la Corderie, près du Temple, par un nommé *Montier*.

Cet empoisonneur charitable avait fait établir dans son arrière-boutique une chambre spéciale pour les *assommés*; la paille servait de litière, des pavés servaient d'oreillers.

Cette chambre s'appelait *la Morgue* (Argot du peuple).

ASTÈQUE : Bien avant que les *Aztèques* ne vinssent du fond du Brésil, cette expression servait à désigner les êtres chétifs et malingres (Argot du peuple). V. *Avorton*.

ATTACHER LE BIDON : Dénoncer un camarade.

Synonyme de *remuer la casserole* (Argot des voleurs).

ASTICOT : Vermicelle (Argot des voleurs). *N.*

ASTICOT : Fille publique.

Asticot : personne mince comme un fil (Argot du peuple).

ASTICOT DANS LA NOISETTE : Personne qui a des absences de mémoire.

On sait que l'*asticot* dévore l'amande de ce fruit, par analogie il dévore la cervelle (Argot du peuple). *N.*

ATOUT : Avoir du courage.

Avoir des *atouts* dans son jeu.

Un zouave rencontre son capitaine accompagné de sa femme, il leur lance au nez un pet à tout casser en criant : *Atout*. Le capitaine, se retournant, lui envoie un magistral coup de pied dans le cul en disant : *Je coupe*. Le soldat répond : Ah ! je ne savais pas que vous aviez la dame seconde !

Recevoir un *atout* : être sérieusement blessé.

C'est sans doute d'*atout* que, par corruption, on a fait *attiger* (Argot du peuple). *N*.

ATTIGNOLES : Rognures de viandes hachées et vendues sous forme de *boulettes*.

L'expression est normande, mais elle est devenue parisienne en s'éloignant du sens primitif.

Dans le peuple, pour exprimer qu'un individu a été fortement endommagé dans une rixe, on dit : Il a reçu de rudes *attignoles* (Argot du peuple). *N*.

ATTOUCHEMENTS : Être assez indiscret pour vouloir s'assurer si une jolie femme porte un pantalon et met ses jarretières au-dessus du genou.

Synonyme de *peloter* (Argot du peuple) V. *Baiseuses*.

ATTOUCHEUSE : Fille publique.

Le mot est suffisamment expressif.

Allusion aux ménagères qui tâtent la viande chez le boucher pour s'assurer de son degré de fraîcheur (Argot des filles).

ATTRIQUER : Acheter des effets volés, sans pour cela être un recéleur habituel : *Fourgat* ou *Meunier* (Argot des voleurs).

ATTRIQUEUSE : Vendre des objets volés (Argot des voleurs).

ATTRISTÉ : Voleur qui ne travaille que la nuit, sans se soucier des *pendus glacés* (Becs de gaz) (Argot des voleurs).

AUBERT : Argent (Argot des voleurs).

AUMONIER : Vol à l'*aumône*.

Autrefois, cette expression désignait les dévaliseurs de bijoutiers.

Le voleur marchandait des bijoux, un mendiant survenait et sollicitait une *aumône*.

L'attention du bijoutier était détournée pendant qu'on lui dévalisait ses vitrines ; quand il s'apercevait du vol, les voleurs étaient loin (Argot des voleurs).

AUSEIGNOT : Auxiliaire.

Détenu qui par faveur et moyennant une modique

rétribution, remplit dans la prison les fonctions les plus grossières (Argot des voleurs).

AUTEL DE BESOIN : Femme ou fille.

Allusion à l'hôtel qui s'ouvre pour ceux qui paient.

Autel sur lequel l'homme sacrifie par nécessité.

Se dit souvent dans le peuple d'une femme légitime (Argot des souteneurs).

AUTOR ET D'ACHARD (d') : Abréviation d'*autorité* et d'*acharnement*.

Lorsque deux joueurs font une partie d'écarté et que l'un demande des cartes à son adversaires, l'autre lui répond : Non, j'y vais d'*autor et d'achard* (Argot du peuple).

AUVERPIN : Auvergnat.

On dit aussi : *Auverplum* et *Bougnat* (Argot du peuple).

AVALE-TOUT-CRU : Synonyme de *Va de la gueule*, *Gueulard*, *Bouffe-tout* et *Ventre à tous grains*.

Ces expressions, dans le peuple, signifient : Gros mangeur.

Une certaine catégorie de voleurs se sont emparés de l'expression : *Avale-tout-cru*, pour désigner un genre de vol assez original.

Le voleur se fait montrer par le bijoutier des diamants non montés, sur carte ; il paraît avoir la vue basse, il les regarde de près, et d'un coup de langue habile il en *avale* quelques-uns (Argot des voleurs).

AVALER LE LURON : Communier.

On dit aussi : *avaler l'Auvergnat*, parce que sans doute, comme lui, Dieu n'est ni homme ni femme (Argot des voleurs).

AVALER SA CUILLER : Mourir.

Etre moins heureux que le commis des Magasins du Printemps : il est vrai qu'il n'avait avalé qu'une fourchette (Argot du peuple).

AVALER LE PEPIN : Etre enceinte.

— Elle en a une de bedaine ta *frangine*. Qu'a-t-elle donc mangé ?

— Elle a *avalé le pépin* (Argot du peuple).

AVALER SA CHIQUE : Mourir.

Allusion au chiqueur qui s'étoufferait en *avalant* son pruneau (Argot du peuple).

AVALOIR : La gorge.

Elle avale tout en effet. (Argot du peuple). V. *Dalle*.

AVANT-COURRIER : Mèche en acier dont se servent les voleurs pour percer les devantures des boutiques de bijoutiers (Argot des voleurs). V. *Vrilleurs*.

AVANT-SCÈNE : Les seins.
Ils *avancent*, en effet, quand... il y en a. (Argot du peuple). V. *Capitonnée*.

AVANTAGE : Les seins.
Avantage, oui, quand il fait froid, mais pendant les grandes chaleurs ? (Argot du peuple). V. *Capitonnée*.

AVOIR PERDU SA CLÉ : Etre atteint d'une foire à tout inonder et ne pouvoir se retenir.
On comprend qu'il s'agit d'une *clé* que le serrurier ne peut remplacer (Argot du peuple).

AVOIR UN PÉPIN : Aimer.
En *tenir* momentanément pour quelqu'un (Argot du peuple).

AVOIR LE VENTRE EN ACCORDÉON : Femme déformée qui a eu des masses d'enfants.
Allusion au plissage du ventre (Argot du peuple). *N.*

AVOIR LE VENTRE EN PERSIENNE : Voir ci-dessus.

AVOIR SA PISTACHE : Etre complètement gris (Argot du peuple). *N.*

AVOIR DU PAIN SUR LA PLANCHE : Etre riche et ne pas avoir à s'occuper du lendemain.
Etre condamné à un certain nombre d'années de prison (Argot du peuple).

AVOIR LE NEZ SALE : Avoir trop bu.
Quand au lendemain du lundi un ouvrier dort sur son travail, les amis lui disent : Tu t'es *sali le nez* hein ! (Argot du peuple.)

AVOIR LA GUEULE DE BOIS : S'être pochardé la veille.
L'ivrogne boit de l'eau le lendemain pour éteindre le feu qui lui dessèche la gorge.
Mot à mot : Il a la *gueule sèche* (Argot du peuple.)

AVOIR MANGÉ LA SOUPE A LA QUÉ-QUÈTE : V. *Avaler le pépin*.

AVOIR MANGÉ DES POIS PAS CUITS : V. *Avaler le pépin*.

AVOIR QUELQU'UN A LA BONNE : Etre très camarade, ne jamais se quitter, vivre comme deux frères (Argot du peuple.)

AVOIR DEUX OEUFS SUR LE PLAT : On emploie cette expression pour une femme qui a des seins à l'état de soupçon.

Ce à quoi elle répond : J'en ai assez pour un honnête homme (Argot du peuple). *N.*

AVOIR UN PET DE TRAVERS : Se dit d'un personnage grincheux que l'on ne sait jamais par quel bout prendre et qui gémit sans cesse, du matin au soir et du soir au matin (Argot du peuple). *N.*

AVOIR UN BÉGUIN : Etre coiffé de quelqu'un ou de quelqu'une.

S'aimer à l'œil, ce qui ne fait pas bouillir la marmite.

C'est pas l'*béguin* qui fait [bouillir la soupe.
J'te vas coller un pain.

(Argot des souteneurs).

AVOIR SON PAIN CUIT : Mourir (Argot des boulangers).

AVOIR QUELQU'UN DANS LE SANG : Aimer violemment (Argot des filles).

AVOIR UN POLICHINELLE DANS LE TIROIR : V. *Avaler le pépin.*

AVOIR UN POT DE CHAMBRE CASSÉ DANS L'ESTOMAC : V. *Trouilloter de la hurlette.*

AVOIR UNE CAROTTE DANS LE PLOMB : V. ci-dessus.

AVOIR SON COMPTE : Etre pochard.

Avoir reçu une formidable volée dans une bataille (Argot du peuple).

AVOIR UN PALETOT SANS MANCHES : Etre cloué dans un cercueil (Argot du peuple).

AVOIR VU PÉTER LE LOUP SUR UNE PIERRE DE BOIS : Les Lyonnais emploient cette expression pour dire qu'une fille a perdu tout droit à la fleur d'oranger (Argot du peuple). *N.*

AVORTON : Etre difforme, petit adversaire (Argot du peuple).

AZOR : V. *As de carreau.*

B

BABANQUER : Vivre.
Synonyme de *bien banquer* (Argot des voleurs). N.

BABILLARD : Aumônier de prison.
Allusion à ce qu'il *babillarde* sans cesse sans que son interlocuteur lui réponde (Argot des voleurs). N.

BABILLARD : Livre imprimé.
On dit aussi : *bavard* (Argot des voleurs).

BABILLARDE : Montre.
Allusion à son tic-tac qui malgré sa monotonie *babille* et égaie la solitude (Argot des voleurs).

BABILLARDE : Lettre.
— T'en fais du *chi-chi* dans ta menteuse de *babillarde* (Argot des voleurs).

BABILLARDER : Ecrire (Argot des voleurs).

BABILLEUSE (la) : Bibliothèque.
Allusion aux livres *babillards* qu'elle contient (Argot des voleurs).

BACHE : Casquette.
Elle abrite la tête comme la *bâche* les voitures (Argot des voleurs).

BACHER : Se coucher (Argot des voleurs.

BACCANTE : Barbe, favoris.
Il en est qui écrivent :

bacchantes, c'est l'orthographe que je donne qui est la bonne.

Pour favoris, on dit aussi : *côtelettes* (Argot des voleurs). N.

BACCON : Cochon (Argot des voleurs).

BACLER : Faire vite, à la hâte une chose qui demanderait à être soignée. Un maire pressé *bacle* un mariage, un médecin *bacle* un pansement, un auteur dramatique *bacle* une pièce.

Mot à mot *bacler* : se dépêcher (Argot du peuple.)

BADIGEONNER LA FEMME AU PUITS : Farder la vérité. On sait que la vérité sort nue d'un puits ; la *badigeonner* c'est mentir (Argot des voleurs).

BAFOUILLER : S'embarquer dans un discours et mélanger les phrases de façon à les rendre incompréhensibles.

Vouloir faire le beau parleur et s'exprimer difficilement.

Dans le peuple on appelle celui qui *bafouille* un *bafouilleur* et on lui offre un démêloir (Argot du peuple).

BAFFRE : Un coup de poing sur la figure.

Dans le peuple, cette expression est remplacée par celle-ci :

— Je vais te *coller* un *pain* sur la gueule.

— Je vais te fourrer une *bègne* que tu n'en verras que du feu (Argot du peuple). N.

BAFFRER : Manger avec une grande avidité (Argot du peuple).

BAGATELLE (faire la) : Faire l'amour.

Quand la *maquilleuse de brèmes* tire les cartes à une jeune fille et que l'as de pique sort, elle lui annonce qu'elle fera la *bagatelle* (Argot des filles).

BAGNOLE : Bouge, masure.

Se dit également d'une vieille voiture qui gémit sur ses ressorts rouillés et cahote le voyageur (Argot du peuple). N.

BAGUENAUDER : Flaner, errer par les chemins sans avoir un but déterminé.

Etre longtemps sans ouvrage (Argot du peuple).

BAGNENAUDES : Poches.

Expression usitée chez les marbriers, surtout les samedis avant la paye.

— J'ai dix *ronds* qui se *baladent* dans mes *baguenaudes*, les mettons-nous dans le commerce ? (chez le *mastroquet* voisin) (Argot du peuple).

BAIGNE DANS LE BEURRE :
On sait que le maquereau maître d'hôtel est appelé par les ménagères : la mort au beurre.
Rothschild aussi *baigne dans le beurre*, mais par la richesse (Argot du peuple).

BAIGNOIRE A BON DIEU : Le calice.
Cette figure peint bien l'hostie consacrée *baignant* dans le saint-ciboire (Argot des voleurs).

BAISER LE CUL DE LA VIEILLE : Joueur *déveinard* qui perd la partie sans marquer un point.
Dans le peuple on dit aussi : *passer sous la table* (Argot du peuple).

BAJOUES : La face.
Les voleurs emploient cette expression pour *grimaces* (Argot des voleurs).

BALANCÉ : Etre renvoyé de sa place.
— J'ai *balancé* ma femme elle était par trop *rasante* (Argot du peuple). N.

BALANCER SON RONDIN : Aller au cabinet.
Allusion à la forme ronde des excréments (Argot du peuple). N.

BALANCER SES ALÈNES : Quitter le métier de voleur.
Deux escarpes sont embusqués au coin d'une rue ; de loin, ils voient passer un garçon de recettes, une lourde sacoche sur l'épaule.
— Quel dommage, dit l'un, que l'on ne puisse *effaroucher* son *pognon* Je *balancerai mes alènes* et j'irai vivre honnête dans mon *patelin* (Argot des voleurs).

BALANÇON : Marteau.
Pour frapper vigoureusement il faut *balancer* son marteau par le manche (Argot des voleurs). N.

BALANCEUR DE BRAISE : Changeur.
Allusion à l'argent qui ne fait que passer par ses mains, il le *balance* aussi facilement qu'il le reçoit (Argot des voleurs). N.

BALANCEUR DE LAZAGNE : Ecrire une lettre d'une prison et l'adresser à quelqu'un (Argot des voleurs). V. *Arcasineur*.

BALANCEUR DE TINETTES : Auxiliaires des prisons qui vident les tinettes.
Quand elles sont pleines de *mouscaille*, elles sont lourdes ; ils impriment un *balancement* pour les vider : Une, deux et trois.
C'est fait.
Les troupiers disent : *Passer la jambe à Jules.*

Quand la tinette déborde un loustic s'écrie :

— Prenez-la par les oreilles.

Dans le peuple on dit : *Passer la jambe à Thomas* (Argot du peuple).

BALANSTIQUER : Jeter.

C'est une amplification de *balancer* : se débarrasser de quelque chose qui gêne, ou d'une personne dont on a assez (Argot des voleurs). *N.*

BALCON (Avoir du monde au) : Femme qui possède des seins volumineux (Argot du peuple). V. *Capitonnée*.

BALLE : Cette femme me botte, elle fait ma *balle* (Argot du peuple). V. *Blot*.

BALLON : Prison.

Allusion à la forme sphérique de Mazas (Argot des voleurs). *N.*

BALLON : Postérieur copieux.

Je vais t'enlever le *ballon* pour coup de pied dans le derrière (Argot du peuple).

BALUCHON : Petit paquet que les compagnons portaient jadis au bout d'un bâton sur l'épaule, en faisant leur tour de France.

Ce *baluchon* contenait leurs vêtements.

La coutume s'est perpétuée dans le peuple : des outils et la blouse de travail en paquet composent un *baluchon* (Argot du peuple).

BANC DE TERRE NEUVE : De la Bastille à la Madeleine, et de Belleville à Montparnasse, on y pêche la *morue* sans hameçons (Argot du peuple).

BANDE A L'AISE : N'en prendre qu'à son temps et n'en faire qu'à sa volonté.

Dans le peuple on emploie cette expression par ironie vis à vis d'un vieillard qui, au lieu de *remiser son fiacre* court après les filles (Argot du peuple). *N.*

BANDE A PART (Faire) : Fuir ses camarades d'atelier, aller boire et manger seul.

Synonyme d'*ours* (Argot du peuple).

BANDE SUR L'AFFICHE : Bande de papier que les directeurs font coller sur l'affiche, annonçant le spectacle du jour, afin d'indiquer au public un changement par suite de l'*indisposition* subite d'un artiste ou parfois *relâche*.

Se dit par analogie dans le peuple pour indiquer qu'une femme a son échéance de fin de mois.

Il y a *une bande sur l'affiche* pour *relâche* (Argot du peuple). N.

BANQUE (la grande) : Baraque des grands forains dans le monde des saltimbanques qui a, comme partout, ses matadors et ses miséreux (Argot des saltimbanques).

BANQUE (la faire) : Le samedi, les ouvriers typographes se partagent le prix du travail de la semaine (Argot d'imprimerie).

BANQUE : Les voleurs qui se partagent le produit d'un vol emploient cette expression (Argot des voleurs).

BANQUE (en tailler une) : Tenir les cartes au jeu de baccara.

Mot à mot : Etre le *banquier* (Argot des joueurs).

BANQUETTE : Le menton.

Allusion à ce qu'il avance sur le visage (Argot du peuple). N.

BANQUISTE : Charlatan

Tous ceux qui *fardent* la vérité sont des *banquistes*, à quelque classe de la société qu'ils appartiennent.

Tous les *banquistes* ne sont pas sur des tréteaux (Argot du peuple).

BANNIÈRE : Sac.

On dit de celui qui se promène en chemise : il se *trimballe* en *bannière*.

Allusion aux pans de la chemise qui flottent au vent.

On dit aussi : Se promener en *panais* (Argot du peuple).

BAPTÊME : La tête.

Le *mastroquet baptise* son vin.

Le peuple, qui a horreur de l'eau, dit des vins *baptisés* : Ils sont chrétiens

Le buveur fait sa tête. (Argot du peuple). N.

BAPTISÉ D'EAU DE MORUE : Ne pas avoir de chance.

Homme ou femme à qui rien ne peut réussir.

Ce qui équivaut à *deveine salée*, par allusion à l'eau dans laquelle la *morue* a été *dessalée* (Argot du peuple). N.

BAPTISÉ AU SÉCATEUR : Juif.

Allusion à l'opération de la circoncision que subissent les nouveaux-nés suivant le rite juif (Argot du peuple). N.

BAQUET : Blanchisseuse.

On dit aussi : *Baquet insolent*. On sait que ces dames ne mâchent pas leurs paroles.

Quand une ménagère, par économie, va laver son linge au lavoir, les professionnelles l'appellent : *graillonneuse* ou *noyeuse d'étrons.* Ce sont les plus mignonnes de leurs déjections (Argot du peuple).

BARAQUE : Maison construite en plâtre, en torchis, provisoirement.

Maison où la patronne va par défiance au marché avec sa bonne.

Maison où l'on enferme le vin et les liqueurs.

Maison où l'on *chipote* sur tout, où l'on rogne même la nourriture.

— Tenez, voilà mon tablier, je n'en veux plus de votre *baraque,* j'en ai plein le dos (Argot du peuple).

BARRAQUE : Jeu de hasard.

Ce jeu se joue sur un billard ordinaire avec un appareil spécial. Un joueur tient la queue, les parieurs sont divisés en deux camps ; il s'agit de mettre une bille désignée dans une des cavités de l'appareil.

La *barraque* est un jeu prohibé parce que l'on peut avec habileté voler facilement (Argot des joueurs). N.

BARBAQUE : Viande (Argot des voleurs). V. *Bidoche.*

BARBAUTIERS : Gardiens de prison.

Cette expression vient-elle de ce qu'ils sont chargés de garder les *barbotteurs*?

Vient-elle de ce qu'ils *barbottent* les prisonniers confiés à leur garde? (Argot des voleurs). N.

BARBE : Beau mâle, gars solide.

— Mon homme est un rude *barbe.*

Il y a des *barbes* qui, dans certains quartiers, sont en réputation comme autrefois les *terreurs* (Argot des filles et des souteneurs).

BARBE : Vieux.

Par corruption on dit : *birbe.*

On appelle les vieux de 1848 qui survivent : des *vieilles barbes* (Argot du peuple).

BARBE (en prendre une) : Se pocharder.

Dans les imprimeries quand un camarade a pris une *barbe,* on dit aussi qu'il était *chargé à cul.*

Allusion au cheval qui ne peut pas avancer quand sa *charge* est trop lourde (Argot d'imprimerie).

BARBICHON : Capucin.

Allusion à ce que ces religieux laissent croître leur *barbe* (Argot des voleurs). N.

BARBILLON : Souteneur.

Diminutif de *brochet,* quoiqu'ils soient aussi voraces l'un que l'autre pour dévorer la recette de la *marmite* (Argot des souteneurs).

BARBILLON DE BEAUCE : Légumes.

Les voleurs disent également : *barbillon de Varenne* pour *navet*.

Cette dernière expression est des plus anciennes; on lit en effet dans *le dictionnaire* d'Olivier Chéreau : *barbillons de Varanne* (Argot des voleurs).

BARBISE : Apprenti souteneur.

Il en existe qui n'ont pas quinze ans et qui *macrotent* déjà les petites bouquetières, quelquefois leurs sœurs (Argot des souteneurs). *N.*

BARBISET : Diminutif de *barbe*.

Plus jeune et moins en faveur (Argot des voleurs). *N.*

BARBOTS : Voleurs.

La romance du *pègre* dit :
Pègres et *barbots*, rappliquez au
|Sauvage
Et sans traquer livrez vous au
|plaisir.
On aurait tort de vouloir être sage
Puisqu'après tout on sait qu'il
|faut mourir.
(Argot des voleurs).

BARBOTTER : Fouiller les poches de quelqu'un.

C'est une spécialité qui demande une certaine adresse.

La ménagère souvent la nuit, pendant que son mari sommeille, pratique, sans mandat, une visite domiciliaire dans les *poches* du dormeur (Argot du peuple).

BARBOTTIER : Canapé (Argot des voleurs). *N.*

BARBUE : Plume.

Allusion à la *barbe* des anciennes plumes d'oie (Argot des voleurs).

BARON DE LA CRASSE : Individu malpropre, sale, puant, dégoûtant, ne se débarbouillant, suivant une vieille expression, que lorsqu'il pleut (Argot du peuple).

BARRE : Aiguille (Argot des voleurs). *N.*

BARRÉ : Taisez-vous, en voilà assez.

Fermez ça, *barré*.

Barrée (la rue est). Elle l'est, en effet, pour ceux qui n'y peuvent passer à cause d'un créancier récalcitrant.

On dit aussi : on *pave* (Argot du peuple).

BARRÉ (Etre) : Individu bouché, crédule, ignorant, qui comprend difficilement.

Mot à mot : il a la cervelle *barrée* (Argot du peuple).

BARRÉE (La) : Échelle.

Allusion aux échelons qu

forment barreaux (Argot des voleurs). V. *Montante.*

BAS PERCÉ : Etre à fond de cale, à bout de ressources.

Allusion aux *bas percés* qui indiquent la misère (Argot du peuple). V. *Lac.*

BASANE : Peau.

Les tabliers des forgerons se nomment *basane* (Argot du peuple).

BASCULE : La guillotine.

Allusion à la planche qui *bascule* pour pousser le condamné sous la lunette (Argot des voleurs).

BASCULES : Épaules (Argot des voleurs). V. *Porte turbin.* N.

BAS DU CUL : Petite femme.

Dans le peuple, pour bien caractériser sa petitesse, on dit : quand elle pète elle fait des ronds dans le sable. (Argot du peuple).

BAS DE BUFFET : Injure à l'adresse des vieilles femmes prétentieuses qui se maquillent outrageusement.

Pour accentuer on dit : *vieux bas de buffet* (Argot du peuple).

BASARDER : Vendre.

— Je basarde mes *frusques,* mon mobilier.

Basarder veut dire aussi renvoyer :

— Je *basarde* ma maîtresse (Argot du peuple).

BASTRINGUE : Bal de bas étage où se donne rendez-vous la canaille du quartier dans lequel il est situé.

Bastringue, faire du bruit, du tapage,

Quand l'homme rentre au logis, un peu humecté et qu'il casse la vaisselle, la ménagère, furieuse, lui dit :

— T'as pas bientôt fini ton *bastringue,* sale chameau? (Argot du peuple).

BASSE (La) : La terre.

Pour qualifier un fainéant qui ne veut pas travailler on dit : il a les *côtes en long,* ce qui l'empêche de se baisser,

La *terre* est trop *basse* (Argot du peuple). N.

BASSIN : Insipide, ennuyeux (Argot du peuple). V. *Bassinoire.*

BASSINOIRE : Individu qui répète cent fois la même chose pour ne rien dire (Argot du peuple).

BATACLAN : Outils de malfaiteurs (Argot des voleurs) V. *Agobilles.*

BATACLAN : Mobilier.

Les jours de terme les ouvriers disent :

— Nous déménageons le *bataclan,* ou bien : nous

enlevons le *Saint-Frusquin* (Argot du peuple).

BATAILLE DES JÉSUITES : Habitudes de masturbation.

Dans les ateliers, quand un apprenti reste trop longtemps au cabinet, un ouvrier dit à un autre apprenti :

— Vas donc voir s'il ne se fait pas *sauter la cervelle*.

L'allusion est transparente (Argot du peuple).

BATH AU PIEU : Femme qui a des qualités extraordinaires au lit (*pieu*).

Terme employé par les passionnés qui, généralement, s'y connaissent (Argot des souteneurs).

BATH AUX POMMES : Tout ce qu'il y a de mieux, le *nec plus ultra* en toutes choses (Argot du peuple).

BATIF ou **BATIVE** : Beau tout ce qu'il y a d'admirable, de supérieur, de merveilleux.

— J'ai un homme, y en a pas de pareil, il est *bath* (Argot des filles).

BATIR SUR LE DEVANT : Être enceinte.

— L'allusion est facile à saisir (Argot du peuple). V. *Avaler le pépin*.

BATON : Juge de paix (Argot des voleurs). N.

BATOUSE : Toile neuve, de *batousier* (tisserand)

— J'ai une *rouillarde* en *batouse* toute *battante* (neuve) (Argot des voleurs). V. *Rouillarde*.

BATOUSIER : Voleur de toile ou de linge que les blanchisseurs de la campagne font sécher dans les prairies ou sur les haies (Argot des voleurs).

BATTAGE : Se moquer de quelqu'un, dire ce que l'on ne pense pas.

— C'est du *battage* il n'est pas plus malade que moi (Argot du peuple).

BATTANT : Le cœur (Argot des voleurs). V. *Grand ressort*.

BATTANT : L'estomac.

— J'ai le ventre creux, rien à me coller dans le *battant* (Argot du peuple).

BATTANT, BATTANTE : Chose neuve.

On dit dans le peuple à tout bout de champ :

— Elle est *battante*, *neuve* C'est un double emploi (Argot du peuple). N.

BATTANCOURT : Soulier (Argot des voleurs). V. *Ripatons*.

BATTANDIER : Mendier (Argot des voleurs). V. *Aller à la chasse avec un fusil de toile*.

BATTOIRS : Les mains, allusion au bruit que font les blanchisseuses avec leur *battoir*; quand les *claqueurs* applaudissent trop bruyamment, les voyous logés au poulailler crient : Remisez donc vos battoirs (Argot du peuple).

BATTRE UNE BASANE : Geste familier aux gamins qui se frappent la cuisse du revers de la main droite.

Ce geste veux dire : Merde (Argot du peuple).

BATTRE LE BRIQUET : Frotter en marchant les deux jambes de son pantalon l'une contre l'autre (Argot du peuple).

BATTRE LA COUVERTURE : Ne savoir que faire et rester couché toute la journée (Argot des troupiers).

BATTRE LE JOB : V. *Battre comtois*.

BATTRE COMTOIS : Un compère *bat comtois* en demandant un gant devant une baraque de lutteur.

Les spectateurs le prennent pour un adversaire sérieux; dans l'arène il se laisse *tomber*.

Un accusé *bat comtois* en feignant de ne pas comprendre les questions du juge d'instruction.

Une femme *bat comtois* lorsqu'elle vient de coucher avec son amant et qu'elle jure à son mari en rentrant qu'elle lui est fidèle (Argot du peuple).

BATTRE ENTIFFE : Faire le niais, l'imbécile.

— Tu *battras entiffe* quant le *quart* te demandera comment tu as *rousti* la *tocante* à ta *dabe* (Argot des voleurs)

BATTRE LA SEMELLE : Dans les grands froids les troupiers *battent la semelle* pour se réchauffer les pieds, soit qu'ils frappent sur le sol, soit qu'ils frappent en cadence *semelles* contre *semelles* (Argot des troupiers)

BATTRE LA SEMELLE : Arpenter le trottoir, faire les cent pas en attendant quelqu'un (Argot du peuple)

BATTRE LA SEMELLE : Se dit d'une femme sans homme qui, à l'instar de certain photographe, opère elle même.

Elle *bat la semelle* mais ne frappe pas aussi fort que le cordonnier sur son pavé (Argot du peuple). *N.*

BATTRE DE LA FAUSSE MONNAIE : Battre sa femme (Argot du peuple). *N.*

BATTRE UN DIG-DIG : Simuler une fausse attaque

d'épilepsie sur la voie publique.

L'homme qui pratique ce truc pour donner à l'attaque simulée l'apparence de la vérité, se met préalablement dans la bouche un morceau de savon. En le machonnant le savon mousse et lui amène l'écume aux lèvres comme si l'attaque était naturelle.

Les *batteurs de dig-dig* font souvent de fortes recettes (Argot des voleurs).

BAUCE ou BAUSSE : Patron. Dans toutes les chapelleries de France on emploie ce terme (Argot des chapeliers).

BAVASSER : Personnage qui ne sait ce qu'il dit, qui *bavasse* à tort et à travers.

Mot à mot *baver* des paroles vides de sens (Argot du peuple). *N.*

BAVAROISE AU LARD : Absinthe épaisse à couper au couteau (Argot du peuple). *N.*

BAVER DES CLIGNOTS : Pleurer.

Le peuple plus expressif dit : *chier des chasses* (Argot du peuple). V. ce mot.

BEC DE GAZ : Sergent de ville.

Il *éclaire* les malfaiteurs quand il n'est pas chez le marchand de vins en train d'*étouffer un glacis* (Argot des souteneurs). *N.*

BEC DE GAZ : A la *manille* aux enchères, quand le joueur auquel le point est adjugé rencontre un jeu sur lequel il ne comptait pas dans les mains d'un de ses adversaires, il dit : J'ai rencontré un *bec de gaz* (Argot du peuple). *N.*

BÉCANE : Mauvaise machine à vapeur rafistolée par les Auvergnats de la rue de Lappe, qui marche comme une montre réparée par un charron (Argot du peuple). V. *Seringue*.

BÊCHER EN DOUCE : Blaguer un ami doucettement mais lui dire de dures vérités sous des apparences de bonhomie (Argot du peuple).

BÊCHEUR : Avocat général.

Il *bêche* le prévenu pour le faire condamner quand même.

Pour l'*avocat bêcheur* il n'y a pas d'innocents.

Ou le *bêcheur* commence à *jaspiner*.

(Argot des voleurs).

BÉCOT : Bouche, baiser.

— Mon petit homme, donne-moi un *bécot*.

Embrasse-moi (Argot des filles).

BECOTTER : Embrasser.
— C'est dégoûtant ! Ces jeunes mariés se *bécottent* toute la journée (Argot du peuple).

BECQUETER : Manger.
— J'ai encore cent *ronds* à *becqueter*. Viens-tu *manger* une friture à Auteuil (Argot du peuple).

BEDON : Gros ventre.
En Normandie on dit *bedolle* pour *bedon* (Argot du peuple).

BEFFEUR (C'est un) : homme qui fait des dupes.
Homme d'affaires *marron*
Ses clients le sont plus souvent que lui (Argot des voleurs).

BÉGUIN : Petit serre-tête en toile que l'on met sur la tête des enfants nouveau-nés (Argot des nourrices). V. *Avoir un béguin*.

BÉGUIN CARABINÉ : Avoir un amour de première force auquel il est impossible de résister (Argot du peuple). N.

BELETTE : V. *Blanchisseuse*.

BELLE (faire la) : Jouer une troisième partie qui décidera quel sera le vainqueur des deux adversaires ayant perdu chacun une manche (Argot du peuple).

BELLE DE NUIT : Fille publique déjà vieille qui raccroche la *nuit* parce que la *nuit* tous les chats sont gris.
Cette expression est ancienne. Vers 1850, on chantait dans une revue intitulée : *Vive la Joie et les Pommes de terre* représentée aux Folies-Dramatiques, à l'ancien boulevard du Temple.
....
Tous les soirs l'amateur
| contemple
Les *belles de nuit* qui s'font
| voir,
Sur le boulevard du Temple.
(Argot du peuple).

BÉNISSEUR : Homme qui trouve toujours tout très bien et n'a jamais une parole amère pour personne.
Le critique H. de Lapommeraye fut et restera le plus illustre *bénisseur* du siècle (Argot du peuple).

BENOIT : Maquereau.
Benoit, dans le langage populaire, est synonyme d'imbécile, de niais, n'en déplaise à ceux qui portent ce nom.
Il veut dire aussi *maquereau*, dans le monde des filles (Argot des souteneurs). N.

BÉQUILLARDS (Les) : Vieillards infirmes et mendiants que la police arrête quotidiennement et qu'elle est forcée de relâcher faute de délit.

Ainsi nommés parce qu'ils ont des *béquilles* ou qu'ils boitent s'appuyant sur une canne (Argot des voleurs). *N.*

BERDOUILLE : Ventre.

— Que *boulottes*-tu donc, mon vieux, pour avoir une sacrée *berdouille* comme ça ?

On dit aussi *bedaine* (Argot du peuple).

BERGE : Brigadier.

Pour distinguer un sous-ordre, on ne dit pas un *sous-brigadier*, mais par abréviation un *S. B.* (Argot des agents de police). *N.*

BERGE : Année.

— Je tire cinq *berges* à la *Centrousse* de Melun (Argot des voleurs).

BERGERONNETTE : Année.

Diminutif de *berge* (Argot des voleurs).

BÉQUILLER : Manger (Argot des voleurs). V. *Becqueter*.

BERLINE : Couverture (Argot des voleurs). *N.*

BERLINE DE COMMERCE : Commis-voyageur (Argot des voleurs).

BERNIQUE : Non. Je ne veux pas.

On dit aussi *Bernique Sansonnet* (Argot du peuple). V. *Brenicle.*

BESSONS : Les deux seins (Argot des voleurs).

BERTELO : Un franc (Argot des voleurs*).*

BÉTA : Niais, crétin, superlatif d'imbécile (Argot du peuple).

BÉTASSE : Mou, flasque (Argot du peuple).

BÊTE A CHAGRIN : Une femme légitime.

Quand elle est acariâtre, et elle l'est souvent par les nécessités de la vie, on lui donne ce nom peu aimable (Argot du peuple). *N.*

BÊTE A BON DIEU : V. *Bête à pain.*

BÊTE A CORNES : Fourchette (Argot des voleurs). *N.*

BÊTE A PAIN : Homme bon et simple.

Mot à mot : *bon* comme du *bon pain* (Argot du peuple).

BETINET : Queue rouge.

Le peuple donne ce nom aux *paillasses* qui font le *boniment* sur les places publiques ou devant les baraques de saltimbanques pour amasser la foule.

L'un d'eux fut célèbre

sous le nom de *Bétinet*, de 1840 à 1850, sur la place de la Bastille. Il était renommé pour ses *bêtises* stupéfiantes (Argot du peuple).

BEUGLANT : Café chantant où les spectateurs chantent en chœur avec les artistes.

Les deux plus célèbres furent le *Beuglant* de la rue Contrescarpe et le *Divan japonais* de Jehan Sarrazin (Argot du peuple).

BEUGLER : Enfant qui crie à en perdre haleine.

— As-tu fini de *beugler*, horrible crapaud (Argot du peuple).

BEURRE DANS LES ÉPINARDS (en avoir ou en mettre) : Bourgeois qui augmente sa fortune par tous les moyens possibles.

On sait que les cuisiniers appellent les *épinards* la mort au beurre, parce qu'ils en absorbent considérablement.

L'allusion est facile à comprendre (Argot du peuple).

BIBASSE : Vieille femme.

Arrivée à un certain âge, la femme c'est comme les vieux souliers, ça boit ; elle *bibasse* dans les bars (Argot du peuple).

BIBASSON, BIBASSIER : Vieillard (Argot du peuple). V. *Birbe*.

BIBERON : Pochard qui boit comme une éponge, sans soif.

Mot à mot : il *tète* ou *suce* tous les liquides possibles (Argot du peuple). V. *Suce-Canelle*.

BIBI : Instrument de cambrioleur (Argot des voleurs). V. *Tâteuse*.

BIBINE : Assommoir de bas étage, où tous les liquides les plus étranges, comme jadis à la *bibine* du *Lapin blanc*, chez le père Mauras, sont servis aux consommateurs (Argot du peuple). V. *Assommoir*.

BICHER : Ça prend, ça mord.

Dupe qui, comme le poisson, mord à l'hameçon (Argot des gens d'affaires et des pêcheurs).

BICHET : Mensonge (Argot des voleurs).

BICHON : Petit chien à tout faire.

Cet animal est fort affectionné des dames d'un certain monde qui évitent avec lui les accidents et les maladies de neuf mois (Argot des filles).

BICHON : Outil de chapelier.

C'est une sorte de petit

tampon de soie ou de velours qui sert à *bichonner* les chapeaux de soie et à leur donner le coup de *fion* (Argot des chapeliers).

BICHONNER (se) : Homme qui a grand soin de lui-même et qui se *bichonne* comme une petite maîtresse (Argot du peuple). V. *Pommadin*.

BICHONNET : Menton.

Ce mot exprime bien l'habitude qu'ont certaines gens de se passer à tout moment la main sur le menton pour se *bichonner* (se caresser) (Argot du peuple). V. *Banquette*.

BICLER : Pour *cligner* de l'œil.

Bicler est une très vieille expression (Argot des voleurs) V. *Guigne à gauche*.

BIDARD : Heureux, veinard.

C'est un nommé *Bidard* qui gagna un gros lot à une loterie quelconque.

On en fit une chanson qui courut les rues :

Le père *Bidard*, la mère *Bidard*, etc. Depuis ce temps, les *chançards* sont des *Bidards* (Argot du peuple). *N*.

BIDET : Vase intime que l'on rencontre dans les cabinets de toilette un peu chics.

Bidet, ainsi nommé par allusion au *bidet* sur lequel monte le cavalier ; madame se met à *cheval* dessus, et généralement l'eau ne pourrait servir qu'à faire du Thé de la Caravane (Argot des filles). *N*.

BIDET : La ficelle qui sert aux prisonniers pour se transmettre leurs correspondances d'étages en étages.

Allusion au *bidet* de poste (Argot des voleurs). V. *Postillon*.

BIDOCHE : Viande.

Cette expression est connue depuis 1830.

Le nom de la *mère Bidoche* avait été donné à la marchande de soupe qui tenait le restaurant des *Pieds humides* à l'ancien marché des Innocents, aux Halles.

Le mot est resté dans le peuple, qui dit aussi quand la *bidoche* est trop dure : c'est de la *carne* (Argot du peuple).

BIDON : Ventre.

Corruption de *bedon* ; on dit aussi *bidouard*.

S'emplir le *bidon* chez le *mastroquet* : boire (Argot du peuple).

BIFFARD : Bourgeois (Argot des voleurs).

BEEFSTEACK A CORBEAU : Vieille fille publique qui a

servi de litière à tout un régiment de cuirassiers (Argot du peuple). *N.*

BEEFSTEACK A MACQUART.

Macquart est l'équarrisseur qui a la spécialité d'abattre les vieux chevaux, les *carnes* hors de service (Argot du peuple).

BIFFIN : Chiffonnier.

Ainsi dénommé par le peuple à cause de son crochet qui lui sert à *deux fins* : à se défendre et à travailler.

Depuis 1848, on dit d'un chiffonnier qu'il est *membre du comité de recherches.*

Allusion à ce qu'il fouille dans les tas d'ordures pour y trouver sa vie (Argot du peuple).

BIFFETON : Billet.

Quelques-uns écrivent *Buffeton*, c'est une erreur (Argot des camelots).

BIJOUTIER SUR LE GENOU : Savetier.

Allusion aux clous nommés *bijoux* avec lesquels il ferre les semelles des souliers (Argot du peuple). V. *Gniaff.*

BILBOQUET : grosse femme.

Il paraît pourtant impossible de jongler avec elle.

C'est sans doute par allusion à la *boule du bilboquet* (Argot des voleurs).

BILLANCER : Condamné qui a fait sa prison.

C'est la corruption de *billancher*, *payer* ; en effet, le prisonnier qui a fait sa prison a *payé* sa dette (Argot des voleurs). *N.*

BILLANCHER : Payer.

— C'est dégoûtant, il faut toujours *billancher* (Argot du peuple).

BILLER : Diminutif de *billancher*.

Même signification (Argot du peuple).

BILLET DE LOGEMENT :

Quand les filles vont à *Montretout* (la visite sanitaire), si elles sont malades, elles sont retenues et dirigées sur l'infirmerie de Saint-Lazare ; le médecin inscrit la nature de la maladie sur un bulletin dont la couleur varie suivant la gravité du cas.

Une fois installées dans leur lit, le bulletin est placé à la tête du lit dans un petit cadre spécial.

De là le nom de *billet de logement* (Argot des filles). *N.*

BINELLE : Faillite.

— Il est tombé en *binelle*, mais si les *Anglais* se *tapent*, il a *carré l'oseille* (Argot des voleurs). *N.*

BIRBE : Vieillard (Argot du peuple).

BIRIBI (dés) : Ce jeu se joue dans les foires et dans les fêtes publiques. C'est un vol audacieux. (Argot des camelots).

BISOT : Ami (Argot des voleurs). V. *Aminches*.

BISTOURNE : Cor de chasse. Allusion à la forme *tournée* de l'instrument (Argot du peuple).

BISTRO : Marchand de vins. On dit aussi des petits commis des magasins de nouveautés qu'ils sont des *bistros* (Argot du peuple).

BITURE (s'en flanquer une) : Se saouler comme un cochon (Argot du peuple).

BLAIRE : Nez. Cette expression est en usage depuis plus de cinquante ans dans les faubourgs, où les *terreurs* à la sortie des bals publics se *bouffaient le blaire* (Argot des souteneurs).

BLANCHETTE : Hiver. Allusion à la neige et au givre qui couvre les rues et les toits d'une nappe *blanche* (Argot des voleurs). *N.*

BLANCHISSEUSE : Pièce de cinquante centimes (Argot des voleurs). *N.*

BLANCHISSEUR : Avocat. Ce mot date du procès du fameux empoisonneur Couty de Lapommerais. Dans les couloirs du palais, avant l'audience des assises, on discutait la condamnation ou l'acquittement ; la majorité des avocats étaient d'avis qu'il serait acquitté parce que *Lachaud blanchit*. Lachaud était le défenseur de Lapommerais. Les voleurs se souviennent du calembour (Argot des voleurs). *N.*

BLANCHISSEUSE DE TUYAUX DE PIPES : Blanchisseuse qui ne blanchit jamais rien, elle n'a que l'apparence. Elle habite généralement aux environs des hôtels, pour avoir la clientèle des commis-voyageurs qui désirent être *servis* à la minute (Argot du peuple).

BLANCHOUILLARDE : Hiver Diminutif de *blanchette* (Argot des voleurs).

BLAGUE A TABAC : Vieilles tétasses molles et flasques qui tombent outrageusement (Argot du peuple).

BLANQUETTE : Argenterie (Argot des voleurs). *N.*

BLAVE : La cravate (Argot des voleurs). *N.*

BLAVIN : Mouchoir.

Une vieille chanson dit :

Le *parrain care* sa *frime* dans
  | son *blavin*.

(Argot des voleurs). V. *Aniterge*.

BLAVINISTE : Voleur qui a la spécialité de faire le *blavin* (Mouchoir) (Argot des voleurs).

BLAZE : Numéro (Argot des voleurs). *N*.

BLÉ : Argent monnayé (Argot des voleurs), V. *Aubert*.

BLÉCHARD : Laid, disgracié de la nature.

Dans les faubourgs on dit d'une femme dans ce cas :
— Elle est rien *blèche* (Argot du peuple).

BLÉCHARDE : C'est le superlatif de *bléchard*.

Pour bien accentuer on ajoute qu'elle a une gueule à faire tourner la soupe au lait (Argot du peuple).

BLEU (Passer au bleu) : Faire disparaître un objet quelconque.

Le samedi de paye quand l'ouvrier *care* un peu de *galtouze*, la ménagère dit :
— Mon vieux tu m'as fait passer cent sous au *bleu* (Argot du peuple).

BLEU : Jeune soldat.

Se dit de tous les hommes qui arrivent au régiment.

Ils sont *bleu* jusqu'à ce qu'ils soient passés à l'école de peloton (Argot des troupiers).

BLEU (J'en suis) : Etre étonné, ne rien comprendre, en rester ébahi (Argot du peuple).

BLEU (N'y voir que du) : Etre volé sans s'en apercevoir (Argot du peuple).

BLEUET : Billet de banque.

Allusion à la couleur *bleue* des précieux papiers (Argot des voleurs). V. *Talbin d'altèque*.

BLOKAUS : Chapeau haut de forme (Argot du peuple). V. *Bloum*.

BLOUM : Même signification que précédemment (Argot du peuple).

BLOT (C'est mon blot) :

J'ai ce que je désire, elle fait bien mon *blot*.

Ça fait le *blot*, ça fait le compte (Argot du peuple). V. *Balle*. *N*.

BOBÉCHON (Se monter le) : On dit aussi se monter le *bourrichon*.

Croire qu'une chose fausse est vraie et prendre un désir pour une réalité (Argot du peuple). *N*.

BOBINE : Tête (Argot du peuple). V. *Tronche.*

BOBINCHE : L'ancien théâtre *Bobino.*
Les étudiants disaient *Bobinsky* (Argot des étudiants).

BOBINO : Montre (Argot des voleurs). V. *Babillarde.*

BOBINO EN JONC : Montre en or (Argot des voleurs).

BOBINO EN PLATRE : Montre en argent (Argot des voleurs).

BOCARD : Maison de tolérance (Argot du peuple). V. *Magasin de blanc.*

BOCHE : Allemand (Argot du peuple). V. *Alboche.*

BOG EN JONC : Montre en or
Quelques-uns écrivent *bogues* et *baube,* mais ce n'est pas exact (Argot des voleurs).

BOILARD : Le temps (Argot des voleurs).

BOIRE DU LAIT : Être content. Se réjouir du mal qui arrive à un ennemi (Argot du peuple).

BOIRE A LA GRANDE TASSE : Se jeter dans la Seine.
En effet, l'homme qui se noie peut boire à son aise, la tasse est assez large et assez profonde (Argot du peuple).

BOIT SANS SOIF : Ivrogne (Argot du peuple). V. *Sac à vin.*

BOITE (La grande) : La préfecture de police (Argot des voleurs). V. *Tour pointue.*

BOITE A CORNES : Chapeau.
Allusion aux cocus qui y cachent leurs *cornes* (Argot du peuple).

BOITE A OUVRAGE : L'outil avec lequel les filles gagnent leur vie.
Quand l'une d'elles va au Dispensaire, elle dit qu'elle va faire voir sa *boîte à ouvrage* (Argot des filles). *N.*

BOITE AUX CAILLOUX : Prison où l'on couche sur la dure.
Allusion aux matelas qui sont rembourrés avec des noyaux de pêches (Argot des voleurs). *N.*

BOITE A DOMINO : Brancard couvert qui sert dans les hôpitaux à transporter les morts de leur lit à l'amphithéâtre.
Allusion de forme (Argot du peuple).

BOITE A DOMINOS : La bouche.

Allusion à la blancheur des dents et à leur forme qui ressemble aux dés (Argot du peuple).

BOITE A LAIT : Les seins.

L'allusion est jolie. Les seins d'une jolie femme sont certainement des *boites à lait* à même lesquelles on voudrait boire (Argot des voleurs). *N.*

BOITE A PANDORE : C'est une boîte ronde qui a la forme exacte d'une montre ordinaire. Elle contient une cire molle très malléable préparée pour prendre les empreintes des serrures des maisons marquées pour être dévalisées.

Ce travail est fait par les *turbiniers* qui préparent la besogne des *cambrioleurs* (Argot des voleurs).

BOITE A PANTES : Maison de tolérance.

Cette expression n'est pas juste ; il n'est pas nécessaire d'être un *pante*, c'est-à-dire un imbécile, pour s'offrir une satisfaction avec G. D. G. (Argot des voleurs). V. *Bocard*.

BOITE A SIGUES : Gilet.

Allusion aux poches qui servent à mettre des pièces de vingt francs (*sigues*)... quand on en a (Argot des voleurs). *N.*

BOITE A VÉROLE : Fille de barrières ou rôdeuse de casernes qui s'affranchit de la visite sanitaire et en fait d'eau ne connaît que l'eau d'aff (Argot du peuple).

BOITE A VIANDE : Cercueil.

Ce n'est pas une boîte de conserve (Argot des voleurs). *N.*

BOISSEAU : Chapeau haut de forme.

Allusion de forme et aussi à la grandeur de certains chapeaux qui, assurément, pourraient servir à mesurer des pommes de terre (Argot du peuple). V. *Bloum*.

BOITEUX D'UN CHASSE : Borgne.

Manchot eût été plus juste (Argot des voleurs). V. *Caliborgne*.

BOMBE : Mesure non classée qui contient environ un demi-litre de vin.

Quand un ouvrier en a bu un certain nombre, ses camarades disent : Il est en *bombe*.

Quand il rentre au logis, la ménagère fait une scène épouvantable ; les voisins entendant le *pétard* disent : la *bombe* éclate, gare ! (Argot du peuple). *N.*

BON A NIB : Paresseux.

Mot à mot : bon à rien (Argot des voleurs).

BONBON A LIQUEURS : Bouton qui suinte constamment une humeur liquide.

Individu qui a des écrouelles (Argot du peuple). *N*.

BONBONNIÈRE : Tonneau de vidange.

Allusion, sans doute, à ce qu'en l'ouvrant on prend une prise.

Dans le peuple on dit d'un vidangeur qu'il en prend plus avec son nez qu'avec une pelle (Argot du peuple).

BONBONNIÈRE A FILOUS : Omnibus.

Les voyageurs sont serrés, le vol à la tire est facile ; il y a des voleurs qui n'ont que la spécialité de voler les *morlingues* en *bonbonnière* (Argot des voleurs). *N*.

BONDE : Prison Centrale.

Dans les prisons, le fromage règlementaire est le *bondon*, sorte de fromage rond qui se fabrique à Neufchâtel.

La portion, une moitié, se nomme un *système*.

Par corruption, on a fait *bonde* (Argot des voleurs).

BONNET A POIL : Le bonnet que portaient les grenadiers et les sapeurs.

Cette coiffure a été supprimée. On l'applique à un tout autre objet (Argot du peuple). V. *As de pique*. *N*.

BONNETEAU : Jeu des trois cartes.

Ce jeu ou plutôt ce vol s'exécute à Auteuil, Saint-Ouen et dans les wagons de chemin de fer.

M. Marcel Schwob, pour arriver à expliquer l'expression de *bonneteur*, dit qu'il faut passer par des intermédiaires : *bonnet, bonneteur, lingerie*.

Bonnet, dans les ateliers, signifie se réunir plusieurs pour former une coterie, résister au patron ou aux autres camarades.

Les *bonneteurs* sont généralement trois pour opérer : le *bonneteur* qui tient le jeu, l'*engayeur* qui ponte pour allécher les naïfs, le *nonneur* qui est en *gaffe* pour avertir si la *rousse dévale*.

Ce trio forme donc bien un *bonnet*, et *bonneteur* en dérive tout naturellement, et il n'est nullement question de *lingerie*.

Bonnet et *bonneteur* sont deux expressions en circulation depuis plus de cinquante ans ; Vidocq en parle dans ses *Voleurs* (Argot du peuple).

BONNET DE NUIT : Triste comme un *bonnet de nuit*.

Homme taciturne, mélancolique, dont la tristesse est communicative, sa présence dans une réunion *jette un froid* (Argot du peuple).

BONIMENT : Discours pour attirer la foule.

Forains, orateurs de réunions publiques, hommes politiques et autres sont de rudes *bonimenteurs*.

Quand un *boniment* est par trop fort, on dit dans le peuple : c'est un *boniment* à la graisse de chevaux de bois (Argot du peuple).

BONNIR : Parler.

On appelle le pitre qui fait le *boniment* le *bonnisseur* (Argot des camelots).

BONNIR QUE PEAU : Être muet comme une carpe (Argot des voleurs).

BONJOURIER : Vol au *bonjour*.

Ce vol se pratique dans les chambres d'hôtels.

Le *bonjourier* monte lestement les escaliers comme s'il allait faire une visite, généralement le matin à l'heure à laquelle les gens dorment encore ; il voit une clé sur la porte, il entre doucement. Si le dormeur s'éveille, il lui souhaite le *bonjour* et s'excuse de s'être trompé de porte ; au cas contraire, il vole rapidement ce qui lui tombe sous la main et s'esquive.

Il y a six mois, on arrêta une bande de *bonjouriers* qui avaient la spécialité de voler les souliers des locataires.

Ils avaient sous le bras une serviette d'avocat gonflée de vieux journaux ; ils les jetaient dans un coin du couloir et les remplaçaient par les bottines et les souliers (Argot des voleurs).

BOQUABELLE : La bouche (Argot des voleurs). V. *Affumée*.

BOUCAN : Bruit, tapage, chahut, scandale.

Un *boucan* s'organise pour empêcher un orateur de parler ou un acteur de remplir son rôle.

Les étudiants sont passés maîtres dans l'art d'organiser un *boucan* (Argot du peuple).

BOUCARD : Boutique (Argot des voleurs). V. *Boutanche*. N.

BOUCARDIER : Le petit *pégriot* qui s'introduit dans la boutique pour aider son complice à voler (Argot des voleurs). V. *Raton*.

BOUCHER : Chirurgien.

On dit aussi *charcutier*.

Il *charcute* les chairs du patient (Argot du peuple).

BOUCHON : Mauvaise gargote où l'on vend du vin sans raisin.

Allusion à l'usage ancien de placer comme enseigne, au-dessus de la porte d'entrée, une branche de sapin ou de houx ; cela se nomme un *bouchon* (Argot du peuple).

BOUCHON DE PAILLE : Objets à vendre.

On place un *bouchon de paille* au collier ou à la queue d'un chien que l'on désire vendre.

On dit de certains individus dont la moralité est plus que douteuse : Ils ont un *bouchon de paille* à la conscience.

Mot à mot : elle est à vendre (Argot du peuple). N.

BOUCLER : Enfermer.

Dans les prisons, on *boucle* les prisonniers chaque soir dans leurs cellules.

On *boucle* la *lourde* (fermer la porte) (Argot des voleurs).

BOUDER AU TURBIN : Ouvrier qui cherche tous les moyens possibles pour ne pas travailler.

Fille publique qui ne veut plus *turbiner* pour son souteneur. Dans la fameuse chanson : *Lamentations d'un souteneur*, on lit :

Quoi ? C'est éteint... Tu r'buttes
 | au flanche,
Y'a pu de trottinage à la clé,
Des dattes pour que tu fass'la
 | planche,
L'anse de la marmite est cassé.
Pour parer c'gnon qui m'met
 | su'l' sable,
Comme ta peau n'veut plus
 | qu'feignanter,
J'vas me r'coller avec ta dabe,
Qui ne r'foul' pas pour *turbiner*.

(Argot des souteneurs).

BOUDINOTS : Cuisses (Argot des voleurs). N.

BOUILLON DE ONZE HEURES : Dans le peuple, on est persuadé que l'on vous administre dans les hôpitaux un *bouillon* qui fait mourir.

Cette légende vient de ce qu'un malade à qui on donna un *bouillon à onze heures* mourut à midi.

Quand il arrive quelque chose de désagréable à quelqu'un, on lui dit :

— Comment trouves-tu le *bouillon* ? (Argot du peuple).

BOUIS-BOUIS : Endroit mal famé.

Se dit d'un café comme

d'un théâtre de dernier ordre (Argot du peuple).

BOUFFARDE : Pipe.

Allusion à la *bouffée* de fumée que le fumeur tire par intervalles de sa pipe et lance dans le vide (Argot du peuple).

BOUFFE-TOUT : Il est des individus atteints de la *boulimie*, qui mangent tout ce qui se présente.

Thomas l'Ours, le modèle bien connu de Montmartre, mangeait en guise de hors-d'œuvre huit livres de pain en buvant un seau de vin.

Les rapins racontent encore qu'un jour de famine Thomas l'Ours avait dévoré un poêle de faïence (Argot du peuple).

BOUFFER LA BOTTE : Amour platonique... faute de mieux (Argot du peuple).

BOUFFER SON CRAN : Ne pas être content, *marronner*.

On dit aussi : *bouffer son bœuf* (Argot d'imprimerie).

BOUFFER A L'AS : Dîner par cœur.

Même signification que *passer à l'as*, passer devant Chevet, regarder mais ne pas toucher (Argot du peuple).

BOUFFER DES BRIQUES A LA SAUCE AUX CAILLOUX : Se dit par ironie.

Mot à mot n'avoir rien à se mettre sous la dent (Argot du peuple). *N*.

BOUFFI : Noyé.

Allusion à l'eau qui gonfle la face de l'individu qui reste longtemps immergé (Argot du peuple).

BOUFFI : Être joufflu.

D'un vaniteux on dit qu'il est *bouffi* d'orgueil.

On dit aussi ironiquement : tu l'as dit *bouffi*, dans le sens de *grosse bête*. *Bouffi* est le synonyme (Argot du peuple).

BOUGE : Endroit infect.

Bouge vient certainement de *bauge* où les cochons se vautrent dans la boue et dans leurs excréments.

C'est dans les *bouges* que se réunissent les voleurs de bas étage (Argot des voleurs). V. *Baynole*.

BOUGNAT : Charbonnier.

Il y a fort peu de temps que cette expression est en usage, depuis la liberté des marchands de vin (Argot du peuple). V. *Auverpin*.

BOUILLOTTE : La tête.

Dans le peuple pour exprimer que l'on a une forte migraine on dit : Ma *cervelle bout*.

Bouillotte est la conséquence (Argot du peuple). V. *Tronche*.

BOULE DE LOTO : Gros yeux presque à fleur de tête (Argot du peuple).

BOULE DE SON : Pain.

Ainsi nommé à cause de sa forme ronde et de sa couleur, car autrement il n'entre pas de son dans la confection du pain de munition, pas plus que dans celui qui se fabrique à la boulangerie centrale de Saint-Lazare pour les prisons de la Seine (Argot des voleurs).

BOULEAU : Travail.

Ce mot a pris naissance chez les sculpteurs sur bois, parce que tout morceau de bois à travailler est un *bouleau*.

Cette expression s'est étendue à tous les corps de métiers qui disent :

— Je cherche du *bouleau* (Argot du peuple). N.

BOULENDOS : Bossu.

On dit aussi : *boscando*. Dans le peuple par allusion à la gibbosité on dit également :

— Il a volé un pain.
— Il a un orgue de Barbarie dans le dos.
— Il a un durillon dans le dos.

Les troupiers disent d'un bossu :

— Il a le sac au dos (Argot du peuple).

BOULER : Envoyer promener quelqu'un.

Sabouler veut dire la même chose.

— Je l'ai salement *saboulé* ce pierrot-là (Argot du peuple).

BOULET : Femme légitime.

— Tu traînes toujours ton *boulet* mon vieux Boireau ?

— Mon Dieu oui, elle ne veut pas crever.

— Fous-lui un lavement au verre pilé.

Boulet, allusion au forçat condamné aux travaux forcés qui en traînait un autrefois pendant la durée de sa peine (Argot du peuple). V. *Paillasse*.

BOULETTE : Commettre une erreur, se tromper.

— J'ai fait une rude *boulette* en me mariant.

— Quelle *boulette* j'ai faite en quittant ma place.

La dernière *boulette* est de mourir (Argot du peuple).

BOULETTES : Billes de billard.

Allusion à la forme ronde (Argot des voleurs). N.

BOULETTE : Mélange de chair à saucisse et de bœuf bouilli, haché menu.

Elles sont rondes, de là : *boulette* (Argot du peuple). V. *Attignolles*.

BOUL'MICHE : Abréviation de boulevard Saint-Michel (Argot des étudiants).

BOULIN : Perche de sapin qui sert au maçon pour construire ses échafaudages (Argot du peuple).

BOULINE : Cette expression désigne une vieille coutume en usage dans les petites fêtes locales.

Les camelots qui *font* ces fêtes se cotisent pour produire une certaine somme elle est destinée à faire boire le garde-champêtre pour détourner sa surveillance ou à l'indemniser s'il y consent pendant qu'un des compères qui tient un jeu de hasard vole les paysans.

Bouliner, faire le tour de la *bouline* (Argot des camelots).

BOULOTTAGE : Nourriture (Argot du peuple).

BOULOTTE : Femme rondelette, grassouillette, bien en chair, ayant du *monde* devant et derrière (Argot du peuple). N.

BOULOTTER : Manger (Argot du peuple).

BOULOTTER : Faire ses petites affaires.

Quant ça va bien on dit : ça *boulotte* à la *douce*, comme le marchand de cerises.

On sait que ce dernier pour annoncer sa marchandise crie :

— A la *douce*, à la *douce*. (Argot du peuple).

BOURBEUX : Paysan.

Allusion à ce que pendant la saison des pluies il est toujours couvert de boue (Argot des voleurs). V. *Pétrousquin*.

BOURSICOTIER : Agioteur qui *boursicote* des valeurs qui n'en ont pas.

Tripoteur, qui vend et achète des *résidus* au *marché des pieds humides* à tous les négociants qui, voulant faire une jolie faillite, achètent des valeurs tombées pour justifier de grosses pertes vis-à-vis du syndic (Argot des boursiers).

BOURDON : Fille qui fait le trottoir.

Cette expression vient de ce que les filles chantent sans cesse, ce qui produit aux oreilles des passants un *bourdonnement* semblable à celui du petit insecte que l'on nomme *bourdon* (Argot des souteneurs).

3.

BOURGUIGNON : Le soleil.

Il fait mûrir les bons vins de *Bourgogne* (Argot des voleurs).

BOURRASQUE : Rafle faite par des agents.

— Ne vas pas ce soir au *bistro*, il y aura une *bourrasque* à cause du *gonce estourbi* par la Saucisse.

Bourrasque peint bien les agents arrivant sur les boulevards et les balayant comme une trombe, ou pénétrant dans une maison comme un ouragan (Argot des voleurs). N.

BOURRE-COQUIN : Haricots (Argot des voleurs).

BOURREUR DE PÈGRES : Le Code pénal.

Généralement les figures employées sont plus exactes; mieux vaudrait dire *bourreur de bondes*, car c'est d'après le Code que les *prisons* sont *bourrées* et non les *pègres* (Argot des voleurs).

BOURRIQUE : Indicateur (Argot des voleurs). N.

BOUTERNIÈRE (La) : C'est une voleuse qui, dans les foires de villages, expose dans une vitrine nommée *bouterne* des bijoux véritables.

Les paysans, alléchés de courir la chance de gagner une montre en or pour deux sous, prennent des billets mais ils ne gagnent jamais.

Les dés sont *plombés* (Argot des voleurs).

BOUSCULADE (Vol à la) : Ce vol est une variété du *vol à l'esbrouffe*.

Il y a quelques années, un facteur fut victime, place de la Bourse, du vol d'un pli chargé contenant quarante mille francs.

Ce vol est très commun (Argot des voleurs). V. *Esbrouffe*.

BOUSILLER : Flâner, gouaper. Mettre quinze jours sur un ouvrage où il en faudrait deux et ensuite le terminer rapidement avec une *mal façon* (Argot du peuple). V. *Saboter*.

BOUSILLEUR : Ouvrier qui *bousille* (Argot du peuple).

BOUT COUPÉ : Juif (Argot du peuple). V. *Baptisé au sécateur*.

BOU-CI BOU-LA : Deux numéros tête-bêche

69

(Argot du peuple).

BOUTANCHE : Boutique.

Quelques-uns disent que *boutanche* veut dire *bouteille*, c'est une erreur.

Boutanche veut dire

boutique (Argot des voleurs). V. *Boucard*.

BOUTIQUE A SURPRISES : Maisons qui, en apparence, vendent des livres, des tableaux ou de la parfumerie et chez lesquelles l'acheteur trouve tout autre chose que la marchandise annoncée.

Ces maisons ne sont pas au coin du quai, on ne rend pas l'argent si le client n'est pas content (Argot des filles). *N*.

BOTTOCHE : Fusil (Argot des voleurs). *N*.

BOUSSOLE : Tête.
La tête, comme la *boussole*, dirige (Argot du peuple).

BOUTORD : Tabac à chiquer.
On sait que ce qui affecte le plus le prisonnier c'est la privation du tabac.
Une chanson célèbre dans les prisons centrales : *Pour du tabac*, dit ceci :

Pour du tabac, disait un *pègre*.
Et pour trois pouces de *Saint-Père*,
J'ai *basardé* ma *viande* hier.
Et j'ai *turbiné* comme un nègre
Pour un petit bout de *boutord*.
Je vends ma *bonde* et mon pain même
Et, bourreau de mon pauvre corps,
Je suis doublement au *système*
Pour du tabac, pour du tabac.

(Argot du peuple). *N*.

BOYAU : Il a toujours un *boyau* de vide pour *soiffer* (Argot du peuple). V. *Poivrot*.

BOXON : Maison de tolérance.
Maison *mal famée*, dit le sénateur Bérenger, sans doute parce qu'il y a de fort *jolies femmes*.
Question d'appréciation (Argot du peuple). V. *Bocard*.

BRACQUEMARD : *Pennis*. V. *Paf*.
(Argot du peuple).

BRAISE : Argent.
Allusion à la *braise* du boulanger qui enflamme très vite le charbon ou le bois.
Donner de la *braise* à une fille c'est l'enflammer.
La *braise* passe vite dans les deux cas (Argot des filles).

BRANDILLANTE : Sonnette.
Par le mouvement que lui imprime le cordon, elle *brandille* (Argot des voleurs). *N*.

BRANCARDS : Jambes.
Elles traînent le corps.
Cette expression a donné naissance à une autre.
Se mettre dans les *brancards*.
La situation explique le fait, surtout si on ajoute d'une femme passionnée : *elle rue dans les brancards* (Argot des souteneurs). *N*.

BRANLEUSE DE GENDARMES : Allusion au fer à repasser qui porte ce nom.

Les blanchisseuses *branlent* pour repasser ce fer toute la journée (Argot des blanchisseuses).

BRASSEUR DE FAFFES : Fabricant de faux papiers à l'usage des filles de maisons et des voleurs (Argot des voleurs). V. *Lopheur*.

BREDOUILLE : Suivre une femme et ne pas réussir à la *lever*.

Aller à la chasse et revenir *bredouille* (n'avoir rien tué).

Aller chercher de l'argent et n'en pas recevoir.

Mot à mot, *bredouille* est le synonyme de *rater* (Argot du peuple).

BRÊME DE FOND : Pièce de cinq francs en argent. (Argot du peuple).

BRÊMES : Les cartes (Argot des filles).

BRÊME DE PATELINS : Cartes de pays.

Elles servent aux *rabatteurs de sorgues* pour se guider (Argot des voleurs).

BRÊMER : Jouer aux cartes (Argot des voleurs).

BRENICLE : Non.

C'est une corruption de *bernique* (Argot des voleurs). N.

BRICULE : Officier de paix (Argot des voleurs).

BRIDE : Chaîne de montre.

Elle *bride* le gilet (Argot des voleurs). V. *Cordelettes*.

BRIDOUX : Fou (Argot des voleurs).

BRIFFE : Pain (Argot des voleurs). V. *Bricheton*.

BRIFFER : Manger.

Vient de *briffe* (Argot du peuple).

BRIGEANT : Cheveux (Argot des voleurs). V. *Alfa*.

BRIGEANTE : Perruque.

On dit aussi *réchaufante*, en effet, elle préserve les cheveux du froid (Argot des voleurs). N.

BRIGNOLET : Pain (Argot du peuple). V. *Bricheton*.

BRILLARD : Pièce de vingt francs.

Elle brille (Argot des voleurs). V. *Sigues*.

BRINGUE : Grande femme haute en jambes.

Quand elle est mal *ficelée* mal habillée, c'est une *bringue* (Argot du peuple). V. *Asperge montée*.

BRISEURS : Bande noire.

Cette bande est composée de plusieurs Auvergnats qui achètent des marchandises neuves et qui les *brisent* pour les revendre ensuite à la ferraille comme marchandises d'occasion (Argot des voleurs).

BROCHET : Marlou, souteneur (Argot du peuple). V. *Barbillon*.

BROQUE : Un sou (Argot des voleurs).

BROQUILLE : Minutes (Argot des voleurs).

BROQUILLEURS : Les voleurs qui portent ce nom pratiquent *le vol à l'étiquette*.

Ce vol consiste à faire fabriquer des bagues en *toc* ornées de pierres fausses et à les substituer adroitement aux vraies dans les écrins que montrent les bijoutiers aux faux acheteurs (Argot des voleurs). N.

BROUILLÉ AVEC LE DIRECTEUR DE LA MONNAIE : N'avoir pas le sou (Argot du peuple). V. *Les toiles se touchent*.

BROUILLOTTE : La nuit (Argot des voleurs). V. *Brunette*.

BRULÉ : Affaire manquée.

Se dit plus communément d'un agent chargé d'une surveillance, lorsqu'il est *éventé* par le surveillé il est *brûlé*.

On *brûle* également une carte vue par les joueurs (Argot des voleurs).

BRULE-GUEULE : Pipe dont le tuyau est très court.

En fumant, la pipe vous *brûle la gueule* (Argot du peuple). V. *Bouffarde*.

BRULER LE PÉGRIOT : Faire disparaître les traces d'un vol (Argot des voleurs).

BRULOTTE : Lanterne (Argot des voleurs).

BRUNETTE : La nuit (Argot des voleurs). V. *Brouillotte*. N.

BUCHE : Imbécile.

Borné, bête, grossier comme une bûche.

Buche : une figure, dame, roi ou valet, qui ne compte pas au jeu de baccara. (Argot des voleurs).

BUCHER : Travailler.

— Je suis dans mon *dur*, je *buche* ferme.

(Argot du peuple).

BUCHER : Frapper fort, allusion au bucheron.

Bucher (se) : Se battre avec acharnement.

Bucher le bouleau : attaquer avec énergie une pièce de bois (Argot des sculpteurs). N.

BUREAU DES PIEDS : Salle du Dépôt de la Préfecture de Police où M. Bertillon fait passer les détenus à la mensuration pour reconnaître leur identité (Argot des voleurs). *N*.

BURETTE : Visage (Argot des voleurs). *N*.

BURLINGUE : Bureau.
J'ai été au *burlingue* du *quart* (Argot des voleurs).

BUQUER : Voleurs qui dévalisent dans les boutiques sous le prétexte de demander de la monnaie (Argot des voleurs).

BUTTE (Monter à la) : Quand l'échafaud avait treize marches, cette expression était juste, aujourd'hui qu'il est de plein-pied, elle n'a plus de raison d'être (Argot des voleurs).

BUTTER : Tuer (Argot des voleurs).

C

ÇA (Il a de) : Se dit de quelqu'un qui possède beaucoup d'argent.

Les filles, pour vanter les agréments d'un homme, disent : *Il a de ça*; mais ce n'est pas d'argent qu'il s'agit (Argot du peuple).

CABASSEUR : Cancanier ou cancanière.

(Argot du peuple).

CABASSER : Bavarder sans cesse à tort et à travers (Argot du peuple).

CABESTAN : Officier de paix.

Il fait virer ses sous-ordres (Argot des voleurs). V. *Bricule*.

CABOCHE : Tête (Argot des voleurs).

CABOMBE : La chandelle.

Quelques-uns écrivent *calombe* ou *calbombe*; le vrai mot est *cabombe* (Argot du peuple).

CABOT : Chien (Argot du peuple). V. *Alarmiste*.

CABOT FERRÉ : Gendarme.

Allusion aux clous qui garnissent les semelles de bottes des gendarmes (Argot des voleurs). V. *Hirondelle de potence*.

CABOT : Chien du commissaire de police.

Par abréviation on dit simplement le *cabot du quart* (Argot du peuple).

CABRIOLET : Corde de boyau

de chat, ou forte ficelle de fouet, terminée par deux chevilles.

Les gardes et les agents passent le *ca'riolet* au poignet des prisonniers pour prévenir les évasions et empêcher les récalcitrants de se révolter.

(Argot des voleurs).

CABOULOT : Cabaret de bas étage.

Brasserie où les consommateurs sont servis par des femmes.

Caboulot n'est pas juste, on devrait dire *maison tolérée*.

Cette expression a pour berceau le quartier latin (Argot du peuple).

CACHALOT : Femme qui a des aptitudes spéciales.

Elle rend par le nez ce qu'elle a avalé par la bouche (Argot des filles). *N*.

CACHE-FRINGUES : Armoire (Argot des voleurs). *N*.

CACHET DE M. LE MAIRE : Tache à la chemise, derrière, ce qui indique l'oubli du papier traditionnel (Argot du peuple).

CADENNE : Chaîne de montre.

Quelques-uns écrivent *cadelle*, mais c'est bien *cadenne*, car on appelait ainsi la grande *chaîne* de forçats qui autrefois partaient de Bicêtre pour les bagnes de Brest ou de Toulon.

Cette expression est restée (Argot des voleurs).

CADET : Le postérieur.

— Viens ici, bibi, que je torche ton petit *cadet*.

— Tu as une figure qui ressemble à mon *cadet* (Argot du peuple).

CADETS : Outils de voleurs (Argot des voleurs). V. *Agobilles*.

CADRAN SOLAIRE : Le derrière.

Allusion à sa forme ronde.

Cette expression vient du *Pont cassé*, pièce représentée au théâtre Séraphin, au Palais-Royal.

Nicolas, le comique de la troupe de marionnettes, répondait à l'officier, le jeune premier, qui lui demandait l'heure, en lui montrant son *derrière*.

En même temps il lui chantait :
  Voilà le *cadran solaire*,
  Tire lire, lire....
(Argot du peuple).

CAFARD : Individu qui affecte des dehors religieux.

Hypocrite qui n'en croit pas un traître mot et exploite la crédulité publique.

Cafard est employé

comme terme de mépris (Argot du peuple). N.

CAFARD : Ouvrier qui, dans les ateliers, capte la confiance de ses camarades pour rapporter aux patrons ce qu'ils pensent et ce qu'ils disent (Argot du peuple). N.

CAFARDE : La lune (Argot des voleurs). V. *Moucharde.*

CAFARDER : Moucharder, dénoncer (Argot du peuple). N.

CAFIOT : Mauvais café fait avec de la chicorée ou avec des résidus de vieux marc de café déjà épuisés (Argot du peuple). V. *Jus de chapeau.*

CAILLOU : Tête.
Il a rien un sale caillou (Argot du peuple).

CAISSE D'ÉPARGNE : Le marchand de vin.
C'est là, en effet, que les ouvriers placent non seulement leurs économies, mais souvent l'argent de la paie (Argot du peuple). N.

CALANCHER : Mourir.
Pour indiquer qu'un objet n'est pas d'aplomb, on dit : il *calanche* (penche) à droite ou à gauche (Argot du peuple).

CALEBASSE : Seins.
Se dit quand les malheureux sont sans consistance, qu'ils pendent et se *répandent* (Argot du peuple).

CALÈCHE DU PRÉFET : Le panier à salade qui transporte les voleurs des postes de police au Dépôt de la préfecture (Argot des voleurs).

CALENDRINER SUR LE SABLE : Être dans une misère noire (Argot des voleurs).

CALER : On *cale* un meuble avec un coin de bois.
Un homme riche est *calé.*
Les typographes emploient cette expression pour dire qu'ils attendent de la copie, ils *calent* (Argot du peuple).

CALER LES JOUES : Bien boire et bien manger.
Allusion aux joues qui gonflent lorsqu'elles sont pleines (Argot du peuple).

CALIBORGNE ou CALIBORGNON : Borgne (Argot des voleurs). V. *Guigne à gauche.*

CALOQUET : Chapeau (Argot du peuple). V. *Bloum.*

CALOTS : Les yeux mauvais.
Calots à la manque (Argot des voleurs).

CALOT : Grosse bille avec laquelle les enfants jouent à la *poucette* (Argot du peuple).

CALTER : S'en aller.
Calter est synonyme de *débiner* ; on dit à quelqu'un en danger : *calte* au plus vite ou bien *débine-toi* (Argot du peuple).

CAMARDE : La mort.

Mais si la *grive*,
Parfois arrive,
Pour nous servir,
Nous *suivre* ou nous *courir*,
Cont' la *camarde*,
Toujours en garde,
On a bien soin,
De jouer du *surin*.
(*Romance du Pègre*).

(Argot des voleurs).

CAMARLUCHE : Camarade (Argot du peuple).

CAMAROS : Même signification. Même argot.

CAMBOLA : Faux épileptique (Argot des voleurs). V. *Battre un dig-dig*.

CAMBRIOLEUR : Vol à la *cambriotte*.
Ce vol fut célébré par B. Maurice :

Travaillant d'ordinaire,
La *sorgue* dans *Pantin*,
Pour mainte et mainte affaire,
Faisant très bon *chopin*.
Ma gente *cambriotte*,
Rendoublée de *camelotte*,
De la *dalle* au *flaquet*,
Je vivais sans disgrâce,
Sans *regout* ni *morace*,
Sans *taf* et sans regret.

Le *quart-d'œil* lui *jabotte* :
Mange sur tes *nonneurs* ;
Lui tire une carotte,
Lui montrant la *couleur*.
L'on vient, l'on me *ligotte*,
Adieu, ma *cambriotte*,
Mon beau *pieu*, mes *dardants*.
Je monte à la *Cigogne*.
On me *gerbe* à la *grotte*,
Au *tap* et pour douze ans (1).

CAMBROUSIER : Escarpe qui vole tout ce qui lui tombe sous la main en parcourant la France.
Ce nom lui vient de ce qu'il opère dans les *cambrousses* (maison) (Argot des voleurs)

CAMBUSE : Maison qui ne tient pas debout, bâtie avec de la boue et du crachat.
Cambuse : cabaret où l'on sert mal et de mauvaise marchandise (Argot du peuple).

CAMBUSIER : Le maître de la *cambuse*.
Cambusier : qui tient la cantine au bagne ou à bord (Argot du peuple).

CAMELOTTE : Marchandise.
Pour qualifier quelque chose d'inférieur on dit : c'est de la *camelotte* (Argot du peuple).

CAMOUFLE : Chandelle (Argot du peuple). V. *Cabombe*.

___

(1) La traduction de toutes ces expressions est dans le *Dictionnaire*.

CAMOUFLER (se) : Changer de costumes et de physionomie afin de n'être pas reconnu (Argot des souteneurs et des agents de la Sûreté).

CAMOUFLER : Réparer.

On *camoufle* un décor (Argot des artistes).

CANAPÉ : Femme copieusement douée du côté des fesses.

Le mot est en usage chez les pédérastes qui ne recherchent pas cet avantage du côté féminin (Argot des voleurs).

CANARD : Mauvais journal.

Quand un journal est mal rédigé, mal imprimé, pas même bon pour certain usage, car le papier se déchire, c'est un *canard* (Argot du peuple et des journalistes).

CANARD : Terme de mépris employé dans les ateliers vis-à-vis d'un mauvais camarade.

— Bec salé, c'est un sale *canard* (Argot du peuple). V.

CANARD : Nouvelle fausse ou exagérée.

Ce système est employé par certains journaux aux abois.

On pourrait en citer cinquante exemples depuis les écrevisses mises par un mauvais plaisant dans un bénitier de l'église Notre-Dame-de-Lorette et qui retournèrent à la Seine en descendant par les ruisseaux de la rue Drouot; jusqu'au fameux *canard* belge.

Un huissier à l'aide d'une ficelle pêcha vingt *canards* qui s'enfilèrent successivement, comme Trufaldin dans les *Folies Espagnoles* de Pignault Lebrun, il fut enlevé dans les airs, mais la ficelle se cassa et il tomba dans un étang où il se noya.

Ce *canard* fit le tour du monde arrangé ou plutôt dérangé par chacun, il y a à peine quelques années qu'il était reproduit par un journal, mais la fin était moins tragique, l'huissier était sauvé par un membre de la Société des Sauveteurs à qui on décernait une médaille de 1re classe.

Pour sauver un huissier on aurait dû lui fourrer dix ans de prison (Argot du peuple).

CANARDER SANS FAFFS : Braconner sans port d'armes (Argot des voleurs).

CANASSON : Vieux cheval hors de service.

On appelle aussi les vieillards : *canasson* (Argot du peuple). V. *Gaye*.

CANFOUINE : Domicile (Argot des voleurs).

CANICHE : Ballot à oreilles. Allusion aux longues oreilles de chien-mouton (Argot des voleurs). *N*.

CANER : Avoir peur, reculer. *Caner* : synonyme de lâcheté (Argot du peuple).

CANER LA PEGRENNE : Mourir de faim (Argot des voleurs).

CANNE D'AVEUGLE : Bougie.
Allusion à la forme droite comme la *canne* sur laquelle s'appuie l'*aveugle* (Argot des voleurs).

CANON : Verre de vin.
Allusion à la forme sphérique du verre (Argot du peuple).

CANONNER : Boire des *canons* sur le *zinc* du *mastroquet* (Argot du peuple).

CANONNIER DE LA PIÈCE HUMIDE : Soldat infirmier qui opère sur les derrières de l'armée (Argot du peuple).

CANONNIER : Les *cambrioleurs*. V. ce mot.

CANTON : Prison.
Le prisonnier y est en effet *cantonné* (Argot des voleurs).

CAPISTON : Capitaine (Argot des troupiers).

CAPITONNÉE : Femme bien en chair, qui a une gorge bien développée, qui se tient ferme sans le secours du corset.
On dit aussi qu'elle est *meublée*.
— Ah ! Gugusse, mince de viande, ça ferait rien un bath traversin (Argot du peuple). *N*.

CAPSULE : Chapeau (Argot du peuple). V. *Bloum*

CARAMBOLAGE : Choc de deux voitures dans la rue.
Les voyous que cela amuse disent :
— Ah zut, *mince* de de carambolage (Argot du peuple).

CARAMBOLER : Au billard, faire toucher les trois billes (Argot du peuple). *N*.

CARAMBOLER : V. *Rouscailler*.

CARCAGNOT : Brocanteur, usurier, juif qui achète tout à vil prix sans s'occuper de la provenance (Argot des voleurs). *N*.

CARCASSER : Tousser.
— *Carcasse*-donc ton dernier poumon tu ne nous emmerderas plus la nuit (Argot du peuple).

CARE : (Vol à la care) : Les *careuses* entrent dans un magasin, principalement dans les bureaux de tabacs et demandent à changer des pièces d'un certain millésime contre d'autres.

Profitant de l'inattention des commerçants, elles escamotent une partie des pièces (Argot des voleurs).

CARGOT : Cantinier.

Ce n'est pas une corruption de *gargotier*, car d'après les règlements des prisons le *cargot* ne fait pas de cuisine et ne vend que des aliments froids, du fromage et de la charcuterie. Comme les cantiniers sont *arabes*, qu'ils étranglent le plus qu'ils peuvent, on les a baptisés du nom de *cargot*, synonyme d'*usurier*, abréviation de *carcagnot* (Argot des voleurs). N.

CARRÉMENT : N'aie pas peur, vas-y carrément.

. . . .
Maintenant que tu n'as plus
[q'ta chemise,
Tu peux y aller *carrément*.
(Argot du peuple).

CARME : Argent (Argot des souteneurs). V. *Aubert*.

CARME A L'ESTORGUE : Fausse monnaie (Argot des voleurs).

CARMER : Payer (Argot des voleurs). V. *Billancher*.

CARNE : Viande dure.

On dit d'un homme impitoyable :
— Il est dur comme une vieille *carne*.

L'ouvrier qui ne veut rien faire est également une *carne* (Argot du peuple).

CAROTTE : Mensonge pour tromper ou duper quelqu'un.

Tirer une *carotte* : emprunter de l'argent.

Tirer une *carotte de longueur* : la préparer de longue main.

Le troupier tire une *carotte* à sa famille quand il lui écrit qu'il a perdu la clé du champ de manœuvre, ou qu'il a cassé une pièce de canon (Argot du peuple).

CAROTTIER : Homme qui fait le métier d'en tirer pour vivre (Argot du peuple).

CARRÉ DES PETITES GERBES : La police correctionnelle (Argot des voleurs).

CARRÉ DE REBECTAGE : La Cour de cassation.

Quelquefois elle diminue la peine du condamné ou l'acquitte complètement.

Il est *rebecqueté*.

Rebecqueté se dit pour raccommoder, se rapprocher (Argot des voleurs).

CARREAUX : Les yeux (Argot des voleurs).

CARREAUX : Outils spéciaux des malfaiteurs (Argot des voleurs). V. *Taleuse*.

CARREAUX : Fer à repasser dont se servent les tailleurs pour aplatir les coutures (Argot du peuple).

CAROUBLE : Clé employée par les *carroubleurs* (Argot des voleurs).

CAROUBLEUR : Vol à l'empreinte à l'aide de fausses clés (Argot des voleurs). V. *Boîte de Pandore*.

CARRUCHE : Prison (Argot des voleurs). V. *Gerbe*.

CASIMIR : Gilet.
Allusion à l'étoffe (Argot des voleurs). V. *Boîte à Sigue*.

CASQUE (Avoir le) : Être malin, savoir profiter des occasions, les saisir aux cheveux, même lorsqu'elles sont chauves.....
Avoir son casque : avoir bu à en être saturé.
— *Il a son casque*, il en a plein la peau (Argot du peuple).

CASQUER : Payer (Argot des filles). V. *Billancher*.

CASTU : Infirmerie, hôpital (Argot des voleurs).

CASUEL : Vente de hasard sur laquelle on ne comptait pas.
Casuel : ce que les mariages, les baptêmes et les enterrements rapportent aux curés.
Casuel : le *miché* que fait la fille en dehors de son entreteneur (Argot du peuple). *N*.

CASSANTES : Les dents (Argot du peuple). V. *Dominos*.

CASSER LA HANE : Couper la bourse (Argot des voleurs).

CASSER DU SUCRE : Dénoncer.
Casser du sucre sur quelqu'un : en dire du mal (Argot des voleurs). V. *Mouton*.

CASSE-POITRINE : Mauvaise eau-de-vie.
En effet, elle *casse* rudement la poitrine de ceux qui en boivent (Argot du peuple). V. *Eau d'aff*.

CASSER SA CANNE : Rompre sa surveillance.
Casser sa canne : mourir.
Casser une canne : dormir (Argot du peuple). V. *Sorguer*.

CASSER SA PIPE : Mourir.
On donne pour origine à

cette expression qu'un fumeur, attablé dans un cabaret, mourut subitement. Sa *pipe* lui tomba des lèvres et se cassa. Quand on le releva, un des assistants s'écria :

— Tiens il a *cassé* sa *pipe* (Argot du peuple).

CASSER UNE LOURDE : Briser une porte (Argot des voleurs).

CASSER SA FICELLE : S'évader de la prison.

Allusion au hanneton qui s'évade quand le fil qu'il a à la patte se brise (Argot des voleurs). *N.*

CASSER SON VERRE DE MONTRE : Tomber sur le derrière (Argot du peuple). V. *Tomber pile*.

CASSEROLE (La remuer) : Dénoncer. Mot à mot : *cuisiner* (faire parler). Allusion au *cuisinier qui remue la casserole* (Argot des voleurs).

CATIN : Fille publique.

Catin : petite poupée.
Catin : nom d'amitié donné à une maîtresse.

C'est aujourd'hui la St-Crépin
Les savetiers se frisent
Mon cousin ira voir catin.

. . . .

(Argot du peuple).

CATICHE : Diminutif de *catin* (Argot du peuple).

CAVALER : Se sauver.
— *Cavale*-toi v'la la rousse (Argot du peuple).

CAVE : Homme.
Allusion à l'estomac de l'homme qui emmagasine une foule de choses (Argot des voleurs).

CELLOTTE : Cellule (Argot des voleurs).

CENT PIEDS DE MERDE (Je voudrais te voir dans) : Souhait d'un gendre à sa belle-mère féroce ou à une femme crampon (Argot du peuple). *N.*

CENTRE : Nom.
Quand une personne donne un faux nom, c'est un *centre à l'estorgue* (Argot des voleurs).

CENTROUSSE : Maison centrale (Argot des voleurs).

CERF-VOLANT : Jouet d'enfant composé de baguettes d'osier, recouvertes de feuilles de papier, que les gamins enlèvent en l'air avec une ficelle.

Les voleuses qui dans les jardins publics s'emparent des boucles d'oreilles des jeunes enfants se nomment des *cerf-volants*, parce que le vol accompli elle se sauvent en courant c mme un *cerf* (Argot des voleurs).

CES MESSIEURS : Agents de police.

— Ne vous hasardez pas ce soir sur le trottoir, *ces messieurs* y seront (Argot des filles).

C'EST PLUS FORT QUE DE JOUER AU BOUCHON AVEC DES PAINS A CACHETER DANS SIX PIEDS DE NEIGE : Expression employée pour marquer le comble de l'étonnement.

On dit aussi *c'est fort de café* (Argot du peuple). N.

CHABANNAIS : Faire du tapage, du bruit.

— Allons, viens boire le dernier verre,

— Y a pas de pet, la bourgeoise ferait un rude *chabannais*.

Faire du *chabannais* dans une assemblée : troubler l'ordre (Argot du peuple).

CHABLER : Lancer des pierres dans un arbre pour en abattre les fruits.

Chabler est le synonyme de *gauler* (Argot du peuple) N.

CHAMBARD (En faire): Faire un *potin* infernal (Argot du peuple). V. *Chambarder*.

CHAMBARDER : Tout casser, tout démolir, bouleverser une maison de fond en comble, renouveler son personnel.

Mot à mot : faire *balai neuf* (Argot du peuple).

CHAMBERTER : S'amuser.

Quant les troupiers mettent les lits en bascules, qu'ils *chahutent* toute la chambrée, ils *chambertent* les camarades (Argot du troupier).

CHAMP DE NAVET : Cimetière d'Ivry.

Il est ainsi nommé, parce qu'il est sur l'emplacement de champs dans lesquels jadis les paysans cultivaient des *navets*.

Au Château d'Eau sur l'emplacement de la caserne du prince Eugène (cidevant) il existait un bal qui se nommait aussi pour les mêmes raisons, vers 1855, *le Champ de Navet* (Argot du peuple).

CHANDELLE (Moucher la) : On dit cela au moutard qui laisse pendre sous son nez un filet de morve.

On appelait autrefois *chandelle* les troupiers qui faisaient le service des postes de Paris pour conduire les voleurs aux bureaux des commissaires de police.

— J'ai été conduit entre *quatre chandelles*.

Allusion à la raideur du fusil (Argot du peuple).

CHANGER SON POISSON D'EAU : Aller pisser.

L'allusion est claire (Argot du peuple).

CHANGER SON FUSIL D'ÉPAULE : Changer d'avis ou d'opinion.

On dit pour exprimer la même chose : *mettre son drapeau dans sa poche*.

Ou bien encore : *retourner sa veste* (Argot du peuple).

CHANGEUR : Le fripier chez lequel les voleurs vont se *camoufler* moyennant un abonnement : tout comme les avocats chez le costumier du barreau.

Ils trouvent là tous les costumes nécessaires pour leurs transformations (Argot des voleurs).

CHAPARDER : Aller à la maraude (Argot des troupiers).

CHAPARDEUR : Qui *chaparde* (Même argot).

CHAPELET DE SAINT-FRANÇOIS : Chaîne qui sert à attacher les condamnés.

C'est un *chapelet* que volontiers ils n'égrèneraient bien pas (Argot des voleurs).

CHAPELLE BLANCHE : Le lit.

Allusion à la blancheur des draps (Argot du peuple). *N.*

CHAPELURE SUR LE JAMBONNEAU (Pas de) : Absence complète de cheveux.

Genou hors ligne.

On dit aussi : *pas de cresson sur le caillou* (Argot du peuple).

CHAPERONNER : Protéger quelqu'un.

Mot à mot : lui servir de *chaperon* pour le couvrir (Argot du peuple).

CHARGÉ : Quand une fille fait un *miché* elle dit :
— J'ai *chargé*.

Dans la nuit elle fait le contraire elle le *décharge* de son *morlingue* (Argot des filles). *N.*

CHARGÉ PAR LA CULASSE : Prendre un lavement.

Les *passifs* se *chargent* également par le même côté.

Allusion aux canons (Argot du peuple). V. *Passifs*.

CHARLEMAGNE (faire) : Se mettre au jeu avec peu d'argent, gagner une certaine somme et se retirer de la partie sans donner de revanche (Argot des joueurs).

CHATELLERAULT : Couteau.

Allusion à la ville renommée pour sa fabrication.

On pourrait aussi bien dire *Thiers* ou *Nontron* (Argot des voleurs). V. *Lingre.*

CHARRIAGE A LA MÉCANIQUE : Ce genre de vol est l'enfance de l'art ; un mouchoir suffit. Le voleur le jette au cou d'un passant, il l'étrangle à moitié, le charge sur son épaule pendant qu'un complice le dévalise.

C'est exactement *le coup du père François*, toutefois pour exécuter celui-ci les voleurs se servent d'une courroie flexible ou d'un foulard de soie (Argot des voleurs).

CHARRIAGE AU POT : Ne demande pas non plus un grand effort d'imagination : *un pot* et un imbécile aussi bête que lui suffisent.

Deux voleurs abordent un individu à l'air naïf. Après quelques stations dans les cabarets, ils lui offrent de le conduire dans un *bocard* éloigné. En chemin, ils avisent un terrain vague, l'un des deux voleurs exprime à ses compagnons la crainte d'être volé car il porte sur lui une grosse somme. Devant eux il la cache dans le pot qu'il enterre. Plus loin il se ravise et dit au naïf d'aller déterrer l'argent caché, mais auparavant il lui fait donner ce qu'il a sur lui. Le naïf part, ne trouve que des rouleaux de plomb dans le *pot* et quand il revient les voleurs sont loin (Argot des voleurs).

CHARRIAGE AU COFFRET : Ce vol là est plus drôle.

Un individu, ayant l'aspect d'un anglais s'adresse à la dame de comptoir d'un grand café, et lui confie *un coffret*, mais avant de le fermer à clé il lui fait voir qu'il contient une quantité de rouleaux d'or. Il le ferme, la dame le serre précieusement. Dans la soirée, il revient dire qu'il a perdu sa clé, et lui emprunte quelques centaines de francs. Sans crainte (elle est garantie), elle les lui donne, et ne le revoit plus. Finalement, on fait ouvrir le coffret, il n'y a que des jetons de cercles (Argot des voleurs).

CHARRIER : Signifie se moquer de quelqu'un.

Synonyme de *mener en bateau* (Argot du peuple).

CHARLOT : Le bourreau (Argot des voleurs).

CHARLOTTE : Pince (Argot des voleurs). V. *Monseigneur*.

CHARIBOTÉE : En avoir sa charge.
Cela veut aussi dire beaucoup.
— Elle a une *charibotée* d'enfants (Argot du peuple). V. *Tiolée*.

CHARMANTE : La gale.
Par allusion aux vives démangeaisons que cause cette maladie, on la nomme aussi *la frotte* (Argot du peuple).

CHAROGNE : Individu rugueux, difficile à vivre, être insociable.
On dit aussi de quelqu'un qui sent mauvais :
— Tu pues comme une *charogne*.
De *charogne* on a fait *charognard*.
Généralement les patrons ou les contremaîtres qui commandent durement sont qualifiés tels par les ouvriers (Argot du peuple). N.

CHASSES : Les yeux.
On dit d'une femme qui pleure :

— Elle chie des yeux (Argot du peuple).

CHASSER AVEC UN FUSIL DE TOILE : Mendier dans les campagnes.
Allusion à la *besace* de *toile* que portent les mendiants pour y mettre ce qu'on leur donne (Argot des voleurs).

CHATAIGNE : Soufflet.
— Je vais te coller une *chataigne*, ou je vais te *plaquer* un *marron* (Argot du peuple).

CHATTE : Homme aimé des pédérastes pour ses manières câlines.
La femme aussi est *chatte* ; si elle est câline à ses heures, à d'autres elle sait *griffer* (Argot du peuple). N.

CHAUD (Il est) : Malin, rusé, méfiant.
Se dit de quelqu'un difficile à tromper (Argot du peuple).

CHAUD DE LA PINCE : Hommes pour qui toutes les femmes sont bonnes.
On dit d'un homme *chaud* :
— Chien enragé mord partout (Argot du peuple).

CHAUDE LANCE : Maladie qui se soigne à l'hôpital Ricord, ou chez les charlatans qui vantent leurs spécifiques dans les pissotières.

— Traitement facile à suivre, en secret, même en voyage, guérison radicale sans rechute (Argot du peuple).

CHAUDE COMME BRAISE : Femme hystérique qui aime tous les hommes (Argot du peuple).

CHAUFFE LA COUCHE : Homme qui fait dans son ménage l'ouvrage de la femme.

Il soigne les enfants, il *chauffe la couche* (Argot du peuple).

CHAUFFE GRIPPARD : Chaufferette (Argot du peuple).

CHAUFFER : On *chauffe* une pièce pour la faire réussir et obtenir un succès.

Chauffer une réunion publique.

Chauffer une femme : la serrer de près, lui faire une cour assidue.

On disait autrefois : *coucher une femme en joue*. On ajoute de nos jours, par ironie :

— Tu ne la *tireras* pas, ou bien encore : Ce n'est pas pour toi que le *four chauffe*.

Chauffer une affaire pour attirer les actionnaires (Argot du peuple).

CHAUSSETTES RUSSES : Être nu-pieds dans ses souliers (Argot du peuple).

CHAUSSON : Putain.

Femme pour qui tout homme est bon.

On dit *putain* comme *chausson*, parce que le *chausson* prête beaucoup et va à tous les pieds (Argot du peuple).

CHAUSSURE A SON PIED : Femme laide et défectueuse qui trouve quand même un amant ou à se marier.

Elle a trouvé *chaussure à son pied* (Argot du peuple). *N.*

CHELINGOTER DE LA GUEULE : Puer de la bouche (Argot du peuple). V. *Trouilloter de la hurlette*.

CHENILLE : Femme laide (Argot du peuple). *N.*

CHEVALIER GRIMPANT : Les *cambrioleurs*.

Allusion à ce que les voleurs opèrent aux étages supérieurs des maisons et qu'ils gravissent tous les escaliers (Argot des voleurs).

CHEVALIER DE LA GRIPETTE : Homme qui suit les femmes (Argot du peuple). *N.*

CHEVRONNÉ : Voleur récidiviste qui a fait plusieurs congés en prison.

Allusion aux anciens *briscards* de l'armée qui portaient des *chevrons* sur le bras (Argot des voleurs).

CHIALER : Pleurer.

On dit aussi : y aller de sa larme (Argot du peuple).

CHIARD : Petit enfant.

Allusion à ce qu'il fait dans ses couches (Argot du peuple). *N*.

CHIASSE (Avoir la) : Avoir peur.

Mot à mot : se lacher dans sa culotte (Argot du peuple). V. *Taf*.

CHIASSE : Vieille fille publique.

C'est le dernier degré de l'abaissement (Argot des souteneurs).

CHICAN : Marteau (Argot des voleurs). V. *Balançon*.

CHIC : Il a du *chic*, il est bien.

C'est une femme *chic*, un beau porte-manteau, sa toilette est bien accrochée.

L'origine de cette expression n'est pas éloignée.

Un ministre de l'Empire, habitué des coulisses de l'Opéra, envoya deux danseuses du corps de ballet souper à ses frais chez le restaurateur Maire. Très modestes, elles ne dépensèrent à elles deux que quinze francs.

Quand le ministre demanda la note, il fit la moue. Le soir même il leur en fit le reproche et leur dit : Vous manquez de *chic*, pas de *chic*.

Quelques jours plus tard il renvoya deux autres danseuses souper au même restaurant. Elles dépensèrent cinq cents francs. Quand il paya il fit une grimace sérieuse : Trop de *chic*, trop de *chic*, fit-il.

Le mot fit fortune dans les coulisses et est resté (Argot des filles).

CHICANE (Grinchir à la) : Variété du vol à la rencontre.

Chicaner un individu pour le battre, pendant qu'un complice le dévalise (Argot des voleurs). V. *Aquigeurs*.

CHICHE : Avare de son argent, lésineur qui tondrait un œuf.

Chiche de ses pas, de sa personne, qui ne rendrait jamais un service à qui que ce soit.

Chiche veut aussi dire : défier quelqu'un de faire quelque chose.

— *Chiche* de faire ça (Argot du peuple).

4.

CHIE TOUT DEBOUT : Se dit d'un ouvrier indolent, nonchalant.

Synonyme de *dort debout* (Argot du peuple). *N*.

CHIEN TOUT PUR : Eau-de-vie.

Allusion au buveur qui a la voix rauque et *aboie* en parlant (Argot du peuple). V. *Eau d'aff*.

CHIEN (Avoir du) : Posséder un aplomb remarquable.

Femme qui n'est pas belle, mais qui a beaucoup d'audace et plaît quand même.

Elle a du *chien* (Argot du peuple).

CHIÉE (En avoir une) : Avoir une *chiée* d'enfants.

Avoir une *chiée* d'ennuis à ne savoir où donner de la tête (Argot du peuple). *N*.

CHIER (Tu me fais) : Tu m'ennuies (Argot du peuple).

CHIER DANS MON PANIER JUSQU'A L'ANSE (Il a) : Je n'en veux plus, j'en ai plein le dos.

On dit aussi : il a *chié dans ma malle* (Argot du peuple). *N*.

CHIER DU POIVRE : Se sauver des mains des agents.

S'en aller sans tambour ni trompette.

Synonyme de *pisser à l'anglaise* (Argot du peuple). *N*.

CHIER DES CORDES A PUITS : Individu qui est tellement constipé qu'il reste une heure sur la tinette en poussant des soupirs à fendre l'âme (Argot du peuple). *N*.

CHIER DES YEUX : Pleurer (Argot du peuple). V. *Baver des clignots*.

CHIEUR D'ENCRE : Ecrivain (Argot du peuple). V. *Cul de plomb*.

CHIFFARDE : Pipe (Argot du peuple). V. *Bouffarde*.

CHINER : Blaguer quelqu'un.
— Il est tellement *chineur* que tout le monde passe à la *chine* (Argot du peuple). *N*.

CHINER : Courir les rues ou les campagnes pour vendre sa *camelotte*.

Chiner est synonyme de *fouiner*.

Comme superlatif on dit *chignoler* (Argot du peuple).

CHINEUR : Genre de voleurs dont les procédés se rapprochent de ceux des *charrieurs*.

Ils sont pour la plupart

originaires du Midi (Argot des voleurs).

CHIPER : Prendre (Argot du peuple).

CHIPOTER : Marchander.
Chipoter dans son assiette avant de manger (Argot du peuple). *N.*

CHIQUER-CONTRE : V. *Battre comtois*.

CHLASSE : Saoul à ne pas tenir debout (Argot des souteneurs). *N.*

CHOPIN (Faire un) . Bonne affaire.
Mettre la main sur une femme qui possède des qualités exceptionnelles.
Si la chose faite ne vaut rien, on dit :
— Tu as fait un sale *chopin* (Argot du peuple).

CHOUCROUTMANN : Allemand.
Allusion au mangeur de choucroute (Argot du peuple). *N.*

CHOUETTE : Superlatif de tout ce qu'il y a de plus beau, le suprême de l'admiration.
Chouette (être fait) : être arrêté par les agents.
Ce n'est pas *chouette* : ce n'est pas bien.
Elle n'est pas *chouette* : elle est laide (Argot du peuple).

CIBIGE : Cigarette (Argot du peuple).

CIGOGNE : Le Dépôt de la Préfecture de police (Argot des voleurs).

CINGLER LE BLAIRE (Se) : Se saouler.
Se piquer le nez (Argot du peuple).

CIPAL : Abréviation de municipal.
Il est franc et loyal,
Y craint pas le *cipal*.
(Argot du peuple).

CINQ CONTRE UN : V. *Bataille des jésuites*.

CINQ ET TROIS FONT HUIT : Boiteux.
On dit aussi *ban-ban*.
Allusion au balancement du boiteux en marchant (Argot du peuple).

CIREUX : Qui a de la *cire* aux yeux.
Dans le peuple on dit de celui qui est affligé de cette infirmité qu'il fournit les cierges au Sacré-Cœur (Argot du peuple).

CIREUR : Vol à la *cire*.
Voleur qui barbotte les couverts dans les rares restaurants où l'on se sert encore d'argenterie.

Il s'attable, déjeune tranquillement, puis, profitant du mouvement occasionné par le service, il colle adroitement avec de la cire un couvert sous la table, puis s'en va tranquillement.

Quelques instants plus tard un complice vient s'asseoir à la même table et fourre le couvert dans sa poche.

Ce vol est sans danger, si on s'aperçoit de la soustraction, le voleur demande que l'on le fouille, comme on ne trouve rien on lui fait des excuses (Argot des voleurs).

CITRON : Se dit d'un individu qui n'a jamais à la bouche que des paroles amères pour tous (Argot du peuple). N.

CLAQUE : Maison de tolérance.
Abréviation de *claque-dents* (Argot du peuple).

CLAQUER : Donner une *claque* sur la figure ou sur le contraire.
Synonyme de *gifle*.
Allusion au bruit que produit la main (Argot du peuple).

CLAQUER : Mourir.
Allusion à un objet qui *claque*, qui *casse* (Argot du peuple).

CLAQUER DU BEC : Avoir faim et ne rien avoir à se mettre sous la dent.
La faim donne la fièvre, les dents *claquent* (Argot du peuple).

CLAQUEURS : Applaudisseurs à gages (Argot du peuple). V. *Romains*.

CLAVINS : Clous.
Les voleurs ne connaissent pourtant guère le latin.
Clavin vient de *clavus* (Argot des voleurs).

CLIGNOTS : Yeux (Argot des voleurs). V. *Chasses*.

CLIQUETTES : Oreilles (Argot du peuple). V. *Esgourdes*.

CLOCHE DE BOIS : Déménager furtivement sans prévenir son propriétaire.
Quand le déménagement s'opère par la fenêtre on dit : *déménager à la ficelle*.
Brûler ses meubles, c'est *déménager par la cheminée*.
On dit aussi : *déménager à la cloche de cuir* ou à la *sonnette de bois*.

CLOU : Le mont-de-piété.
On va, les jours de *dèche*, y accrocher ses habits.
On dit aussi : aller chez *ma tante*, mon oncle en aura soin.

On dit également : au *plan* (Argot du peuple).

CLOUS : Fausses clés (Argot des voleurs). V. *Caroubles*.

CLOUS : Terme de mépris employé dans les ateliers.
— Tu n'es qu'un *clou* (Argot du peuple).

COCU : Pourquoi diable fait-on dériver *cocu* de *coucou* ? Si l'on suivait la véritable étymologie du mot, ce n'est pas le *mari*, mais bien l'*amant* qu'on devrait appeler *cocu* ; en effet, la légende veut que le *coucou* fasse ses petits dans le *nid* des autres oiseaux.

Qui cinquante ans aura vécu
Et jeune femme épousera,
S'il est galeux se grattera
Avec les ongles d'un cocu.

(Argot du peuple).

COGNE : Gendarme (Argot des voleurs). V. *Hirondelle de potence*.

COIFFÉ : Être né *coiffé*, avoir de la chance, réussir toutes ses entreprises.
Coiffé de quelque chose ou de quelqu'un (Argot du peuple). V. *Béguin*.

COIRE : Ferme ou métairie (Argot des voleurs).

COLBACE : Conscrit.
C'est une erreur d'écrire *colbasse* pas plus que *colback*.

Ce mot est employé par les vieux *briscards* qui n'aiment pas les *bleus*.

Il l'est également par les anciens marlous pour désigner les jeunes souteneurs inexpérimentés (Argot des souteneurs).

COLLE : Mensonge.
Synonyme de *craque*.
— Tu penses que l'on ne croit pas à tes *craques* (Argot du peuple).

COLLÉ (Être) : Vivre maritalement avec une femme sans avoir passé par la mairie (Argot du peuple).

COLLÉ (Être) à un examen.
Avoir sa bille au billard, *collée* sous bande.
Être *collé* : être pris en flagrant délit de mensonge (Argot du peuple).

COLLÈGE : Prison.
Cette expression est d'une grande justesse ; c'est, en effet, en prison que les voleurs se perfectionnent dans leur art et que nos grands financiers du jour apprennent à ne plus se faire repincer (Argot des voleurs).

COLIS : Les courtiers ou placeurs qui racolent les femmes sur la voie publique pour les expédier dans les maisons de tolérance; nomment les femmes des *colis* :

— J'ai à vous expédier un *colis* de 50 kilos (Argot des souteneurs). *N.*

COLIFICHET : Pain (Argot des voleurs). V. *Brichetou.*

COLLIGNON : Cocher de fiacre.

Cette expression date de l'assassinat de M. Juge par un cocher de fiacre nommé *Collignon*, qui fut arrêté par Proudhon, rue de l'Ouest.

Collignon fut exécuté.

Ce nom est resté un terme de mépris (Argot du peuple).

COMBERGE : Aller à confesse (Argot des voleurs).

COMBERGO (Aller à) : V. *Comberge.*

COMPAS (L'avoir dans l'œil) : Ouvrier qui a le coup d'œil juste, qui réussit une pièce d'un coup comme s'il avait pris ses mesures avec un *compas* (Argot du peuple). *N.*

COMPLET (Il est) : Avoir bu outre mesure (Argot du peuple). *N.*

COMMANDITE : Association d'un certain nombre d'ouvriers compositeurs pour faire un journal (Argot d'imprimerie).

COMPTER SON LINGE : Vomir (Argot du peuple). V. *Mettre du cœur sur du carreau.*

CONCE DE CASTU : Infirmier d'hôpital.

Conce doit être une corruption de *gonce* (Argot des voleurs).

CONDÉ (Avoir un) : Individu qui obtient l'autorisation de tenir un jeu ou une boutique ambulante sur la voie publique, à condition de rendre des *services* à la préfecture de police.

Avoir un *condé* c'est être protégé et faire ce que les autres ne peuvent pas (Argot des camelots).

CONASSE : Fille peu au courant du métier, qui raccroche à n'importe quel prix (Argot des souteneurs). *N.*

CONNERIE : Bêtise.

— Tu *déconnes*, tu ne sais pas ce que tu dis.

Mot à mot : tu es un c-o-n, pantoufle, un crétin.

Ce mot ancien vient de *conard.*

Il est employé dans le peuple pour désigner un

autre objet (Argot du peuple).

CONSOLATION (S'en offrir une) : Aller boire un coup et même plusieurs chez le marchand de vin pour faire passer un chagrin réel ou imaginaire.

Un *assommoir* de Belleville avait pris cette enseigne ; les buveurs se *consolaient* en s'empoisonnant (Argot du peuple).

CONSOLATION : Jeu qui se joue dans les wagons de chemins de fer au retour des courses.

Les *bonneteurs* offrent la *consolation* aux joueurs malheureux, qui ont celle de se voir encore dépouillés (Argot des camelots).

CONTRE-COUP : Contremaître.

Quand un ouvrier fait un *loup* (manque une pièce), c'est le contremaître qui reçoit le *contre-coup* du patron (Argot du peuple). *V.*

CONVALESCENCE (Être en) : Sous la surveillance de la haute police (Argot des voleurs). V. *Surbine*.

COPAIN : Camarade de collège, compagnon.

Ce mot d'appartient pas à Ed. About, comme le dit M. Lorédan Larchey, c'est un dérivé du vieux mot français *compaing*.

Copaille pour *copain* (Argot des voleurs).

COQUER : Dénoncer (Argot des voleurs). V. *Mouton*.

COQUER DE RIFLE : Allumer une femme.

S'enflammer en la regardant (Argot des voleurs).

COQUER LA LOFFITUDE : Prêtre qui donne l'absolution.

— J'ai été *à comberge* et le *ratichon* m'a *coqué la loffitude* (Argot des voleurs).

CORBEAU : Frère ignorantin.

Quand les gamins rencontrent un frère, ils crient : *Couac ! couac !* imitant le *croassement* du corbeau (Argot du peuple).

CORBILLARD : On écrivait autrefois *corbeillard*, parce que ce mot désignait le coche d'eau qui faisait le service entre Paris et Corbeil.

On a écrit également *corbillas* et *corbillat*.

Gouffé a chanté la lugubre voiture :

Que j'aime à voir un *corbillard*;
Ce goût-là vous étonne?
Mais il faut partir tôt ou tard,
Le sort ainsi l'ordonne

Et loin de craindre l'avenir,
Moi de cette aventure
Je n'aperçois que le plaisir
D'aller en voiture.

L'expression de *corbillard* date de 1793, époque de la création de ces voitures (Argot du peuple). N.

CORBUCHE LOFF : Faux ulcère.

Les mendiants, pour exciter la charité publique, emploient toutes sortes de moyens ; ils se font manchots, culs-de-jatte, boiteux, etc.

Le truc le plus usité est celui des faux ulcères ; une simple mouche de Milan suffit pour produire une plaie artificielle qui peut disparaître par un simple lavage.

Les troupiers carottiers pratiquent ce moyen pour aller à l'infirmerie (Argot des voleurs). N.

CORCIFÉ : La prison de la Conciergerie (Argot des voleurs).

CORDELETTE : Chaîne de montre (Argot des voleurs). V. *Cadenne*.

CORNARD : Vient de *cornette*, de la *cornette* des femmes.

Autrefois, un mari qui se laissait tromper par sa femme était appelé *porteur de cornette* (Argot du peuple).

COSQSIS : V. *Balanceur de tinettes*.

COSTEL ou **CAUSTEL** : Souteneur.

Balance moi-là ; et ne sois plus | *caustel*,
Casser des lourdes vaut mieux | que... des chats.

(Argot des souteneurs).

COTES EN LONG : Fainéant (Argot du peuple). V. *la Basse*.

COTELETTE DE PERRUQUIER : Deux sous de fromage de Brie (Argot du peuple).

COTTERET : Forçat libéré.
Cotteret : Petit fagot de bois.
Cotteret de bordel : Paquet de petites bûchettes qui coûte dix centimes et s'allume instantanément.

Allusion à la courte durée de la passe qui ne dure pas plus que le petit paquet de bois (Argot du peuple).

COUACHE : Tête (Argot des voleurs).

COUCHE (En avoir une) : Être bête à manger du foin.

Allusion à la *couche* de fumier que mettent les maraîchers dans leurs châssis pour faire hâtivement pousser les melons ; plus la *couche* est épaisse, meilleur est le résultat (Argot du peuple). N.

COUCHER A LA BELLE ETOILE : Dormir dans les champs.

On dit aussi : *coucher dans le lit aux pois verts* (Argot du peuple).

COUILLE EN BATON (De la) : C'est une bêtise.

Mot à mot : ce n'est rien (Argot du peuple).

COUILLON : Imbécile, peureux (Argot du peuple).

COULAGE (Avoir du) : Ne pas surveiller ses ouvriers.

Perdre sur une commande ou sur une vente. *Couler* le patron : le ruiner petit à petit (Argot du peuple).

COULE (Être à la) : Malin qui croit que personne ne peut le tromper.

On dit : *Il la connaît dans les coins* ; pas moyen de lui introduire : *il est à la coule* (Argot du peuple).

COULER DOUCE (Se la) : Faire le moins de travail possible et vivre pour le mieux (Argot du peuple).

COULER UN ENFANT : Faire avorter une femme (Argot du peuple).

COULER QUELQU'UN : *Couler* un individu dans l'esprit de quelqu'un en disant de lui pis que pendre ; le perdre dans l'estime d'autrui (Argot du peuple).

COULEURS (En faire voir de toutes les) : Mentir, tromper.

Faire à quelqu'un tous les tours possibles (Argot du peuple).

COUILLONADE : Il ne faut pas faire attention à ce qu'il dit, il ne raconte jamais que des *couillonades* (Argot du peuple).

COUP : Procédé secret et particulier (Argot des voleurs).

COUP DE BAS : Coup dangereux.

Achever quelqu'un, le finir (Argot des voleurs).

COUP DE FLAN : Voler au hasard (Argot des voleurs).

COUP DE FUSIL : Vendre à n'importe quel prix (Argot des camelots).

COUP A MONTER : Piège à tendre.

Tromper quelqu'un (Argot des voleurs).

COUP DE LA BOUFFÉE : Genre de vol pratiqué chez les grands bijoutiers.

Le voleur fume un énorme cigare, il lance au visage de la bijoutière un formidable jet de fumée ; aveuglée, elle ne voit pas les mains du voleur travailler (Argot des voleurs).

COUP DE CHASSES : Coup d'œil.

Système employé par certaines filles pour raccrocher les passants.

— Tu ne *marches* pas, as-tu vu ce *coup de chasses* ? (Argot du peuple).

COUP DE CANIF DANS LE CONTRAT : Homme qui trompe sa femme ou femme qui trompe son mari.

On dit aussi, quand une femme a une masse d'amants, que le *contrat est criblé de coups de sabre* (Argot du peuple).

COUP DE FION : Terminer un ouvrage (Argot du peuple). V. *Fignoler*.

COUP DU CHANDELIER (Le) : Dans les maisons de rendez-vous ou chez les femmes publiques un peu cossues, une fois la séance terminée, la bonne vous reconduit en vous éclairant (c'est à charge de revanche), on lui donne généralement un pourboire ; elle vous remercie gracieusement, en ajoutant comme Bilboquet :

— Si vous êtes content et satisfait, envoyez-nous du monde.

C'est le *coup du chandelier* (Argot des filles).

COUP DU LAPIN : Achever un adversaire, lui donner le coup suprême.

Le bourreau donne le *coup du lapin* au condamné à mort (Argot des voleurs).

COUP DU MALADE : Le voleur va chez un bijoutier choisir des bijoux ; il demande qu'on lui porte sa commande à son appartement ; il s'en va, et, aussitôt rentré, il se couche en attendant le commis et simule un mal subit.

Quand le commis arrive il trouve l'acheteur entouré de fioles et de pommades, gémissant, il paraît souffrir mille douleurs.

Il renvoie le commis chercher un autre objet qu'il dit avoir commandé la veille ; le commis part sans défiance en laissant les bijoux sur la cheminée ; aussitôt le malade se lève et se sauve au plus vite. Quand le commis revient, visage de bois (Argot des voleurs).

COUP DE MARTEAU : Fou par instant (Argot du peuple). V. *Mailloché*.

COUP DU MOINEAU : Un *pégriot* a un pierrot apprivoisé ; il avise une boutique et lâche son oiseau; celui-ci se sauve derrière les sacs ; il entre, pleure, se désole :

— Mon pierrot, mon pierrot.

Les garçons, le patron, la patronne, tout le monde est après le pierrot. Le *pégriot* profite de cette chasse improvisée pour fouiller dans le comptoir et prendre une poignée de monnaie.

Le pierrot est pris, le gamin se sauve en remerciant, le tour est joué (Argot des voleurs). *N*.

COUP DU PÈRE FRANÇOIS : Ce coup est très ancien. Autrefois les détenus l'employaient pour se débarrasser d'un personnage qui *moutonnait*.

Il consiste simplement à étrangler un passant à l'aide d'un foulard de soie.

Louis le *Bull-Dogue*, élève du *père François* explique ainsi la manière d'opérer :

Pour faire le coup du *Père François*,
Vous prenez un foulard de soie;
Près du client en tapinois
Vous vous glissez sans qu'il vous voie
Et crac ! vous lui coupez la voix.
Sitôt qu'il est devenu de bois
Vous lui prenez son *os, ses noix*.
Et c'est ainsi qu'un Pantinois
Peut faire fortune avec ses doigts.

COUP DE POUCE : Système employé par certains commerçants pour aider la balance à pencher du côté de la pesée.

Les bouchers jouissent d'une grande habileté pour le *coup de pouce* (Argot du peuple).

COUP DE SOLEIL : Avoir trop bu du petit bourguignon.

On dit aussi un *coup de sirop* (Argot du peuple).

COUPE SIFFLET : Couteau (Argot des voleurs). V. *Lingre*.

COUPER : Échapper.

— Tu n'y échapperas pas, tu n'y *couperas pas*.

On *coupe* à une corvée, à une obligation quelconque (Argot du peuple).

COURIR (D'une peur et d'une envie de) : Voleur qui s'offre un paletot à l'étalage sans s'occuper du prix.

— Te voilà bien rupin, ma vieille branche, combien que ta pelure te coûte?

— Un peur et une envie de *courir* (Argot du peuple). V. *Foire d'empoigne*. N.

COURTAUD DE BOUTANCHE : Lourdaud de boutique.

Synonyme de *calicot* (Argot des voleurs).

COURTIER : Voleur qui prépare le coup à faire (Argot des voleurs). V. *Nourrisseur de poupard*.

CRACHER DANS LE SAC : Allusion à la tête du condamné à mort qui tombe dans le sac de sciure.

On dit aussi : *éternuer dans le sac* (Argot des voleurs).

CRACHER DES PIÈCES DE QUATRE SOUS : Avoir la gorge sèche au lendemain d'une soulographie.

Allusion à l'absence de salive (Argot du peuple). V. *Gueule de bois*.

CRACHER AU BASSINET : Faire *cracher* (payer) un débiteur dur à la détente (Argot du peuple).

CRAIE D'AUVERPIN : Charbon (Argot du peuple).

CRAMPE (La tirer) : V. *Rouscailler*.

CRAMPON : Femme ou maîtresse qui ne vous lâche pas et dont rien ne peut vous débarrasser pas même la mort — quand on en rêve (Argot du peuple).

CRAMPONNER (Être) : V. *Crampon*.

CRAN (Être à cran) : Être furieux.

On dit aussi : être à *crin* (Argot du peuple).

CRANEUR (Faire le) : Homme qui se fait plus fort qu'il ne l'est, au physique comme au moral.

Un souteneur qui veut tenir le haut du pavé, est un *crâneur* (Argot du peuple).

CRAPAUD : Cadenas (Argot des voleurs).

CRAPAUD : Moutard (Argot du peuple).

CRAPSER : Mourir.

D'aucuns écrivent *clamser* ou *krapser*. C'est *crapser* qui est le vrai mot (Argot des voleurs).

CRAPULARD : Superlatif de *crapule*.

Synonyme de canaille, gredin, scélérat.

Injure adressée à des individus assez adroits pour commettre des délits sans tomber sous l'application des lois.

Terme très usité dans le peuple (Argot du peuple). N.

CRAQUEUR : Menteur (Argot du peuple).

CRÈME : C'est une *crème* d'homme pour dire : *il est bon.*

Même signification que : *c'est un beurre*

Les bourgeois pour exprimer qu'un être est beau disent également :

— C'est une *crème.*

— C'est une bonne pâte d'homme (Argot du peuple).

CRÊPER LE CHIGNON (Se) : Se dit de deux femmes qui se battent avec acharnement.

C'est le contraire qu'il faudrait dire, car après la bataille, le *chignon* est plus que *décrêpé* (Argot du peuple).

CRESSON SUR LE CAILLOU (N'en plus en avoir) : Homme chauve (Argot du peuple).

CREVER LE BOCAL (S'en faire) : Avoir trop mangé. S'être bourré au point que le *bocal* (ventre) en *crève* (Argot du peuple).

CREVETTE : Nom donné aux filles du demi-monde.

On appelle aussi *crevette* une femme maigre (Argot du boulevard). V. *Agenouillée.*

CRIBLER A LA GRIVE : Crier à la garde. Appeler au secours (Argot des voleurs).

CRIBLEUR DE VERDOUZE : Marchand des quatre saisons (Argot des voleurs).

CRIBLEUR DE FRUSQUES : Marchand d'habits (Argot des voleurs).

CRIER AUX PETITS PATÉS : Femme qui accouche difficilement et qui crie comme une baleine (Argot du peuple).

CRIGNE : Viande dure comme une vieille semelle (Argot des voleurs) V. *Bidoche.*

CRIGNOLIER : Boucher. Marchand de *crigne* (Argot du peuple).

CRIN (Être comme un) : Homme sans cesse furieux. Individu plus gênant que gêné (Argot du peuple).

CRIN-CRIN : Violon. Allusion au grincement de l'archet sur les cordes (Argot du peuple).

CROCHETTES : Clés (Argot des voleurs). V. *Carouble.*

CROMPER LA TANTE : Détenu qui s'emploie pour faire évader un de ses camarades (Argot des voleurs).

CRONÉE : Écuelle.
Une *cronée* de *barbillons de Beauce*, voilà la *pitance* à la *Centrousse*.

CROQUE-MORT : Porteur de mort.
Monsieur le Mort, laissez-vous faire,
Il ne s'agit que du salaire.

Le *croque-mort* est généralement joyeux, il a toujours le *petit mort* pour rire. C'est l'un d'eux qui a trouvé que la meilleure *bière* est celle de *sapin* (Argot du peuple).

CROQUANT : Paysan (Argot du peuple). V. *Pétrousquin*.

CROQUENEAUX VERNEAUX : Souliers vernis (Argot du peuple).

CROSSEUR : L'avocat général (Argot des voleurs). V. *Bécheur*.

CROTTE DE PIE : Pièce de cinquante centimes (Argot des voleurs).

CROTTE D'ERMITE : Poire cuite.
Allusion à la forme (Argot des voleurs).

CROUSTILLAGE : Nourriture (Argot du peuple). N.

CROUSTILLANT : Quelque chose qui *croustille* sous la dent.
Pain appétissant, bien cuit.
Jolie fille dont les appâts sont pleins de promesses.
Un récit vif, animé, plein de situations égrillardes, est *croustillant*.
Paul de Kock et Pigault Lebrun sont restés les maîtres du genre (Argot du peuple).

CROUTER : Casser la croûte.
Le matin, avant de commencer la journée et à quatre heures, les ouvriers mangent un morceau sur le pouce.
Ils cassent une *croûte*.
On dit aussi : l'heure de la *croustille* (Argot du peuple). N.

CROUTON : Vieillard bon à rien (Argot du peuple). V. *Birbe*.

CRU DU CHATEAU LA POMPE : Eau.
Se dit par ironie (Argot du peuple).

CUILLER DANS LA TASSE (L'avoir laissée) : Femme enceinte (Argot du peuple). V. *Avaler le pépin*.

CUIR : Peau (Argot du peuple).

CUIR A RASOIR : Tétasses d'une vieille femme dont la peau est dure comme du *cuir*.

On pourrait repasser ses rasoirs dessus (Argot du peuple). V. *Calebasse*.

CUISINER : Quand un prisonnier ne veut pas avouer, les agents le « cuisinent » pendant trois ou quatre heures s'il le faut.

Ils réussissent presque toujours, et le prisonnier ne trouve jamais cette *cuisine* à son goût (Argot des voleurs).

CUITE (En prendre une) : Se saouler royalement (Argot du peuple). V. *Culotte*.

CULBUTE OU CULBUTANT : Pantalon (Argot du peuple). V. *Falzar*.

CULBUTE (Faire la) : Négociant qui fait faillite.

Il fait littéralement *la culbute* (Argot du peuple).

CUL DE PLOMB : Employé rivé à son fauteuil d'un bout de l'année à l'autre (Argot du peuple).

CULOTTE (En prendre une) : Être abominablement pochard.

On dit également : il est *cuit*, il a trop *chauffé le four* (Argot du peuple).

CULOTTE (Prendre une) : Perdre une grosse somme au jeu (Argot des joueurs).

CUL TERREUX : Paysan.

L'allusion est transparente (Argot du peuple). V. *Pétrousquin*.

CURÉ DE CAMPAGNE : Femme à tout faire, qui sait se retourner à l'occasion (Argot des filles).

CURIEUX : Juge (Argot des voleurs). V. *Palpeurs*.

COEUR SUR LE CARREAU (Mettre le) : Vomir (Argot du peuple).

D

DAB ou **DABE** : Père (Argot du peuple).

DAB DES RENIFLEURS : Préfet de police (Argot des voleurs).

DABIER : Père (Argot du peuple).

DADA (Avoir un). V. *Marotte*.

DAIM : Imbécile (Argot du peuple). V. *Couillon*.

DANDILLANTE : La cloche.

   Dans les usines, la *cloche* sonne les heures d'entrées et de sorties et aussi l'heure des repas.

   — Si je suis en retard c'est parce que tu as foutu un *coup de pouce* à la *tocante* du *singe*.

   Mot à mot : la cloche *dandille* (Argot du peuple).

DANDINETTE : Diminutif de *danse*, battre légèrement.

   Dandinette est une correction infligée à un enfant désobéissant (Argot du peuple).

DANDILLER : Sonner.

   Les faubouriens en ont fait *dardiller*, de *dard*.

   — Je *dardille* pour une belle fille (Argot du peuple). *N*.

DANSE (En donner une) : Battre un individu.

   Entrer en *danse*, entrer

dans une affaire, apparaître (Argot du peuple).

DANSER : Faire *danser* quelqu'un.

Synonyme de faire payer (Argot du peuple).

DANSER DU BEC : Puer de la bouche (Argot du peuple). V. *Trouillotter de la hurlette.*

DANSER L'ANSE DU PANIER (La faire) : Domestique qui majore les denrées qu'elle achète et fait payer cent sous à la patronne ce qui en vaut quarante (Argot du peuple).

DARDANTS : Mes amours (Argot des voleurs).

DARDUNNE : Cinq francs (Argot des voleurs). V. *Tune.*

DARIOLE : Soufflet, coup de poing. A. D.

La *dariole* est une pâtisserie commune qui se vend dans les fêtes publiques.

Le pâtissier se nomme *darioleur* (Argot du peuple). N.

DARON : V. *Dabe.*

DARONNE : Mère ; dans le peuple on dit la *dabuche* (Argot du peuple).

DAUF : V. *Paf.*

DAUDÉE (Passer à la) : Souteneur qui *floppe* sa *marmite* quand elle ne rapporte pas de *pognon* (Argot des souteneurs). N.

DÉBACHER LA ROULOTTE : Changer la voiture de place.

Les forains emploient cette expression pour indiquer qu'ils vont d'une ville à une autre. (Argot des saltimbanques).

DÉBAGOULER : Cette expression est usitée dans les faubourgs pour qualifier un orateur de réunion publique qui *débagoule* son *boniment* (Argot du peuple).

DÉBALLAGE : Etalage par les camelots de marchandise sur la voie publique ou dans des boutiques louées au mois.

Déballage se dit aussi dans le peuple d'une femme avec qui on couche pour la première fois.

— Tu la crois dodue, bien faite tu vas la voir au *déballage* ; elle a été moulée dans un cor de chasse (Argot du peuple).

DÉBALLER : Soulager ses entrailles pour quinze centimes, ce que ne pouvait digérer Villemessant qui trouvait exorbitant d'être forcé de donner trois sous pour restituer un petit pain qui n'en coûtait qu'un et encore en laissant la marchandise (Argot du peuple).

DÉBALLONNER (Se) : S'évader.

Mot à mot : se sauver du *ballon* (prison).

Déballonner : accoucher.

Se défaire de son *ballon* ou mieux du *lève-jupes* (Argot des voleurs).

DÉBINE : Se prend de manières différentes.

Être dans la misère la plus complète.

— Je suis dans la *débine*.

— Je m'en vais, je me sauve, je me *débine* (Argot du peuple).

DÉBINER : Dire du mal de quelqu'un.

— Nous l'avons tellement *débiné* qu'il n'a pu réussir (Argot du peuple).

DÉBINER LE TRUC : Compère mécontent qui révèle le secret de son associé (Argot des voleurs).

DÉBOUCLER SA VALISE : Mourir.

On devrait plutôt dire *boucler* car le voyage est assez long (Argot des commis voyageurs).

DÉBOULER : Arrivée subite de quelqu'un que l'on n'attendait pas.

— Il *déboule subito* (Argot du peuple).

DÉBOULER : Femme qui accouche.

Allusion de forme ; enceinte à pleines ceintures, elle est ronde comme une boule ; accouchant elle *déboule* (Argot du peuple).

DÉBOULONNER SA COLONNE : Mourir.

Cette expression n'est employée que depuis 1871, lorsque les communards jetèrent la colonne Vendôme par terre parce qu'elle gênait Courbet (Argot du peuple).

DÉBOURRER SA PIPE : V. *Déballer*.

DÉBRIDOIRE : Outil de malfaiteurs (Argot des voleurs). V. *Tâteuse*.

DÉBOUTONNER : Parler, avouer.

— Tu peux te *déboutonner* mon vieux, il faut que nous sachions ce que tu as dans le ventre.

On dit aussi : *Déculotte ta pensée* (Argot du peuple).

DÉBROUILLARD : Individu qui sait se débrouiller au milieu des ennuis de la vie et qui en sort victorieux.

On emploie, dans les ateliers, cette image caractéristique, mais peu parfumée :

— Il sortirait de cent pieds de merde (Argot du peuple).

DÉCALITRE : Chapeau.

Il a, en effet, la forme d'un boisseau (Argot du peuple).

DÉCAMPER SANS TAMBOUR NI TROMPETTE :
Lâcher une femme ou un patron sans les prévenir.

Fausser compagnie à quelqu'un.

Laisser une affaire en plan (Argot du peuple).

DECANILLER : Se lever de sa chaise ou de son lit.

— Allons, paresseux, *décanille* plus vite que ça (Argot du peuple).

DÉCARADE : S'en aller au plus vite.

En un mot, *décarrer*, partir.

Une vieille chanson dit :

    Allons, Flipote,
    Met ta capote,
Et puis, *décarrons*-nous.

(Argot du peuple).

DÉCARCASSER (Se) : S'échiner à faire un travail qui produit peu.

Se *décarcasser* à courir pour arriver à l'heure de la cloche.

— J'ai beau me *décarcasser*, je ne suis pas plus avancé une année que l'autre (Argot du peuple).

DÉCARRER DE BELLE : Sortir de prison à la suite d'une ordonnance de non-lieu.

— Mot à mot : Je l'échappe belle (Argot des voleurs).

DÉCARTONNER : Mourir de consomption.

Les commères disent : mourir à petit feu.

Décartonner est synonyme de *décoller* (Argot du peuple).

DÉCHARD : Qui est dans la dèche (Argot du peuple).

DÈCHE : Synonyme de *débine*.

Cette expression est due à une circonstance curieuse :

Un colosse, nommé *Hache*, marchand de *ribouis* au marché du Temple, avait la passion du théâtre ; il figurait au cirque de l'ancien boulevard du Temple. Il occupait l'emploi de tambour-major de la garde ; c'était insuffisant pour son ambition : il voulait parler. A force d'obsessions, il obtint de Lalouc de dire un mot dans une pièce. Il devait dire à Napoléon :

— Quel échec, mon Empereur !

La langue lui foucha, il avait oublié sa phrase.

Alors, à tout hasard, il s'écria :

— Sire, ah ! quelle *dèche* !

L'expression est restée, et, dans le peuple, quand on veut indiquer un grand malheur elle est employée (Argot du peuple).

DÉCHIRER SA TOILE : Peter.

Allusion au bruit qui souvent ressemble à un déchirement (Argot du peuple). V. *Peau courte*.

DÉCORS : Bijoux.

L'expression est jolie. On dit dans le peuple, d'une femme chargée de bijoux : Elle est *décorative* (Argot du peuple).

DÉCRASSER : Les filles *décrassent* un homme en le débauchant d'abord, en le ruinant ensuite.

Les voleurs *décrassent* un pante en le volant.

Décrasser, dans un autre sens, est synonyme de *déniaiser* (Argot du peuple).

DÉCROCHER UN LARDON : Faire avorter une femme.

Les spécialistes qui se livrent à ce genre de travail se nomment des *faiseuses d'anges* (Argot du peuple). N.

DÉCROCHER LA LUNE AVEC LES DENTS : Vouloir accomplir une chose impossible.

Expression employée par ironie (Argot du peuple).

DÉCROCHER LA TIMBALE : Arriver bon premier, réussir.

Allusion au mât de cocagne, où le premier arrivé au sommet *décroche* le premier prix qui est généralement une *timbale*.

Cette expression est populaire depuis la représentation de la pièce intitulée la *Timbale* (Argot du peuple). N.

DÉCROCHEZ-MOI ÇA : Vêtements fripés que vendent les marchandes à la toilette.

Comme les vêtements sont *accrochés* et étiquetés, inutile de marchander ; on n'a qu'à dire à la vendeuse : *Décrochez-moi ça*.

Toute personne mal habillée sent le *décrochez-moi ça* (Argot du peuple).

DÉCROCHER SES TABLEAUX : Individu qui sans cesse se fourre les doigts dans le nez pour en retirer les ordures.

— Tu reçois donc du monde que tu *décroches tes tableaux*? (Argot du peuple).

DÉCULOTTÉ : Homme qui a mis son mobilier ou son commerce au nom de sa femme.

Il ne porte plus la *culotte*.

Déculotté aussi quand la femme est maîtresse au logis : elle porte les *culottes* (Argot du peuple).

DÉFARGUER : Pâlir.

Le parrain fargue,
Le bêcheur défargue.

dit une vieille chanson (Argot des voleurs).

DÉFARGUER : Les joueurs disent cela d'une carte qui les gêne.

Au *polignac* ils se *défarguent* du valet de pique (Argot des voleurs). N.

DÉFENDRE SA QUEUE : Défendre sa peau dans une bataille.

Quand deux chiens se battent dans la rue, les spectateurs crient :

— Toto, *défend ta queue*.

Défendre sa queue, c'est défendre ses intérêts de toutes manières (Argot du peuple).

DÉFILER LA PARADE : Se dit à quelqu'un que l'on chasse.

— Allons, *défilez la parade*, et plus vite que ça (Argot du peuple).

DÉFLEURIR ou DÉFLOUER LA PICOUSE : Voler le linge qui sèche dans les campagnes, sur des haies (Argot des voleurs). V. *Batousier*.

DÉFOURAGER : S'en aller, quitter un endroit pour un autre.

— Je *défourage* de la *Centrousse* pour *renquiller* à *Pantin* (Argot des voleurs).

DÉGLINGUE (Tomber dans la) : Être tout à fait par terre.

Plus misérable que les misérables (Argot du peuple). N.

DÉGOBILLER : Vomir (Argot du peuple). V. *Mettre du cœur sur le carreau*.

DÉGOTTER : Se dit de quelqu'un mal habillé.

— Tu la *dégottes* mal.

Dégotter, signifie également trouver.

— Il y a deux mois que je la cherche, j'ai fini par la *dégotter*.

Dégotter quelqu'un : faire quelque chose mieux que lui.

Victor-Hugo, par exemple

dégotte Sarrazin, le poète aux olives (Argot du peuple).

DÉGOURDI : Se dit par ironie d'un homme lourd et pâteux.

— J'ai froid, je vais marcher vite pour me *dégourdir* les jambes.

On dit d'une gamine qui connaît à six ans ce qu'elle devrait ignorer à quinze : elle est *dégourdie* pour son âge (Argot du peuple).

DÉGRAISSEUR : Le garçon de banque qui à chaque échéance vient *dégraisser* les débiteurs (Argot du peuple). N.

DÉGRINGOLADE. V. *Dégringoler*.

DÉGRINGOLADE A LA FLUTE : Vol commis par une fille sur un *miché* de passage.

L'expression *flûte* est assez significative (Argot des voleurs).

DÉGRINGOLER : Tomber d'une haute situation dans la misère.

Dégringoler un *pante* : tuer un bourgeois.

Dégringoler des hauteurs d'un succès pour tomber dans la médiocrité (Argot du peuple).

DÉGUEULAS, DÉGUEULATIF, DÉGUEULBIF, DÉGOUTATIF ET EMMERDATOIRE : Individu à l'aspect tellement dégoûtant que sa vue soulève le cœur et donne envie de vomir (Argot du peuple). N.

DÉGUISER EN CERF (Se) : Se sauver le plus rapidement possible.

— Je t'invite à un bal masqué, quel costume prendras-tu ?

— Je me *déguise en cerf*.

Mot à mot : Je n'y vais pas (Argot du peuple). N.

DÉMARQUEUR DE LINGE : Homme de lettres qui pille ses confrères sans façon.

Démarquer un article de journal : changer simplement les phrases.

Allusion aux voleurs qui *démarquent* le linge avant de le *bazarder* au *fourgat* (Argot du peuple).

DEMI-AUNE : Le bras.

Les mendiants disent :

— *Je tends la demi-aune.*

C'est une façon de ne pas avoir l'air que l'on tend la main (Argot des mendiants.

DEMI-RÉCOLTE : Personne petite, naine, chétive.

On dit dans le peuple :

— Sa mère devait être concierge, un locataire aura demandé le cordon au bon moment (Argot du peuple). V. *Bas du cul*.

DEMOISELLE DE PAVEUR : Sorte de pilon en bois garni à sa base d'un fort morceau de fer. Il sert à enfoncer les pavés pour égaliser la rue.

Ce pilon a deux anses en forme de bras ; pour le soulever, les paveurs le prennent par les bras.

Allusion au bras que l'on donne aux *demoiselles*.

Elles sont généralement moins dures à soulever que la *demoiselle* du paveur (Argot du peuple). *N*.

DÉMONTER SON CHOUBERSKI : Mourir.

L'expression n'est pas juste, on devrait plutôt dire : *monter son chouberski*, car chacun sait que ce poêle n'a rien de commun avec l'élixir de longue vie (Argot du peuple). *N*.

DÉMORGANER : Accepter une observation.

Comprendre que la *morgue* est inutile (Argot du peuple).

DÉMORRE : Homme (Argot des voleurs).

DEMURGER : Fuir.

Cette expression est fréquemment employée par les souteneurs au cours d'une bataille :

— Voilà la rousse, *demurge*, ou y vont le faire *chouette*. La *copaille* va rendre l'*affe*, il est *saigné au bon coin* (Argot des voleurs).

DÉNICHEUR DE FAUVETTES : Terme ironique employé pour se moquer d'un individu qui se vante de prendre la virginité des filles (Argot du peuple). V. *Dépuceleur de nourrices*. *N*.

DÉPAILLER : Jusqu'ici cette expression était employée pour dire qu'une chaise n'avait plus de paille : elle était *dépaillée*.

Dans les quartiers pauvres, les ouvriers n'ont généralement pas de sommiers ; ils couchent sur des *paillasses* garnies de *paille* de seigle ; quand un propriétaire, un vautour impitoyable, veut les faire expulser, ils disent :

— Tu peux aller chercher le *quart* et tous ses *sergots*, tu ne me feras pas *dépailler*.

Mot à mot : *abandonner ma paille* (Argot du peuple). *N*.

DÉPENDEUR D'ANDOUILLES : Homme grand comme une perche à houblon.

Allusion à ce qu'il pourrait sans échelle *dépendre les andouilles* suspendues au plafond (Argot du peuple).

DÉPENSER SA SALIVE : Orateur qui parle à un auditoire distrait ; il parle en pure perte et *dépense sa salive* inutilement.

On dépense sa salive à vouloir convaincre quelqu'un qui ne veut rien savoir (Argot du peuple). *N.*

DÉPIAUTER : Synonyme de *dépouiller*.

Terme commun.

— Je me déshabille, je me *dépiaute*.

Quand les voleurs *s'en veulent* pour un motif quelconque, ils tentent de *s'arracher la peau*.

Mot à mot : se *dépiauter* comme un lapin (Argot des souteneurs).

DÉPITÉ : Ennuyé, éprouver du *dépit*, dans le sens de *déception*.

Dans le peuple on applique cette expression aux *députés* non réélus.

Le mot français est devenu un mot d'argot.

— C'est un *dépité* de la Seine ou d'ailleurs.

On dit encore qu'il a été *dépoté*, prenant la Chambre pour un *pot*.

Ou bien :

— Les électeurs l'ont enfin *déporté* (Argot du peuple). *N.*

DÉPLANQUER : Quand un voleur est en prison, il est en *planque*.

Il est également en *planque* quand il est *filé* par un agent ; quand il sort de prison ou quand il *grille* l'agent, il se *déplanque* (Argot des voleurs). V. *Déplanqueur*.

DÉPLANQUEUR : Complice qui déterre les objets volés pendant que son camarade subit sa peine.

C'est un usage chez les voleurs d'enterrer pour les soustraire à la justice, les objets volés ; au moins s'ils subissent une peine ils ne font pas du *plan de couillé* (Argot des voleurs).

DÉPONER : *Levare ventris onus. A. D.*

Nous voilà suffisamment renseigné si on ajoute pour comprendre que *déponer* vient de *ponant, derrière*, et que *déponer* est synonyme de *débourrer*.

Quand un individu vous cramponne par trop, on l'envoie... *déponer sur la planche* où il met son pain (Argot du peuple).

DÉPOTOIR : Confessionnal.

C'est bien en effet un *dépotoir*, puisque l'on y laisse ses ordures, une fois l'absolution reçue. (Argot des voleurs). V. *Comberge*.

DÉPOT : Prison située sous le Palais de Justice, où l'on conduit par le *panier à salade* tous les individus arrêtés par les agents.

C'est un lieu infect, indigne de notre époque, en raison de la promiscuité des détenus et de l'absence d'air et de lumière.

Ce n'est pas *dépôt* que l'on devrait dire, mais bien *dépotoir*, car il y passe annuellement 67,000 individus.

Environ 15,000 vagabonds et 22,000 filles publiques.

Je ne compte pas les voleurs qui ont horreur de ce lieu de détention surnommé la *Cigogne* (Argot des voleurs). *N*.

DÉPUCELEUR DE NOURRICE : Fanfaron qui s'imagine avoir trouvé la pie au nid et qui y trouve souvent une chose désagréable. (Argot du peuple).

DÉPUCELEUR DE FEMME ENCEINTE. V. *Enfonceur de porte ouverte*.

DÉRONDINER : Un sou se nommant un *rond*, de là l'expression pour indiquer que l'on s'en sépare en payant :

— Je me *dérondine* tous les jours pour *sorguer* (Argot du peuple).

DÉROUILLER : Recouvrer sa souplesse, se mettre au fait d'un service *L. L.*

Dérouiller : enlever la *rouille* d'une pièce de fer ou d'acier.

Dérouiller : perdre ses habitudes casanières pour reprendre ses relations.

Dérouiller a dans le peuple une autre signification.

Pour *dérouiller*, ce n'est pas le papier émeri qui est employé, mais la première femme venue (Argot du peuple). *N*.

DÉSATILLER : Chatrer (Argot des voleurs).

DESCENDRE LA GARDE : Mourir (Argot du peuple).

DESCENDRE A LA CRÉMERIE : Cette expression est employée par les filles qui n'aiment pas les hommes; elle est suffisamment claire.

Par la satisfaction qu'elles éprouvent, elles boivent du lait non écrémé (Argot des filles). V. *Accouplée*. N.

DESCENTE DE GOSIER : Avoir une soif perpétuelle.

Pochard jamais rassasié (Argot du peuple).

DESCENTE DE LIT : Femme facile, qui se couche au moindre signe.

Synonyme de *paillasse* (Argot du peuple). N.

DÉSENFLAQUER : Se tirer d'un mauvais pas.

Mot à mot : sortir de la merde.

Un prisonnier est *enflaqué* ; le *désenflaquer*, c'est lui rendre la liberté (Argot des voleurs).

DÉSENTIFLAGE : Rompre avec quelqu'un avec qui on était lié.

Mot à mot : se *désentifler*, se quitter, se séparer.

C'est l'opération contraire à celle d'*entifler* (Argot du peuple).

DESSALÉ : Noyé que l'on retire de l'eau.

Allusion à la morue que les ménagères font *dessaler* avant de la manger (Argot du peuple).

DESSALEURS : C'était une compagnie d'assasins qui attendaient sur les quais déserts du canal Saint-Martin les passants attardés.

Ils les dépouillaient d'abord et les jetaient ensuite à l'eau.

Le lendemain matin ils arrivaient comme par hasard sur la berge, armés d'un croc et repêchaient le *dessalé* pour avoir la prime.

L'opération était doublement fructueuse.

La bande fut arrêtée et condamnée. L'expression est restée dans le peuple ; tout *noyé* pour lui est un *dessalé* (Argot du peuple). N.

DÉTACHER LE BOUCHON : Vider ses intestins.

Allusion à la bouteille qui se vide le bouchon retiré (Argot du peuple). V. *Débourrer sa pipe*.

DÉTOCE : Détresse, misère.

Quand les *aminches* n'ont plus d'*os*, ils sont dans la *détoce* (Argot du peuple).

DÉTOURNEUR : Voleur.

Détourner un objet de sa destination (Argot du voleurs).

DÉTOURNEUSE : Voleuse qui opère spécialement dans les grands magasins de nouveautés.

Il y a bien des manières de pratiquer ce vol, elles

sont expliquées à leur place (Argot des voleurs).

DÉTOURNEUSE AU MOMIGNARD : V. *Abéqueuse*.

DEUX SOEURS (mes) : Dans le peuple, par abréviation, on dit : *mes deux* pour te faire une paire de lunettes.

Ce n'est pas des fesses qu'il s'agit, comme le dit Delvau, mais des testicules.

On appelle aussi *deux sœurs*, les deux nattes de cheveux que les femmes portent sur leurs épaules (Argot du peuple).

DÉVIDAGE A L'ESTORGUE : Acte d'accusation lu en cours d'assises par le greffier.

Dévider : parler ; à *l'estorgue*, faussement (Argot des voleurs).

Dévider : promenade en *dévidoir* que font les prisonniers sur le préau (Argot des voleurs). V. *Queue de cervelas*.

DÉVIDER SON CHAPELET : Les portières se chargent de cette opération en *cancanant* sur les locataires (Argot du peuple).

DÉVISSER SON BILLARD : Mourir.

Quand le *billard* est *dévissé*, adieu la partie.

Un à peu près dit qu'il n'y a plus *Moyaux* de faire une partie de *Billoir* quand on joue *Troppmann* (Argot du peuple).

DIABLE : Agent provocateur.

Malgré que ce mot fasse partie du vocabulaire des voleurs, il n'est pas d'usage que les agents de la sûreté provoquent les voleurs à commettre un vol ; ils n'ont pas besoin d'être stimulés pour cela.

En politique c'est un fait constant, car, sous l'Empire, jamais il n'y a eu un complot sans que, parmi les pseudo-conspirateurs, il n'y se soient trouvés plusieurs agents de la préfecture de police.

Il y en eut même un du service du fameux Lagrange dans l'affaire des bombes d'Orsini.

Dans le peuple on dit simplement *mouchard* (Argot du peuple).

DIGELETTES ou **DÉGELETTES** : Bagues (Argot du peuple).

DILIGENCE DE LYON : (La promettre).

Chose invraisemblable que promit un jour une fille à un client de hasard.

Elle mourut subitement avant d'avoir réalisé sa promesse,

C'était, à ce qu'il paraît, vraiment fantastique : il fallait cinquante mètres de cable, une ancre de marine en acier fondu, cinq kilos de chandelles-des-six, un tonneau de mélasse, un kilo d'essence de géranium, trente éponges, la graisse d'un guillotiné, un fémur de fille vierge, dix litres de pétrole, deux cartouches de dynamite....

Le client parcourut le monde entier à la recherche de la *diligence de Lyon*, il mourut à son tour sans la rencontrer (Argot des filles). N.

DINDORNIER DE CASTU : Infirmier.

Prisonnier employé comme auxiliaire pour remplir ces fonctions dans les infirmeries des prisons (Argot des voleurs). N.

DINGUER : Envoyer *dinguer* quelqu'un, c'est l'envoyer promener.

Quand deux hommes se battent et que l'un tombe sur le pavé, sa tête *dingue*.

Synonyme de *sonner* (Argot du peuple).

DISTRICT : Maison de tolérance.

Ces maisons sont parquées dans des quartiers spéciaux. C'est un restant des vieilles coutumes du moyen-âge, où les *ribaudes* étaient parquées dans les *clapiers* de la Cité.

Mot à mot : maison dans un *district* (Argot des souteneurs). V. *Bocard*.

DIX-HUIT : Ce mot est né d'un calembourg.

Un soulier ressemelé est deux fois *neuf*.

2 fois 9 18 (Argot du peuple).

DOIGT DANS L'OEIL (Se fourrer le) : Prendre ses désirs pour la réalité, croire que s'est *arrivé*.

S'imaginer être aimé pour soi-même.

Se figurer avoir du talent (Argot du peuple).

DOMBEUR : Pince qui sert aux voleurs pour fracturer les portes (Argot des voleurs). V. *Monseigneur*.

DONNER : Dénoncer.

Les *nonneurs* en *dénonçant*, mot à mot : *donnent* (livrent) leurs complices à la justice (Argot des voleurs).

DONNEZ-LA : Prenez garde, il y a du danger.

Mot d'avertissement pour prévenir de l'arrivée de la police.

Synonyme d'*acrée* (Argot des voleurs).

DONNER UN COUP DE PILON : Les mendiants qui ont une jambe de bois nomment cette jambe un *pilon*.

L'allusion de forme est juste.

Quand ils vont mendier à une porte, ils ont soin de faire voir leur infirmité, de là l'expression *donner un coup de pilon* (Argot des mendiants). *N.*

DONNER A LA BOURBONNAISE (La) :

Vouloir du mal à un individu, n'oser lui en faire, ne lui rien dire, mais le regarder d'un *mauvais œil*.

— Qu'est-ce que tu as donc que tu *la donnes à la Bourbonnaise* sur le *barbauttier* ?

— Y m'a foutu huit *jornes* de *franc carreau* (Argot des voleurs).

DORANCHER : Pour dorer, par extension comme *billancher* pour *biller*.

On trouve fréquemment dans l'argot du peuple un changement de finale pour exprimer un mot (Argot du peuple).

DORMIR A LA CORDE :

Avant l'invention des refuges municipaux (les haras de la vermine) il existait, rue des Trois-Bornes, un bouge tenu par le père Jean.

L'unique salle avait à peu près vingt mètres de long sur trois mètres de largeur. Dans toute la longueur, une grosse *corde* était tendue ; elle était terminée par deux forts anneaux qui la fixaient à chaque extrémité.

Les clients, la plupart des *giverneurs*, payaient trois sous d'entrée ; cette somme leur donnait le droit de s'accroupir les bras sur la *corde* et de dormir.

Cinquante environ pouvaient y trouver place.

A cinq heures du matin le père Jean sonnait le réveil en tapant avec un morceau de fer sur une vieille casserole.

Parmi les dormeurs il y en avait dont le sommeil était dur : ils ne se levaient pas. Alors le père Jean *décrochait la corde* et les dormeurs tombaient sur les dalles.

Dormir à la corde est resté légendaire (Argot du peuple). *N.*

DORMIR DANS L'AUGE : Paresseux pour qui le travail est un supplice.

Allusion au cochon, qui, lorsqu'il est gavé, s'endort dans son *auge* (Argot du peuple). *N.*

DORMIR EN CHIEN DE

FUSIL : Dormir en cerceau.

Allusion à la forme de l'ancien chien de fusil à piston (Argot du peuple.)

DORMIR D'UN ŒIL : Faire semblant de dormir, avoir l'œil ouvert et l'oreille aux aguets.

Le prévenu enfermé dans sa cellule avec un *mouton* ne *dort* que d'*un œil* pour ne pas, pendant son sommeil, laisser échapper des révélations.

On dit aussi *dormir en gendarme* (être en éveil) (Argot du peuple).

DORMIR SUR LE PAN DE LA CHEMISE DE SA FEMME : Quand un ouvrier arrive en retard à l'atelier, les camarades le plaisantent et le saluent par cette phrase, qui a un sens caché.

—Tu as *dormi sur le pan de la chemise* de ta *femme* (Argot du peuple. *N*.

DORMIR SUR LE ROTI : Être couché avec sa femme et s'endormir au moment psychologique.

S'*endormir* sur son travail (Argot du peuple). *N*.

DORT EN CHIANT : Ouvrier qui va fréquemment au cabinet et y reste longtemps : pendant ce temps-là il ne travaille pas.

Cette expression s'applique surtout aux maçons qui restent accroupis jusqu'à ce que les jambes leur fassent mal.

Dans le peuple on dit :
— *Tu chies comme les maçons* (Argot du peuple). *N*.

DOUBLE-SIX : Nègre (Argot des voleurs).

DOUBLEUR DE SORGUE : Voleur de nuit.

Il *double* la journée (Argot des voleurs). V. *Attristé*.

DOS VERT : Maquereau.

Ce poisson, en effet, est mélangé de plusieurs couleurs sur le *dos*.

L'allusion est transparente. (Argot du peuple).

DOSSIÈRE : Chaise (Argot du peuple). *N*.

DOUCE (S'en offrir une) : V. *Bataille des Jésuites*. *N*.

DOUCETTE : V. *Mordante*.

DOUILLARD : Peut s'entendre de deux manières.

Clovis Hugues a beaucoup de *douilles* (cheveux).

Rothschild a beaucoup de *douilles* (argent) (Argot du peuple).

DOULOUREUSE (La) : La carte à payer.

Quand on paye c'est toujours douloureux, c'est l'éternel *quart d'heure* de Rabelais (Argot du peuple).

DOUILLES : Cheveux (Argot du peuple). V. *Alfa*.

DOUILLES SAVONNÉES : Cheveux blancs.

Lorsque les cheveux commencent à grisonner, la chevelure est *poivre et sel* (Argot du peuple). *N*.

DOUSSIN : Plomb (Argot des voleurs). V. *Gras double*.

DRAGEOIRES : Les joues (Argot des voleurs). V. *Jaffles*.

DRAGUE : Le médecin.

Allusion à la *drague* qui nettoye la Seine.

Le médecin de prison qui a le purgatif facile, *drague* les intestins des malades qui sont au *castu* (Argot des voleurs).

DRINGUE : Pièce de cinq francs en argent (Argot des voleurs). V. *Tune*.

DROGUER : Demander.

Allusion à *droguer*, attendre.

— Voilà deux heures que ce pierrot-là me fait *droguer* pour la *peau* (Argot du peuple et des voleurs).

DROGUEUR DE LA HAUTE : Voleur du grand monde (Argot des voleurs).

DUC DE GUICHE : Guichetier.

A l'instar des anciens ducs féodaux, il règne sur ses vassaux : — les prisonniers (Argot des voleurs).

DUCONNEAU : Être niais.

— Tu es plus bête que celui d'où tu sors (Argot du peuple). *N*.

DU MÊME TONNEAU : La même chose.

Un homme politique veut tout réformer, il fait de belles promesses à ses électeurs et ne fait pas mieux que ses devanciers.

C'est *du même tonneau*.

Du vin à douze ou du vin à seize, Bordeaux ou Bourgogne :

C'est *du même tonneau* (Argot du peuple). *N*.

DUO D'AMOUR : Yeux pochés (Argot des voleurs). *N*.

DUR : Il est au *dur* : en prison).

C'est *dur* : pénible, difficile.

C'est *dur à digérer* : grosse sottise ou blague impossible à avaler.

Dur à cuire : vieux troupier qui ne ressent rien.

Dur (être dans son) : être ce jour-là plus courageux qu'à l'ordinaire (Argot des voleurs).

DURAILLE : Pierre (Argot des voleurs).

DURAILLE SUR MINCE : Diamant sur carte (Argot des voleurs). *N.*

DURE (La) : Terre.

Les vagabonds, qui y couchent souvent, savent par expérience qu'elle n'a pas la mollesse d'un lit de plume (Argot des voleurs).

DURÈME : Fromage blanc (Argot des voleurs).

DURINER : Ferrer.

Allusion à la *dureté* des chaînes avec lesquelles autrefois on *ferrait* les forçats (Argot des voleurs).

E

EAU D'AFF : Eau-de-vie (Argot du peuple).

EAU DE SAVON : Absinthe.

Allusion à l'eau troublée par la dissolution qui ressemble à de *l'eau de savon* surtout l'absinthe blanche (Argot du peuple). V. *Poileuse*.

EAUX BASSES : Les *eaux* sont *basses* quand arrive la fin de la semaine.

Quand la rivière est *basse* les bateaux ne circulent pas, quand les *eaux* sont *basses* qu'il n'y a plus d'argent pas *mèche* de naviguer (Argot du peuple). N.

ÉCARTER DU FUSIL : Lancer en parlant des jets de salive.

On dit aussi : lancer des *postillons*

Quand quelqu'un a cette infirmité on ouvre son parapluie en l'écoutant et on ajoute :

— Tu baves et tu dis qu'il pleut (Argot du peuple).

ÉCHAPPÉ DE CAPOTE : Chétif, malingre (Argot du peuple). V. *Avorton*.

ÉCLAIRER : Payer.

— C'est mon vieux qui tient le *flambeau*.

Mot à mot qui *éclaire*.

6

ÉCOPPER : Épuiser l'eau d'un bateau avec une *écoppe*.

Écopper : recevoir un mauvais coup dans une bagarre.

Dans les faubourgs on dit par ironie :
— Tu boiras de l'anis dans une *écoppe*.

D'écopper, par corruption, on dit de celui qui est blessé : il est *escloppé* (Argot du peuple).

ÉCORNER LES BOUTANCHES : Forcer les portes des boutiques.

Cela indique bien l'action de la pince-monseigneur qui fait éclater le bois par la pesée (Argot des voleurs).

ÉCREVISSE DANS LA TOURTE (Avoir une) : Être à moitié toqué (Argot du peuple).

ÉCURER LE CHAUDRON : Aller à confesse (Argot des voleurs). V. *Comberge* et *Dépotoir*.

ÉCUREUIL (Faire l') : Faire une besogne inutile, marcher sans avancer. A. D.

On nomme *écureuil* les ouvriers qui tournent la roue chez les petits tourneurs en bois ; c'est au contraire un métier extrêmement fatiguant.

Autrefois les *écureuils* se réunissaient au carré Saint-Martin ; c'était un ramassis de toute la fripouille parisienne ; depuis que la machine à vapeur s'est vulgarisée ils ont presque disparu.

On les nomme aussi *chiens de cloutier*.

C'est une allusion au pauvre animal qui tourne la roue toute la journée pour actionner les soufflets de forge, allusion également à *l'écureuil* qui tourne sans cesse dans sa cage (Argot du peuple). N.

EFFAROUCHER : Prendre, s'évanouir sur la monnaie.

Cela arrive fréquemment dans les cercles, où l'on a remplacé l'expression *effaroucher* par celle *d'apprivoiser*.

— J'ai *apprivoisé* un sigue.

ÉGRUGEOIR (l') : Une tribune quelconque.

L'orateur *égruge* ses paroles.

Égrugeoir : la chaire à prêcher.

Égrugeoir : les petites boîtes qui ressemblent à un comptoir dans lequel se tiennent les sœurs qui font la lecture aux prisonnières de Saint-Lazare.

Allusion à l'antique

égrugeoir qui sert à piler le sel (Argot du peuple). *N*.

ELLE EST ENCEINTE D'UN PET ELLE ACCOUCHERA D'UNE MERDE DEMAIN : Se dit d'une femme qui a un gros ventre sans pour cela être enceinte (Argot du peuple). *N*.

EMBALLEUR : Les agents de la sûreté.

Ils *emballent* en effet les prisonniers dans le *panier à salade*.

EMBARDER : Entrer dans une affaire (Argot du peuple).

EMBAUDER : Voler de force, d'autorité.

Il est évident que personne ne se laisse voler de bonne volonté, mais il est des voleurs qui reculent devant l'emploi de la force.

Embauder : signifie voleur que rien n'arrête, pas même la police et qui assassine à l'occasion (Argot des voleurs).

EMBOÎTÉ (Il est) : Suivi ou arrêté.

On *emboîte* le pas à quelqu'un pour le suivre sans le perdre.

Être *emboîté* dans une affaire.

Emboîté, embauché ;

mot à mot : entrer dans la *boîte*.

— Je vais *t'emboîter* (te battre) (Argot du peuple). *N*.

EMBRASSADE (Le vol à l') : Le voleur feint de reconnaître un ami dans un homme qui vient de faire un encaissement ; il se jette dans ses bras et l'embrasse chaleureusement.

En un tour de main il lui vole son portefeuille ou son porte monnaie ; il s'excuse de l'erreur qu'il a commise grâce à une ressemblance extraordinaire, puis il file lestement.

Ce tour s'exécute aux environs de la Banque de France et des grandes maisons de crédit (Argot des voleurs).

ÉMÉCHÉ (Être) : N'avoir pas assez bu pour être pochard mais suffisamment pour avoir une légère *pointe* ; être *allumé*.

Allusion à la rougeur du visage (Argot du peuple).

EMMAILLOTER UN MOME : Combiner un vol.

C'est une redondance de *nourrir un poupard* (Argot des voleurs).

EMMANCHÉ : Individu qui se tient raide comme un pieu.

Dans le peuple, on dit qu'il à un *manche* à balai de cassé quelque part.

On *emmanche* une affaire.

Emmanché se dit aussi dans une autre sens.

— J'ai *emmanché* la gosse (Argot du peuple).

EMMERDÉ : L'être jusqu'à la garde.

N'avoir plus rien à espérer.

C'est un démenti au dicton populaire qui prétend que marcher dans la *merde* cela porte bonheur (Argot du peuple).

EMMERDEMENT : J'en éprouve un à cinquante francs par têtes.

Se dit de tous les ennuis possibles.

Travailler, par exemple, est un *emmerdement* perpétuel (Argot du peuple).

ÉMOUCHEUR : V. *Bête à chagrin*.

EMPAVES : Drap de lit.

— Je vais m'*empaver* dans mon pieu (Argot des voleurs). *N*.

EMPAILLÉ : Imbécile qui ne remue pas plus que s'il était *empaillé* dans une vitrine du Musée zoologique (Argot du peuple).

EMPIFFRER : Manger comme un cochon (Argot du peuple).

EMPOUSTEUR : Truc très commun employé par des placiers.

Ils déposent chez des commerçants des mauvaises marchandises, à condition ; des compères les achètent ; les marchands alléchés prennent de nouveaux dépôts qui, cette fois, leur restent pour compte (Argot des voleurs).

EMPROSEUR : Variété de pédéraste (Argot des voleurs).

ENCALDOSSÉ : Superlatif d'*endossé* (Argot des voleurs). V. *Passif*.

ENCHTIBÉ (Il est) : Être pris, arrêté (Argot des voleurs).

ENCLOUÉ : Allusion au canon dont on *encloue* la lumière (Argot des voleurs). V. *Passif*.

ENDORMI : Juge.

Allusion à ce que les juges *dorment* dans leur fauteuil pendant que les avocats plaident (Argot des voleurs). *N*.

ENDORMEUR : Individu qui sans cesse promet une chose et ne la tient jamais.

Endormir est aussi synonyme de voler.

— Il s'est *endormi* sur des bijoux (Argot des voleurs).

ENDORMEUR : Voleur qui opère au moyen d'un narcotique.

Les *romanichels* se servent pour ce genre de vol d'une décoction de *datura stramonium*.

Ce vol se pratique en wagon. Le voleur profite du sommeil d'un voyageur pour lui couvrir le visage d'un mouchoir imbibé de chloroforme.

Les voleurs qui ont cette spécialité forment une secte à part (Argot des voleurs).

ENDROGUER : Chercher un coup à faire.

Le voleur *drogue* (attend) sur le trottoir l'occasion favorable (Argot des voleurs). V. *Arracheur de chiendent*.

ENFIGNEUR : Vient de *fignolon*.

Ce dernier mot en dit assez. C'est l'*actif* du *passif* (Argot du peuple).

ENFLAQUÉ (Être) : Enfermé, emprisonné (Argot des voleurs).

ENFLÉE : Femme enceinte.

On dit aussi : avoir une fluxion de neuf mois (Argot du peuple).

ENFONCEUR : Banquier qui promet 50 0/0 par mois aux imbéciles et qui termine ses opérations en emportant la *grenouille* à l'étranger (Argot du peuple).

ENFONCEUR DE PORTE OUVERTE : Homme qui se vante d'avoir pris la virginité d'une fille alors qu'elle était enceinte de six mois (Argot du peuple). *N*.

ENFRIMER ou **ENFRIMOUSSER** : Dévisager quelqu'un.

Les agents de la Sûreté *enfriment* les voleurs pour reconnaître les récidivistes (Argot des voleurs).

ENGAYEUR : Complice qui attire le *trèpe* (la foule) pendant que son complice explore les poches des badauds.

L'*engayeur* est indispensable à tous les camelots ; c'est lui qui le premier achète l'objet mis en vente, pour entraîner les acheteurs.

L'*engayeur* est le complice du *bonneteur* ; il mise pour engager les pontes à jouer (Argot des camelots).

ENQUILLER : Entrer.

— Il y a longtemps que

je cherche à m'*enquiller* dans cette boîte (Argot du peuple).

ENQUILLEUSE : Voleuse qui opère dans les grands magasins de nouveautés.

Elle *enquille* la marchandise volée entre ses cuisses.

Il faut vraiment être organisée particulièrement pour cacher un coupon de soie à cet endroit-là (Argot des voleurs).

ENRHUMÉ DU CERVEAU : Allusion au nez qui coule sans cesse.

Mais ce n'est pas du nez qu'il s'agit (Argot du peuple). V. *Lazzi-loff*.

ENTAILLER : Tuer quelqu'un.

C'est en effet une fameuse *entaille*.

Avinain et Billoir étaient deux rudes *entailleurs* (Argot des prisons).

ENTAULER : Entrer dans une *taule* (maison) (Argot des voleurs).

ENTAULER A LA PLANQUE : Entrer dans une cachette pour se soustraire aux recherches de la police.

On *entaule* aussi *à la planque* des objets volés pour les reprendre au sortir de prison (Argot des voleurs).

ENTERREMENT : Morceau de gras-double, de lard et de pain que les femmes vendent aux environs des halles.

On les appelle *Mesdames la poêle*, parce qu'elles font frire leur marchandise dans cet instrument de cuisine.

Un *enterrement* de première classe coûte trois sous, de deuxième deux sous, de troisième un sou.

Ces femmes gagnent de dix à douze francs par jour (Argot du peuple). N.

ENTOILÉ : Emprisonné.

Synonyme d'*enflaqué*.

Cette expression vient de ce que dans les camps, la salle de police est sous une tente-abri : de là *entoilé*.

Mot à mot : emprisonné sous la *toile*.

S'*entoiler* : se coucher, se fourrer dans ses draps (Argot du peuple). N.

ENTRAVES : Les cordes et les courroies qui ligottent les condamnés à mort pour *entraver* leurs mouvements quand ils marchent à l'échafaud (Argot des voleurs).

ENTRAVER : Empêcher une affaire.

Mettre des bâtons dans les roues.

Entraver : comprendre.

— *J'entrave bigorne.*

Mot à mot : Je *comprends* l'argot et non pas je le *parle*.

Entraver a un double sens :

— *J'entrave nibergue* ou *niente*.

Je n'entends rien, je ne comprends pas (Argot des voleurs).

ENTRECOTE DE BRODEUSE : Une saucisse de deux sous ou une côtelette panée que les charcutiers tiennent au chaud dans des boîtes de fer blanc, et que les ouvrières mangent pour leur déjeuner — pas la boîte, mais la côtelette (Argot du peuple).

ENTROLER : Emporter des objets volés.

Troller serait plus exact, car ce mot signifie *porter* (Argot des voleurs).

ENVOYER UNE LETTRE CHARGÉE AU PAPE : Allusion au papier employé qui est en effet *chargé* d'un singulier cachet (Argot du peuple). V. *Déballer*.

ENVOYER AUX PELOTTES :
Envoyer promener quelqu'un.

On dit aussi envoyer à la *balançoire*, ou va te *baigner* (Argot du peuple). V. *Dinguer*.

ENVOYER A LA GOUILLE : Jeter quelque chose en l'air, au hasard.

Jeter une poignée de sous à des enfants (Argot du peuple).

EPARGNER LE POITOU : Cette expression se comprend peu; en effet, *Poitou* veut dire *public*; or, il n'est pas d'usage que les voleurs l'*épargnent*, puisque c'est lui justement qui forme toute sa clientèle.

Poitou veut aussi dire *non point*.

EPASTROUILLANT : Extraordinaire (Argot du peuple). N.

ÉPATANT : M. Jean Rigaud, dans son *Dictionnaire d'argot moderne* (1881) dit à ce propos du mot *épater* :

— *Epater, épate* et leurs dérivés viennent du mot *épenter*, qui signifiait au XVIII· siècle *intimider*.

Il y a quelques années, M. Francisque Sarcey écrivait que le vocable appartenait à Edmond About, qu'il avait été dit par Pradeau dans le *Savetier et le Financier*, pièce représentée en 1877 aux Bouffes Parisiens ; le savant écrivain ajoutait que huit jours après, le « Tout-Paris » répétait ce mot.

Cette expression, n'en déplaise au maître critique et à M. Jean Rigaud, n'appartient ni au XVIII· siècle ni à Edmond About, elle a *cinquante quatre ans* seulement d'existence.

Elle a pris naissance au *Café Saint-Louis*, rue Saint-Louis, au Marais (aujourd'hui rue de Turenne).

Des ouvriers ciseleurs sur bronze jouaient au billard une partie de *doublé*. A la suite d'un *bloc fumant*, Catelin, une contrebasse du Petit Lazzari, qui avait parié pour un des joueurs et qui perdait par ce coup, se leva furieux, et d'un brusque mouvement fit tomber son verre sur la table de marbre.

Le verre se *décolla* net.

— Tiens, dit Catelin, mon verre est *épaté* — le verre n'avait plus de *pied*.

A chaque coup, les joueurs répétaient à l'adversaire : tu es *épaté* et, quand la partie se termina par un coup merveilleux, un des joueurs dit au vainqueur :

— Si nous sommes *épatés*, tu es *épatant*.

Catelin, sans le savoir, se servait du mot *épaté* qui est en usage depuis des siècles dans les verreries, parmi les ouvriers verriers.

Ils disent d'un *verre sans pied*, mis à la refonte pour ce motif, il est *épaté*.

Epaté signifie étonnement (Argot de tout le monde). *N*.

ÉPINGLE AU COL (En mettre une) : Avaler un demi setier d'un seul trait.

On dit aussi : mettre *une épingle à sa cravate* (Argot du peuple). *N*,

ÉPOILANT : Plus fort que tout ce que l'on peut rêver.

Pourtant la source de ce mot est des plus simples et ne signifiait au début rien d'extraordinaire.

A l'école de Saumur, en faisant un travail dans le manège, un cheval tomba et se couronna les deux genoux. En le relevant, l'élève dit :

— Mon pauvre cheval est *époilé*.

L'expression est restée, mais elle est autrement appliquée (Argot du peuple). *N*.

ÉPOUFFER : Saisir à l'improviste un passant par derrière, comme cela se pratique pour exécuter le coup du père François (Argot des voleurs).

ÉPOUSER LA VEUVE : Être guillotiné.

C'est *Charlot* qui remplit l'office de maire et les aides qui servent de témoins pour ce mariage forcé (Argot des voleurs).

ÉPOUSER LA FOUCANDIÈRE : Quand un voleur est pris par les agents en flagrant délit, en se sauvant, il jette sur la voie publique ou dans les égouts, s'il le peut, les objets volés, afin de se débarrasser des preuves compromettantes (Argot des voleurs).

EPPRENER : Appeler quelqu'un.

L'auseignot vient d'*épprener bancalo* pour aller au *rastue* (greffe) (Argot des voleurs). N.

ERMITE : Voleur de grands chemins.

Ainsi nommé parce qu'il opère généralement seul.

On dit aussi un *solitaire* (Argot des voleurs).

ESBIGNER (s') : Se sauver.

Dans les faubourgs, quand un voyou sait qu'il va recevoir une maîtresse correction, il s'*esbigne* (Argot du peuple).

ESBROUFFE (En faire) : Faire des embarras, du vent, de la mousse.

Esbrouffe est un vieux mot qui vient d'*esbouffer*, éclabousser.

C'est Théophile Gautier qui a transformé ce mot dans le sens de *vent* et de *mousse*.

Les escarpes se sont emparés du mot *esbrouffer* pour désigner un genre de vol assez répandu.

Ce vol consiste à *bousculer* un passant dans la rue, à profiter de sa surprise pour le voler et s'excuser ensuite (Argot des voleurs).

ESBROUFFER : Dire des sottises à quelqu'un, le secouer vertement (Argot du peuple).

ESBROUFFEUR : Qui fait des *esbrouffes*.

Voleur à l'*esbrouffe* (Argot des voleurs).

ESCABRANTE : Echelle (Argot des voleurs) V. *Montante*.

ESCARGOT : Vagabonds, les habitués des refuges, les gouapeurs des halles, les *hirondelles du Pont-Neuf*.

Dans la pièce des *Bohé-*

miens de Paris, Colbrun chantait :

Sur mon dos comme un limaçon,
Portant mon bagage,
Mon mobilier et ma maison.
(Argot du peuple).

ESCARGOT : Casquette que portaient les souteneurs avant la *david*, laquelle fut à son tour détrônée par la casquette à trois ponts (Argot des souteneurs). *N*.

ESCARGOT D'HIVER : Vieillard impuissant.

L'allusion est on ne peut mieux trouvée.

Comme *l'escargot* il rentre dans sa coquille (Argot du peuple). *N*.

ESCARPE : Voleur, assassin.

A. Delvau pense que cette expression vient de *scarp* mot allemand qui signifie instrument tranchant et aigu ou bien du couteau d'*escalpe* (du *scalp* des sauvages).

C'est aller chercher bien loin une étymologie bien simple.

Les voleurs et les assassins travaillent dans des endroits isolés, *escarpés* (Argot des voleurs).

ESCARPER UN ZIGUE A LA CAPAHUT : Assassiner un complice pour lui voler sa part de butin.

Sur les deux mots il y en a un de trop, *capahut* comme *escarpe* voulant dire assassin (Argot des voleurs). *N*.

ESCOFFIER : Blesser ou tuer quelqu'un.

Se dit également au point vue moral.

— Je l'ai rudement *escoffié* dans l'estime de ses amis (Argot du peuple).

ESCOLE : Trois francs (Argot des voleurs).

ESCLOTS : Sabots (Argot des voleurs).

ESCRACHE : Passeport, papier. *L. L.*

Escrache veut dire voleur ; c'est le synonyme d'*escarpe* et de *fripouille* (Argot du peuple) *N*

ESGOURDES ou **ESGOURNES** : Oreilles.

Quand elles sont démesurées on dit : Ah ! *quelles feuilles de chou.*

On dit également : *plat à barbe.*

Les voleurs disent : *cliquettes.*

ESPATROUILLANT : Cette expression est employée pour exprimer le comble de l'admiration.

C'est le mot *épaté* allongé (Argot du peuple). N.

ESQUINE : Le temps (Argot des voleurs). V. *Boilard.*

ESQUINTÉ : Fatigué, moulu, rompu.

L'ouvrier qui travaille mal *esquinte* son ouvrage.

Quand deux individus se battent, le plus fort *esquinte* son adversaire.

Dans une polémique, on *esquinte* son contradicteur pour avoir raison (Argot du peuple).

ESTAFFIOU ou ESTAFFION : Chat.

Estaffiou veut dire aussi gille, baloche (Argot des voleurs).

ESTAMPER : Tromper quelqu'un.

Emprunter de l'argent sans le rendre, c'est *estamper* le prêteur.

Allusion au *balancier* de machine qui frappe.

L'estampeur tape (Argot du peuple).

ESTAMPEUR. V. *Estamper.*

ESTOURBIR : Tuer un individu par surprise (Argot des voleurs).

ESSENCE DE CHAUSSETTES : Sueur des pieds (Argot du peuple).

ÉTALER SA BIDOCHE : Se décolleter par en haut.

Raccourcir ses jupes par en bas.

Mot à mot : *étaler sa viande.*

Les filles appellent cette manière de s'habiller ou plutôt de se déshabiller *l'éloquence de la chair* car elles ne pratiquent pas le proverbe : A bon vin pas d'enseigne (Argot du peuple). N.

ETEIGNOIR : Cafard qui éteint l'intelligence des enfants qu'il est chargé d'instruire.

Eteignoir : individu morose qui *éteint* toute gaieté dans une réunion.

Eteignoir : nez monumental.

— Dérange donc ton nez que je voie la tour Eiffel (Argot du peuple).

ÉTOUFFER : Du vieux mot *estouffer*, prendre, cacher, faire disparaître (Argot du peuple). V. *Étouffeur.*

ETOUFFEUR : On *étouffe* une affaire, un scandale.

Un libraire *étouffe* un livre qu'il ne sait pas lancer.

Le caissier qui vole son patron *étouffe* la monnaie.

C'est surtout dans les cercles que les croupiers *étouffent* les jetons.

On *étouffe* un *perroquet.*

Étouffer, en un mot, est le synonyme de voler (Argot du peuple).

ÉTOUFFOIR : Agence d'affaires ou de renseignements (Argot des voleurs). N.

ÊTRE CHARGÉ A CUL : Être saoul comme la bourrique à Robespierre.

Allusion à une voiture *chargée à cul* qui ne peut avancer ; l'ivrogne fait de même (Argot du peuple).

ÊTRE EN FINE PÉGRAINE : Être sur le point de mourir.

— Le *ratichon* vient d'être *eppréné* au *castu* ; pour faire avaler *le père la Tuile* au *frisé*, il va *tourner de l'œil* (Argot des voleurs).

ET TA SOEUR ? Façon ironique de répondre à une question ennuyeuse.

Il arrive fréquemment que la réponse est raide.

— *Et ta sœur ?*

— Elle est à Saint-Lazare qui bat du beurre ; quand elle battra de la merde la crème sera pour toi.

— *Et ta sœur ?*

— Elle est couverte d'ardoises, les crapauds ne montent pas dessus.

— *Et ta sœur ?*

— Elle est à Saint-Lazare qui fait de la charpie pour la tienne.

— *Et ta sœur ?*

— Elle est au Panthéon qui prie le bon Dieu pour que tu soies moins... melon.

On pourrait varier à l'infini ces citations (Argot du peuple). N.

ETUI : V. *Cuir*.

EUSTACHE : Couteau (Argot du peuple). V. *Lingre*.

EXPULSER UN LOCATAIRE GÊNANT : Péter (Argot du peuple).

F

FABE : Poches (Argot des voleurs). V. *Fouilleuse*.

FABRIQUÉ : Fait, cuit, pris.

Fabriquer quelqu'un : le prendre dans un piège sans qu'il s'en doute.

Fabriquer est synonyme de voler (Argot du peuple). *N*.

FACE : Argent.

Allusion à l'effigie des pièces de monnaie.

— As-tu des *faces*, nous irons voir jouer la *misloque* (Argot des voleurs).

FACTIONNAIRES (En relever un) :

Aux Halles, les porteurs ne peuvent abandonner leur poste tous à la fois pour aller boire chez le marchand de vin, ils laissent le verre de chaque camarade au comptoir, le *bistro* donne un *jeton*; quand le camarade vient boire son verre, il *relève le factionnaire*.

A la fin de la journée le *jeton* souvent répété devient une *contremarque* pour *la sorgue* car la soulographie est complète (Argot du peuple). *N*.

FAFFES A L'ESTORGUE : Faux papiers.

Il faut que les filles aient vingt-et-un ans pour être admises dans les maisons de tolérance; il existe des fabriques de faux papiers pour *maquiller* les états civils ; d'une brune on en fait une blonde, d'une Marseillaise on en fait une Lilloise (Argot des souteneurs). V. *Lopheur*. N.

FAFIOT A PIPER : Mandat d'amener délivré par le juge d'instruction.

Ce sont les agents de la sûreté qui sont chargés du *mandat à prendre*.

Mot à mot : *fafiot*, papier ; *pipé*, pris (Argot des voleurs).

FAFIOTS A PARER : Papiers en règle.

Il est à remarquer qu'il n'y a que les gens qui n'ont pas la conscience nette qui sont toujours munis des meilleurs papiers (Argot des voleurs).

FAFIOT SEC : Livret.

Fafiot à roulotter : papier pour circuler.

Fafiot à roulotter : papier à cigarettes.

Fafiot garaté : billet de banque, quand c'était M. *Garat* qui les signait.

Fafiot du Bourguignon : quand il était signé *Soleil* (Argot des voleurs). V. *Talbin d'altèque*.

FAFIOTEUR : Banquier.

Allusion aux billets de banque ou à ordre qu'il manie sans cesse (Argot des voleurs).

FAFFLARD D'EMBALLAGE : Même signification que *fafiot à piper* (Argot des voleurs).

FAGOTS (En débiter) : Passer son temps à dire des niaiseries, à raconter des histoires de grand'mères (Argot du peuple).

FAIBLARD : Un homme en convalescence après une longue maladie, est *faiblard*.

Un article de journal mal conçu, mal écrit, sans conclusion, est *faiblard*.

Faiblard : synonyme de rachitique.

On dit aussi quelquefois, pour exprimer la même pensée.

— C'est *faiblot* (Argot du peuple). N.

FAIRE ALLER EN BATEAU : Trimballer quelqu'un et le remettre toujours au lendemain (Argot du peuple).

FAIRE CHAPELLE : Il existe une catégorie d'individus certainement malades du cerveau, car leur passion idiote ne peut autrement s'expliquer.

Ils s'arrêtent devant la

devanture des magasins ou travaillent les jeunes filles, généralement des modistes, ils entr'ouvrent leur paletot, en tenant un pan de chaque main et font voir ce que contient leur culotte déboutonnée.

Ces cochons opèrent également dans les jardins publics ou jouent les petites filles.

Ce n'est pas la police correctionnelle qu'il leur faudrait mais bien un cabanon à Charenton.

On les nomme aussi des *exhibitionnistes*, de ce qu'ils font une *exhibition* (Argot du peuple).

FAIRE CHAPELLE : Ecarter les jambes et retrousser ses jupes pour se chauffer devant le feu.

Une *accouplée* se chauffe de cette manière, l'autre qui la regarde lui dit :

— Fais-le assez cuire car je ne l'aime pas saignant (Argot des filles). N.

FAIRE CHIBIS : S'enfuir d'une prison avec le concours d'un camarade, sans prévenir le gardien.

C'est brûler la politesse au directeur (Argot des voleurs).

FAIRE CUIRE SON HOMARD : Rougir subitement.

Synonyme de *piquer son fard* (Argot du peuple).

FAIRE DES YEUX DE HARENGS : Crever les yeux à quelqu'un au moyen d'un coup bien connu des voleurs.

Allusion à l'œil vide du hareng quand il arrive des ports de mer sur nos marchés (Argot du peuple).

FAIRE DES PETITS PAINS : Faire des manières.

Prendre des airs mystérieux pour causer avec quelqu'un, lui dire des riens et avoir l'air de lui parler de choses intéressantes.

Faire la cour à une femme c'est *faire des petits pains* (Argot du peuple). N.

FAIRE DU POTIN : Faire du bruit, du tapage (Argot du peuple).

FAIRE ÉTERNUER SON CYCLOPE : Inscrire cent sous sur son carnet de dépenses sous cette rubrique significative :

On n'est pas de bois! (Argot du peuple). N.

FAIRE FAUX-BOND A L'ÉCHÉANCE :

Manquer à un rendez-vous, ne pas payer une traite (Argot du peuple).

FAIRE L'ÉGARD : Garder la part d'un vol qui revient à un complice.

Ce devrait être plutôt *faire l'écart*, à moins que ce ne soit pris dans le sens de *manquer d'égard* en ne partageant pas (Argot des voleurs).

FAIRE DE L'HARMONE : Parler bruyamment dans un lieu public.

Abréviation *d'harmonie* (Argot du peuple).

FAIRE LA GRANDE SOULASSE : Assassiner tous les habitants d'une maison (Argot des voleurs).

FAIRE LA NIQUE : Se moquer de quelqu'un au moyen d'un geste familier aux voyous (Argot du peuple). V. *Battre une basane*.

FAIRE LA PAIRE (Se) : Se sauver à toutes jambes.

On dit aussi : se *tirer des deux* (Argot du peuple).

FAIRE LA SOURIS : Fille qui vole son client pendant qu'il dort.

Albert Glatigny a dit à ce sujet :

En robes plus ou moins pompeuses,
Elles vont comme des *souris*.
Ce sont les jeunes *retapeuses*
Qui font la gloire de Paris.

(Argot des filles).

FAIRE LE JACQUES : Faire l'imbécile.

On fait le *Jacques* auprès d'une femme pendant qu'elle est la maîtresse d'un autre (Argot du peuple). *N*.

FAIRE LE LÉZARD : Battre sa *flemme* sur l'herbe, le ventre au soleil.

On dit aussi : *manger une soupe à l'herbe* (Argot du peuple). V. *Loupeur*.

FAIRE LE POIREAU : Attendre longtemps quelqu'un, si la personne ne vient pas, celui qui attend est planté là pour reverdir.

On dit aussi : *poiroter*. Synonyme de : *Attends-moi sous l'orme* (Argot du peuple).

FAIRE NONNE : Se rendre le complice d'un vol préparé de longue main par le *nonneur* lui-même (Argot des voleurs).

FAIRE SA GUEULE : Faire une figure renfrognée.

Être mécontent sans en rien dire (Argot du peuple). *N*.

FAIRE SA MERDE : Faiseur d'embarras.

Les gascons ont ce privilège (Argot du peuple).

FAIRE SA POIRE : Ne jamais rien trouver de bien; s'imaginer être au-dessus de tout et de tous (Argot du peuple). *N.*

FAIRE SA SOPHIE : Faire le dégoûté, à table ne manger que du bout des lèvres.

Mot à mot : faire des manières.

Synonyme de *chipie* (Argot du peuple). *N.*

FAIRE SES ORGES : Gratter.

Faire *danser l'anse du panier*.

Engraisser ses poches aux dépens de celles des autres (Argot du peuple).

FAIRE SON BEURRE a la même signification.

FAIRE SUER : Faire *suer* une affaire, lui faire rendre l'impossible.

Faire suer, expression employée par les cuisiniers pour faire revenir certaines viandes très légèrement dans la casserole.

Dire à quelqu'un : *Vous me faites suer*, signifie : *Vous m'embêtez* (Argot du peuple).

FAIRE SUER LE CHÊNE : Tuer un homme (Argot des voleurs).

FAIRE SUISSE : Ouvrier qui boit seul et ne fraternise jamais avec ses camarades (Argot du peuple). V. *Ours*.

FAIRE UN HOMME : Action de *lever* au bal ou ailleurs un individu à la recherche d'une bonne ou d'une mauvaise fortune, à l'heure, à la course ou à la nuit (Argot des filles).

FAIRE UN RIGOLO : Vol identique à celui que l'on nomme l'*embrassade*.

L'homme volé n'a guère envie de *rigoler* et ne trouve pas *rigolo* le vol dont il est victime (Argot des voleurs).

FAIRE UN TROU DANS LA LUNE : Faire banqueroute (Argot du peuple).

FALOURDE ENGOURDIE : Un cadavre.

Allusion à la rigidité (Argot du peuple).

FANAL : La gorge.

— Viens-tu nous arroser le *fanal*.

L'ivrogne, en buvant son premier verre de vin, s'écrie :

— Place-toi bien, mon vieux, il y aura foule ce soir (Argot du peuple). *N.*

FALZAR : Pantalon (Argot des voleurs).

FANANDEL : Ami.

Expression usitée dans les prisons (Argot des voleurs).

FANFE : Tabatière (Argot des voleurs).

FANTABOCHE : Fantassin (Argot du peuple).

FANTAISIE SUR LA TRINGLE : V. *Bataille des Jésuites*. N.

FARAUDENE : Madame (Argot des voleurs).

FARAUDEC : Mademoiselle.
Ce mot vient de *faraude* ; c'est un simple changement de finale (Argot des voleurs).

FARCHER DANS LE PONT : Tomber dans un piège tendu par les agents (Argot des voleurs).

FARFOUILLARD pour **FARFOUILLEUR** : Individu obstiné et méticuleux qui cherche sans cesse ce qu'il ne trouve jamais, excepté quand il *farfouille* les poches d'un homme cossu. On dit également : il cherche la petite-bête. (Argot du peuple).

FARFOUILLER DANS SES ESGOURDES (Se) : Nettoyer ses oreilles pour en enlever les mucosités (Argot du peuple).

FARGUER : Rougir (Argot des voleurs).

FARIDONDAINE (Être à la) : Être dans la purée la plus complète.
Par abréviation, on dit être à la *faridon* (Argot du peuple).

FAUCHANTS : Les ciseaux (Argot des voleurs).

FAUCHÉ : Guillotiné.
Par allusion au supplicié qui est sans *tête*, on dit d'un homme sans le sou, qui n'a pas de *faces* dans ses poches :
— Il est *fauché* (Argot des voleurs).

FAUCHE-ARDENTS : Les mouchettes.
Les mouchettes coupent, en effet, la mèche de la chandelle (Argot des voleurs).

FAUCHEMANN : *Fauché*.
— Je suis *fauchemann* (Argot des souteneurs). N.

FAUCHEUR : Le bourreau (Argot des voleurs).

FAUX-BLAZE : Donner un faux numéro (Argot des voleurs).

FAUSSE COUCHE : Homme petit, chétif, qui n'a pas été terminé.
Terme de mépris employé dans les ateliers (Argot du peuple). V. *Avorton*.

FAUVETTE A TÊTE NOIRE :
Gendarme.
Allusion au chapeau bicorne (Argot des voleurs).
V. *Hirondelle de Potence*.

FÉE AUX YEUX VERTS (La) : Absinthe.
Elle charme les buveurs, qui ne savent se soustraire à son influence (Argot du boulevard).

FEIGNANT : Fainéant. Propre à rien. Lâche, poltron, paresseux.

Descends-donc de ton cheval, eh! *feignant*!

Apostrophe d'un voyou charitable à Henri IV sur le Pont-Neuf pour lui offrir un canon.
On dit également *feignasse* (Argot du peuple).

FÊLÉ : Toqué, un peu fou.
— Il a le coco *fêlé*.
Allusion à une marmite *fêlée*, elle fuit; par la *fêlure* de la tête, la mémoire s'en va (Argot du peuple).

FENDRE A S'ÉCORCHER (Se) : Dépenser tout son argent sans profit.
— Allons *fends*-toi d'une tournée (Argot du peuple).

FENDRE L'ARCHE : Quand un homme pressé marche vite, les voyous lui crient :
— Prends garde, tu vas te *fendre l'arche*.
Couper une carte de son adversaire, c'est lui *fendre l'arche* (Argot du peuple).

FENDRE L'OREILLE : Mise à la retraite de quelqu'un, fonctionnaire, officier ou employé avant l'âge révolu.
— Sacré nom de Dieu, les cochons m'ont *fendu l'oreille* : J'ai pourtant encore du sang.
Allusion à la coutume de *fendre l'oreille* aux chevaux mis à la réforme (Argot des troupiers).

FENÊTRE : V. *Carreau*.

FERLAMPIER : Homme à qui tous les métiers sont bons.
Mendiant, voleur, souteneur (Argot des voleurs).

FERME ÇA : *Ferme* ta bouche (Argot du peuple).

FERMÉ SON VASISTAS (Avoir) : Mourir (Argot du peuple).

FERRÉ A GLACE : Sachant parfaitement ce qu'il doit savoir. A. D.
Dans le peuple, cette expression signifie être *affranchi*, ne rien craindre.
C'est la conséquence d'un vieux proverbe :

— Il est *ferré à glace*, il ne craint ni putain ni garce (Argot du peuple). *N.*

FERTANCE ou **FERTILLE** : La paille.

— Dans mon *garno* à quatre *ronds* la *sorgue*, y a des *pégoces* dans la *fertance* (Argot des voleurs).

FESTILLANTE : La queue du chien ; il la remue pour témoigner sa joie à son maître.

Elle *frétille*.

Festillante est la corruption de *frétillante* (Argot des voleurs).

FESTONNER : Pochard qui ne tient pas sur ses jambes.

Il *festonne* en marchant, pour essayer de maintenir son équilibre (Argot du peuple).

FESSER LA MESSE : Prêtre qui expédie à la vapeur une messe d'enterrement de dernière classe.

— Le *ratichon* a *fessé sa messe* en cinq secs (Argot du peuple).

FEUILLES DE CHOUX : Oreilles (Argot du peuple). V. *Esgourdes*.

FEUILLE DE CHOU : Mauvais journal qui ne se vend qu'au poids (Argot d'imprimerie).

FICELÉ : Se dit de quelqu'un bien habillé, tiré à quatre épingles (Argot du peuple).

FICELEUSE : La ceinture (Argot du peuple). V. *Anguille*.

FICELLE : Être *ficelle*, malin, rusé, employer toutes sortes de *ficelles* pour réussir dans une affaire.

— Je la connais, vous êtes trop *ficelle* pour ma cuisine.

— Vous ne me tromperez pas, je vois la *ficelle* (Argot du peuple).

FIÈVRE CÉRÉBRALE : Condamné à mort.

Il meurt en effet subitement (Argot des voleurs).

FIGNE : Le *podex* (Argot des voleurs).

FIGNOL : Joli (Argot des voleurs).

FIGNOLER : Polir une pièce d'ouvrage, l'achever avec un soin tout particulier (Argot du peuple).

FIGNOTON : Derrière (Argot du peuple). *N.*

FIGURE DE CAMPAGNE : Faire ses nécessités en plein air.

On comprend quelle figure est au vent (Argot du peuple).

FIGURANTS DU SALON : Certaines maîtresses de maisons de tolérance pour faire croire à une clientèle choisie, paient chaque soir plusieurs individus qui *figurent au Salon*.

Rue Sainte-Appoline, une de ces maisons eut pour *figurants* pendant plusieurs années deux acteurs devenus très célèbres (Argot du peuple). *N.*

FIGURE A CLAQUES : Visage ingrat, pas précisément laid, mais antipathique de prime abord.

Dans le peuple, tout individu qui ne vous regarde pas en face, franchement, comme on dit l'œil dans l'œil, est une *figure à claques*.

— Tiens, tu me dégoûtes, ta gueule appelle la *claque* (Argot du peuple).

FIGURE D'ECUMOIRE : Homme affreusement grêlé (Argot du peuple). V. *Poêle à marrons*.

FIGURE DE PAPIER MACHÉ : Personne sans couleur, aux joues creuses et à visage pâle.

Le peuple, sans pitié, ne manque jamais d'employer cette expression pour un malheureux qui meurt de consomption.

— Il ne tient pas debout avec sa *figure de papier mâché* (Argot du peuple).

FIL A LA PATTE (En avoir un) : Être gêné par quelqu'un.

Être entravé dans ses affaires, n'avoir pas ses coudées franches.

Une femme crampon est un rude *fil à la patte* (Argot du peuple).

FIL A RETORDRE (Avoir du) : Peiner pour réussir une affaire.

Essayer de convertir un incrédule.

— Pas moyen de venir à bout de cette mauvaise tête d'Alfred. En voilà un enfant qui m'a donné du *fil à retordre* (Argot du peuple).

FILATURE : Terme employé par les agents de la sureté pour indiquer qu'ils *filent* un voleur (Argot des voleurs).

FIL DE SOIE : Filou, voleur (Argot du peuple).

FIL EN QUATRE : Eau-de-vie supérieure (Argot du peuple).

FILER : Suivre.

Pour organiser une *filature*, les agents se mettent deux, l'un devant le *filé*, l'autre derrière, de façon à ce qu'il ne puisse échapper.

Il y a des *filatures* qui sont extrêmement mouvementées, c'est une véritable chasse où toutes les ruses sont mises en œuvre.

Le *gibier* cherche toutes les occasions de se dérober pour éviter le *sapement* (Argot des voleurs).

FILER LA COMÈTE : Malheureux qui n'a pas de domicile et qui marche toute la nuit pour éviter d'être emballé par les agents.

Quand il n'y a pas de *comète* il *file les étoiles* quand il n'est pas *filé* lui-même (Argot du peuple).

FILER UN SINVE : *Filer*, suivre, *sinve*, homme facile à duper.

Mot à mot : le filer jusqu'au moment favorable pour le dévaliser sans danger (Argot des voleurs).

FILOCHE : Bourse.

Avoir sa *filoche à jeun*, c'est être sans le sou (Argot du peuple).

FINIR EN QUEUE DE POISSON : Chose qui commence bien et finit mal ou pas du tout.

Un livre qui commence en empoignant ses lecteurs et se termine bêtement, c'est *finir en queue de poisson* (Argot du peuple).

FLAC D'AL : Sacoche à argent.

Flac sac, *dal* argent : abréviation d'*allique*.

Pour *flaquer*, on dit aussi je vais à *flacdal* (Argot du peuple).

FLAGORNER : Flatter quelqu'un bassement.

Trouver une *croûte*, une œuvre de maître.

Comparer un mauvais vaudevilliste à Molière ou à Legouvé.

Mot à mot : prodiguer des éloges tarifés ou intéressés (Argot du peuple).

FLAGORNEUR : Flatteur.

Race assez commune. Il y en a toujours au moins un dans un atelier.

Le *flagorneur* descend sans vergogne au rôle de mouchard (Argot du peuple).

FLAMAND : Amis (Argot des voleurs). V. *Aminche*.

FLAMBEAU (En avoir un) :
— Je connais le *flambeau*, c'est-à-dire je connais la chose.

Faire une belle invention c'est avoir un *chouette flambeau*.

— Tu ne me monteras pas le coup, mon vieux, je sais ou est le *flambeau*.

Être très habile dans un métier c'est avoir le *flambeau*.

Flambeau, dans le peuple, veut dire être supérieur aux gens de sa profession.

Francisque Sarcey, Bouguereau, Ambroise Thomas, Clovis Hugues, sont des *flambeaux*.

Emile de Girardin, Victor Hugo, Lamartine, Diaz, etc., étaient des *flambeaux* (Argot du peuple). N.

FLANCHER : Avoir peur (Argot du peuple).

FLANCHER : Jouer sur les places publiques au *bouchon* (*radin*) ou à l'*anglaise* (*monac*).

En général de tous jeux on dit *flancher* (Argot du peuple).

FLANCHET : Part de vol.

Lot qui échoit à un brocanteur.

Morceau de viande qui forme la *pointe* dans l'intérieur du bœuf (Divers argots).

FLANCHEUR : Qui *flanche* (Argot du peuple).

FLANELLE (Faire) : Entrer dans une maison de tolérance, peloter le personnel sans consommer (Argot des souteneurs).

FLAQUER : V. *Déballer*.

FLAQUET : L'endroit où le dos change de nom.

Dans le peuple on ne prend pas de mitaine pour donner au *flaquet* son vrai nom (Argot du peuple).

FLEMME : Maladie que la plupart des ouvriers ont les lundis.

On dit : battre une *flemme*.

Bien souvent la *flemme*, la *flemme*,
Bien souvent la *flemme* me prend.
En hiver comme en été,
Elle ne m'a jamais quitté.

(Argot du peuple).

FLEURE-FESSES : Homme qui moucharde ses compagnons d'atelier et est sans cesse *derrière* le patron (Argot du peuple). V. *Lèche-cul*.

FLEUR DE SACRISTIE : Calotin qui fréquente les églises sans en croire un mot.

C'est un commerce comme un autre.

On dit aussi : *rat de sacristie* (Argot du peuple). N.

FLIQUE ou FLICK : Sergent de ville (Argot du peuple). V. *Bec de gaz*.

FLIC A DARD : Sergent de ville.

Allusion à ce que dans

les manifestations, ils mettent sabre au clair, ils *lardent* les manifestants.

Dans le peuple, le mot est soudé, on dit *flicadard* (Argot du peuple). *N*.

FLINGOT: Fusil (Argot des troupiers). V. *Bottoche*.

FLOME : Femme.

Cette expression est nouvelle dans les faubourgs.

D'où vient-elle ?

Probablement de ce que les femmes d'ouvriers, pendant que leurs maris travaillent, *flemment* chez les voisines.

Flôme est une corruption de *flemme*, comme *flemmard* pour paresseux, et une adjonction de finale à *flemme* (Argot du peuple). *N*.

FLOPPÉE : En donner une ou la recevoir.

Être battu ou battre violemment.

Quand la *marmite* du souteneur ne rapporte pas, elle reçoit une *floppée*.

Allusion au cordonnier qui *bat* son cuir pour l'assouplir : il le *floppe* (Argot des souteneurs).

FLOTTE : Eau.

La rivière *flotte*.

On dit d'une personne mince dans des vêtements trop larges :

— Ses membres *flottent*.

Toute la *flotte* (l'atelier en entier) a été manger une friture.

Nous étions une *flotte* pour nous étions un *tas* (Argot du peuple). *N*.

FLOTTANT : Bal où se réunissent les souteneurs du quartier.

Toute la *flotte* s'y donne rendez-vous.

Les souteneurs n'ont pas de préjugés, une expression même injurieuse glisse sur les oreilles de ces messieurs.

Ils savent très bien que le mot *flottant* vient de *flotte*, eau, or les *poissons* sont dans leur élément (Argot des souteneurs). *N*.

FLOUMANN : Floueur, filou.

Mann, en allemand veut dire *homme*. Mot à mot, en retournant la finale, cela fait *homme floueur*.

Être *floué*, est synonyme d'être trompé.

Ainsi, un homme épouse une femme qu'il croyait vierge, elle sort de la maternité.

— Il est *floué* (Argot du peuple). *N*.

FLOUPIN : Diminutif de *floumann*, comme *pégriot* l'est de *pègre*.

Un *floupin* est un petit filou qui travaille dans les bas prix.

— Il vole un mouchoir ; le *floumann* vole des millions (Argot du peuple). *N.*

FLOUTIÈRE : Rien.

Au XVIᵉ siècle on critiquait les archi-suppôts chargés de réformer le langage (l'argot) en usage dans les *cours des Miracles* ; on disait d'eux... sans *ficher floutière*.

Le mot est resté en usage (Argot du peuple).

FLUTES : Jambes.

On dit d'une femme maigre : Elle a volé les *flutes* du boulanger.

Flute, synonyme de *zut* (Je ne veux pas) (Argot du peuple).

FLUTENCUL : Pharmacien.

Bonjour Mam'zelle Zirzabelle
J'vous apporte un p'tit lave-
| ment,
Ça vous r'fra le tempérament.
Allons, tournez-vous, mam'
| zelle.
Fi ! Monsieur, pas tant
| d'raideur,
Car jamais apothicaire
Ne verra c'que par pudeur
Je n'fais voir qu'à ma chère
| mère !

(Argot du peuple).

FLUXION DE PAVÉS : Pochard qui tombe et s'abime la figure : elle enfle comme s'il avait mal aux dents.

De là l'expression (Argot du peuple).

FOIRE D'EMPOIGNE : Voler à la force du poignet (Argot des voleurs).

FOIREUX : Poltron.

On dit aussi : *foireux comme un geai*.

L'ami Mac-Nab nous a laissé une chanson connue, à ce sujet :

Il reste les Napoléon,
Des muff's qu'a toujours la
| colique
Et qui *foire* dans ses pan-
| talons
Pour em... bêter la Répu-
| blique.

Allusion à la fuite de *Craint-plomb*, pendant la guerre de Crimée (Argot du peuple).

FOIRON : Le derrière (Argot du peuple).

FOND DE PECHE : Le nombril (Argot des voleurs). *N.*

FONDRIÈRES : Les poches.

Allusion à leur profondeur (Argot du peuple).

FORTANCHE : Fortune.

C'est un changement de finale comme *boutanche* pour *boutique*, *dorancher* pour *dorer*, *brodancher* pour *broder*, etc., etc.

— *Turbiner*, c'est bon pour les *pantes*, j'ai fait ma *fortanche* à la *foire d'empoigne* (Argot des voleurs). *N.*

FORT EN GUEULE : Crier beaucoup.

Les poissardes bavardes

et insolentes sont *fortes en gueule* (Argot du peuple).

FOU : Marteau (Argot du peuple). V. *Balançon*.

FOUETTER DU BEC : Avoir une haleine fétide qui exhale une odeur d'égout (Argot du peuple).

FOUILLE AU POT : Petit cuisinier qui sert les ouvriers dans les gargotes.

— Il *fouille au pot* pour en retirer les légumes (Argot du peuple).

FOUILLE MERDE : Tatillon qui fourre son nez partout (Argot du peuple).

FOUILLER (Tu peux te) : Tu n'auras rien, ou il ne reste rien (Argot du peuple).

FOUILLEUSES : Poches (Argot du peuple).

FOUINETTE : Juge.

Diminutif de *fouinard*, malin, rusé, chercheur (Argot des voleurs). V. *Palpeur*.

FOULER (Ne pas se) : Ouvrier ou employé jamais pressé, plus exact à la soupe qu'au travail.

— Tu vas te *fouler la rate*.

— Prends garde de *te casser*.

Même signification (Argot du peuple).

FOUR (En faire un) : Manquer une affaire (Argot du peuple).

FOURBI : Piège, malice. A. D.

C'est une erreur. Cette expression très usitée vient du régiment, où le caporal chargé de l'ordinaire gratte sur la nourriture des hommes.

Fourbi signifie bénéfice (Argot du peuple). N.

FOURCHETTE : Voleur à la tire.

Allusion à ce que les voleurs qui ont cette spécialité, ne se servent que des deux doigts de la main droite qui forment *fourchette* pour extraire les porte-monnaies des poches des badauds (Argot des voleurs). N.

FOURGAT : Recéleur qui achète les objets volés (Argot des voleurs). V. *Meunier*.

FOURGUER : Vendre des objets volés (Argot des voleurs).

FOURLINES : Voleurs et meurtriers à l'occasion (Argot des voleurs).

FOURMILLON : Marché.

La foule *fourmille* : endroit propice pour les voleurs.

— Il y a un riche coup à

faire sur la *placarde* du *fourmillon* (Argot des voleurs).

FOURNAISE : On sait que les *mornifleurs-tarte* sont réunis en *tierce* (par trois). Le *mornifleur*, le faux monnayeur, le *gaffe* qui détient la réserve des pièces fausses, et *l'émetteur* qui écoule les pièces chez les commerçants.

L'*émetteur* se nomme la *fournaise*.

L'allusion est juste, car il est dans le *feu*, courant à chaque minute le risque d'être pincé.

Mot à mot : il est *dans la gueule du loup* (Argot des voleurs). N.

FOURNEAU : Vagabond, mendiant habitué du fourneau de charité. L. L.

Fourneau signifie crétin, imbécile.

Quand on imprime dans les journaux que nos ministres et nos députés sont des *fourneaux* ils ne sont pas je pense habitués des asiles de nuit (Argot du peuple). N.

FOURNEAUTIN : Diminutif de *fourneau* (Argot du peuple). N.

FOURNITURE : Allusion aux fines herbes que l'on met dans la salade pour lui donner du goût et la *parer* (Argot du peuple). V. *As de pique*.

FOURRACHON : Le lit (Argot des voleurs). V. *Juge de paix*.

FOUTAISE : Rien.
— Tu m'offres cent sous d'acompte sur mille francs la belle *foutaise*.
— Tu nous en racontes des *foutaises*. On dit aussi :
— C'est de *la fouterie de pauvre* (Argot du peuple).

FOUTIMASSER : S'applatir sur un ouvrage, le faire traîner en longueur.

C'est une corruption de deux mots accouplés *foutu*, mauvais, *masseur*. travailleur (Argot du peuple). N.

FRANC CARREAU : Quand un prisonnier est incorrigible il est mis au cachot. On lui enlève sa literie, il couche alors sur le *franc carreau* (Argot des voleurs). N.

FRACASSÉ : Être vêtu d'un habit, d'un *frac*.

C'est un mauvais calembour.

— J'en ai du *frac assez*.

Il me rappelle la célèbre scie d'atelier sur le mot *Afrique* :

— J'ai de la *fricassée*,

du *fracandeau*, de la *fripouille*, de la *friture*, etc., etc. (Argot des ateliers).

FRANC DE COLLIER : Cheval qui remplit sa besogne en conscience.

Homme franc, ouvert, loyal.

— Il est *franc du collier* (Argot du peuple). N.

FRANGIN : Frère (Argot du peuple).

FRANGINE : Sœur (Argot des voleurs).

FRÈRE FRAPPART : Marteau.

L'allusion est frappante (Argot des forgerons). V. *Balançon*.

FRÈRE JACQUES : Pince (Argot des voleurs). V. *Monseigneur*.

FRÉROT DE LA CAQUE : Filou (Argot des voleurs).

FRÉTILLON : Grisette chantée par Béranger.

L'expression est heureuse, rien de plus *frétillant* en effet qu'une fille du peuple qui s'amuse et aime pour son compte (Argot des bourgeois). V. *Grisette*.

FRIAUCHE : V. *Aller au rebectage*.

FRIC-FRAC (Vol au).

Ainsi nommé à cause du bruit que produit l'outil en fracturant les portes (Argot des voleurs).

FRICADIER : Un sou.

C'était l'expression favorite de Pradier, le célèbre bâtonniste qui travaillait devant l'Institut (sur la place) (Argot du peuple).

FRICASSÉE DE MUSEAU : S'embrasser mutuellement.

Cela indique bien le frottement de deux visages.

Mot à mot : s'embrasser avec effusion (Argot du peuple).

FRIMASSARD : Le froid (Argot des voleurs). V. *Frisbi*.

FRIME : La figure.

Tomber en frime, se rencontrer face à face avec quelqu'un (Argot du peuple).

FRIME (Pour la) : Pour rien.

Faire semblant (Argot du peuple).

Frimer : Faire de l'embarras.

— Il est bien mis, il *frime* (Argot du peuple).

FRIMOUSSE : Vieille expression qui veut dire *visage*.

On la trouve dans la *Henriade travestie* (Argot du peuple).

FRINGUER : S'habiller.

Rabelais dans *Pantagruel* écrit *fringuez* (Argot du peuple).

FRIPE : Nourriture.

— L'heure de la *fripe* va sonner (Argot d'imprimerie).

FRIPES : Mauvais vêtements que revendent les *fripiers* sur le carreau du Temple (Argot du peuple). V. *Loques*.

FRIPOUILLE : Rien de bon.

Dans le peuple, quand on a dit d'un homme c'est une *fripouille*, c'est tout dire.

Fripouille est certainement une corruption de *friperie*, donc on avait fait *fripaille* (Argot du peuple).

FRIQUET : Mouchard. A. D. L. L.

C'est une erreur, *friquet* est un *moineau*, c'est une variété du pierrot parisien, l'effronté gavroche de la gent ailée (Argot du peuple).

FRISBI : Froid.

On dit aussi : il fait *friot, frisquet*, et comme superlatif :

— Nom de Dieu, que ça *pince* il gèle à pierre *fente* (pour *fendre*) (Argot du peuple).

FRISÉ : Juif (Argot des voleurs).

FRISER SON NAZ : Être mécontent.

Friser son naz est une variante de la vieille expression, même adressée à un chauve :

— Ça te *défrise*, mon vieux (Argot du peuple). N.

FROMGY : Fromage (Argot du peuple).

FROTTE-BOTTES : Domestique (Argot du peuple).

FROTTÉE : Recevoir une bonne *frottée* ou la donner.

Se battre (Argot du peuple).

FROTTER : Faire la cour à une femme.

— Elle est rien raide, faut pas s'y *frotter* (Argot du peuple). N.

FROTTIN : Billard.

— Viens-tu faire une partie de *frottin* ? (Argot du peuple).

FROUSSARD : Individu qui a peur (Argot du peuple). N.

FROUSSE : V. *Taf*.

FRUSQUES : Vêtements.

Pour indiquer des habits

en mauvais état, on dit des *frusques boulinées*.

Quand ils sont tout à fait effilochés, on dit que l'on pourrait y *accrocher toute une batterie de cuisine* (Argot du peuple). *N.*

FUITE DE GAZ (En avoir une) : Laisser échapper un pet en sourdine ; si on ne l'entend pas, on le sent.

Allusion à l'odeur insupportable du gaz, quand un conduit est crevé (Argot du peuple).

FUMER SANS TABAC : Être furieux, *fumer* de colère (Argot du peuple). *N.*

FUMER SES TERRES : Être enterré dans sa propriété.

Épouser une fille riche quand on n'a pas le sou.

Déposer dans son jardin ce que l'on dépose pour trois sous dans un châlet de nécessité (Argot du peuple). *N.*

FUMERONS : Les jambes.

— Il est à moitié *décati*, il ne tient plus sur ses *fumerons*.

Pour exprimer la même idée, on dit aussi :

— Il tremble sur ses *fils de fer* (Argot du peuple).

FUMERON : Galopin qui fume dans la rue en allant à l'école.

— Comment tu fumes sale crapaud ?

— Mais oui.

— Tu as raison les étrons *fument* bien ! (Argot du peuple). *N.*

FUMIER DE LAPIN : Bon à rien, individu inutile.

On dit aussi : il ne vaut pas un *pet de lapin* (Argot du peuple). *N.*

FUMISTE : Farceur, mystificateur, qui cherche toutes les occasions possibles de faire des blagues.

Les plus grands fumistes des temps passés furent Romieu et Sapeck.

Ils sont remplacés par *Lemice-Terrieux*.

A propos de Sapeck dont la réputation est encore grande au quartier latin ; la fameuse farce des bougies coupées ne lui appartient pas, elle fut faite quarante ans avant lui, on la raconte dans une brochure intitulée : *Les mystères de la Tour de Nesles* (Paris 1835). (Argot du peuple). *N.*

FUNICULÉ (Être) : Refuser de marcher ou de travailler.

Allusion au *funiculaire* de Belleville, qui marche quand il veut.

Funiculé remplace le mot *capricieux* et modifiera le dicton : *capricieux* comme une jolie femme.

— Cette jolie femme est *funiculée* (Argot du peuple). *N*.

FUSAIN : Curé.

Allusion au vêtement noir (Argot du peuple).

FUSEAUX : Jambes minces comme des baguettes de fusil.

Dans le peuple, on dit : Minces du bas, fines du haut.

On dit également : *Mince* d'aiguilles à tricoter (Argot du peuple). *N*.

FUSEE (En lâcher une) : Quand un ivrogne a trop bu, il soulage son estomac en *lâchant une fusée*.

Allusion à ce que la déjection retombe en *gerbe*.

Quand elles se suivent, on dit dans le peuple :

— Quel riche feu d'artifice, voilà le bouquet (Argot du peuple).

FUSER : Fusée d'un autre genre qui ne s'envole pas par le même côté.

— Où donc qu'il est, Dumanet ?

— Il est en train de *fuser* (Argot des troupiers).

FUSILLER : Donner un mauvais dîner. *A. D.*

Fusiller se dit des *soldeurs* qui *fusillent* des marchandises volées.

Ils les vendent à n'importe quel prix.

On les nomme des *fusilleurs* (Argot des camelots). *N*.

G

GABARI : Perdre au jeu, jargon des ouvriers de fer. *L. L.*

Le *gabari* est une plaque de tôle ou de zinc taillée sur un modèle donné pour que l'ouvrier mécanicien ou menuisier puisse confectionner exactement sa pièce.

Avant l'invention de la machine à diviser, une roue d'engrenage ne pouvait être juste sans le secours du *gabari* pour aligner les dents (Argot des ouvriers). *N.*

GACHER DU GROS : Aller pisser comme les poules.

Allusion aux maçons qui mangent énormément et qui *font* de même (Argot du peuple).

GACHEUR : Le président de la Cour d'assises.

Quand il condamne, il *gâche* la vie des gens (Argot des voleurs). *N.*

GADIN : Vieux chapeau. *L. L.*

Le *gadin* est un *bouchon*. Le jeu qui consiste à abattre le bouchon chargé de gros sous se nomme *gadiner*.

Il y a plus de cinquante ans que cette expression est populaire (Argot du peuple). *N.*

GAFFE (En commettre une) : Dire ou faire une bêtise.

parler trop et à côté (Argot du peuple).

GAFFE : Faire le guet pour avertir des complices de l'arrivée de la rousse ou des passants qui pourraient les déranger (Argot des voleurs).

GAFFE DE SORGUE : Gardien de marché ou surveillant de maisons en construction.

Autrefois, c'étaient des invalides qui remplissaient ces fonctions (Argot des voleurs).

GAFFEUR : Qui commet des *gaffes*.

Il y en a de célèbres, par exemple, dire au maître de la maison dans laquelle on est invité :
— Qui est donc cette vilaine bossue qui fait tant de grimaces.
— Monsieur, c'est ma femme (Argot du peuple).

GAGNER LE GROS LOT : C'est assez extraordinaire de ne pas mettre à une loterie et d'avoir cette chance.

Ce *gros lot se gagne* sans billet.

La garde qui veille aux barriè-
[res du Louvre
N'en défend pas les rois.

On dit aussi : je suis *assaisonné* (Argot du peuple). V. *Quinte, quatorze et le point*.

GAILLARDES : Joues (Argot des voleurs). V. *Jaffles*.

GAJARD : Gros homme (Argot des voleurs). N.

GALBEUX : Avoir du *galbe*, posséder un visage correct et avenant.

On dit d'une jolie fille :
— Elle est *galbeuse*.
Au superlatif : elle est *truffée de galbe* (Argot des filles).

GALETTE : Argent (Argot du peuple). V. *Aubert*.

GALOUBET (En avoir) : Posséder une belle voix ou crier bien fort.

On dit d'un chanteur émérite :
— Il a un rude *galoubet*.

GALTOUZE : Argent (Argot du peuple). V. *Aubert*.

GALURIN : Chapeau.

On dit quand il a une hauteur exagérée :
— *Mince* de *galure* (Argot du peuple). V. *Bloum*.

GAMBETTES : Jambes.
— Elle est bien *molletonnée* (montée en *gambettes*) (Argot du peuple). V. *Brancards*.

GAMBILLER : Danser.

Mot à mot : faire marcher ses *gambettes* (Argot du peuple).

GAMBILLEUR : Danseur (Argot du peuple).

GAMBILLEUR DE TOURTOUSE : Danseur de corde.

Gambiller, danser, *tourtouse*, corde.

Cette expression servait autrefois à désigner la *corde* employée par le bourreau pour expédier ses clients dans l'autre monde.

L'image est juste, le condamné *gambille* au bout de la *tourtouse* (Argot des voleurs).

GAMELLES : Seins.

Les troupiers, dans les jardins publics, se placent de préférence sur les bancs, à côté des nourrices qui allaitent leurs nourrissons.

Ils se pourlèchent les lèvres à la vue des *nichons* blancs et volumineux.

— Mademoiselle, en voilà un heureux gaillard de manger à une pareille *gamelle*.

Quand il y en a pour un, il y en a pour deusse.

Le camarade se penche : « Il y en aurait bien pour troisse » (Argot des troupiers). N.

GAMELLE (En attacher une) : Quitter une femme avec laquelle on est collé, sans la prévenir.

Rendre son tablier sans faire ses huit jours (Argot du peuple).

GANCE : Bande.

Association de malfaiteurs (Argot des voleurs).

GANDIN D'ALTÈQUE : Homme décoré d'un ruban quelconque.

Homme portant une particule (Argot du peuple).

GANTS (Pour mes) : Pourboire sous quelque forme que ce soit.

Cette expression, néanmoins, est plus généralement employée pour les filles qui réclament un supplément au prix convenu.

Gant est synonyme d'*épingle* (Argot des filles).

GANTER : Il ou elle me *gante*.

Synonyme de *chausse*.

— Cet homme me *gante*, il a une rude pointure.

Pas d'explications superflues (Argot des filles).

GARÇON : Les hôtes habituels des prisons appellent *garçon* un voleur.

Le *garçon de campagne* est un voleur de grand chemin, qui a pour spécialité de dévaliser les *garnaffes*. V. ce mot (Argot des voleurs).

GARDE NATIONAL : Paquet de couennes.

On dit aussi *nœud* d'épée, Allusion à la forme (Argot des charcutiers).

GARDE NATIONALE (En être) : Femme pour femme (Argot des filles). V. *Accouplées*.

GARE A FAFFLARDS : Bureau.

Allusion à l'utilité de ce meuble pour *garer* ses papiers.

Garer, serrer, *fafflards* papiers (Argot des voleurs).

GARER SON PITON : Mettre son nez à l'abri des coups qu'il pourrait recevoir.

Cette précaution est nécessaire dans les quartiers excentriques où les souteneurs mangent sans faire de façon, le *piton* du bourgeois qui n'apprécie pas les charmes de leurs marmites.

Avant l'annexion de la banlieue à Paris, Belleville et la Villette étaient renommés pour ce genre d'exercice (Argot des souteneurs).

GARGAMELLE : Le gosier.

C'est une très vieille expression qui a été remplacée par celles plus modernes de *dalle, sifflet couloir* (Argot du peuple).

GARGOINE : La bouche.

Par abréviation : *la gargue*.

Quelques-uns écrivent *gargouenne* (Argot du peuple). V. *Affamée*.

GARGOTER : Cuisinière qui rate tous ses ragouts.

Mot à mot : faire de la mauvaise cuisine, de la *gargote*.

Gargoter un travail ou le *savater*, le *gâcher* en un mot (Argot du peuple).

GARGUE : La bouche (Argot du peuple).

GATE-SAUCE : Garçon pâtissier. A. D.

Gâte-sauce ne s'emploie pas exclusivement pour désigner un garçon pâtissier, cette expression s'applique à tous les métiers.

Dire à un mari qu'il est cocu et troubler la félicité des amants, c'est *gâter la sauce*.

Quand un commissaire de police tombe comme un aréolithe au milieu d'un tripot, la *sauce* est *gâtée* pour les joueurs.

Dans le peuple, de tout ce qui va mal, la *sauce se gâte*.

Le synonyme est : *ça*

tourne au vinaigre (Argot du peuple).

GAULES DE SCHTARD : Barreau de prison.

Gaule : allusion à la rigidité du fer (Argot des voleurs).

GAU PICANDI : *Pou qui pique.*

Quand il provoque des démangeaisons trop vives, qu'il *pique* trop fort, comme aux jours d'orages, par exemple, pour s'en débarrasser on le tue ; cela s'appelle : *basourdir un gau* (Argot du peuple).

GAVIOT : Le gosier.

Serrer le *gaviot* : faire passer le goût du pain.

Mot à mot : étrangler un individu (Argot du peuple). V. *Qui-Qui*.

GAYE : Cheval.

Quand le cheval est vieux on dit qu'il est une *rosse* (Argot des maquignons).

GENDARME : Fer à repasser.

Gendarme est le nom du fabricant le plus renommé (Argot des blanchisseuses).

GÊNÉ : Malheureux momentanément, embarrassé dans ses affaires.

Gêné dans ses entournures : être habillé trop étroitement.

Gêné par quelqu'un : n'avoir pas ses coudées franches, être tenu en laisse.

Gêné : être mal à l'aise dans un milieu auquel on n'est pas habitué.

Dans le peuple, *gêné* a une signification toute différente.

Quand une femme a un amant, elle lui dit au moment psychologique :

— Fais comme mon mari, *gêne-toi*..... (Argot du peuple). N.

GÉNÉRAL PAVÉ : Les filles publiques qui arpentent les rues du matin au soir à la recherche de clients sont entretenues par ce *général*, qui est souvent bien dur pour elles.

L'allusion est claire (Argot du peuple). N.

GERBE : Prison.

Gerbé : condamné.

Gerbé à vioc : être condamné aux travaux forcés à perpétuité.

Gerbé à la passe : condamné à mort (Argot des voleurs).

GERBIER : président de la Cour d'assises (Argot des voleurs).

GERCE : Femme (Argot du peuple).

GERMINYSER : Membre d'un cercle catholique qui cherche à pénétrer dans un centre ouvrier.

La condamnation qui frappa un personnage célèbre reconnu coupable d'un délit, qui n'était assurément qu'un acte de folie érotique a donné naissance à cette expression devenue populaire (Argot du peuple).

GIBELOTTE DE GOUTTIÈRE : Il existe des industriels qui, la nuit, vont chasser les chats !

Ils les fourrent dans un sac de toile, les dépouillent, puis les vendent aux restaurateurs de bas-étage qui les transforment en *lapin sauté* ou en *lapin chasseur*.

Ils les préparent plus particulièrement en *gibelotte* parce que le vin et les épices atténuent un peu l'odeur sauvage du chat-lapin.

Dans les portions servies au public, jamais il n'y a de tête ; elle ferait reconnaître facilement la nature du *lapin* (Argot du peuple).

GIGOLETTE : Fille des faubourgs qui, à l'âge où les autres vont encore à l'école, a déjà jeté son bonnet par dessus la Tour Eiffel.

La *gigolette* travaille pour l'amour de l'art.

Comme elle fréquente les bals publics où elle *gigotte* avec frénésie, l'expression *gigolette* est indiquée (Argot du peuple).

GIGOLO : L'amoureux de la *gigolette*. Un vieux refrain très populaire, dit :

Si tu veux être ma *gigolette*
Moi, je serai ton *gigolo*.

Gigolo s'applique aussi à un individu peu aimable.

— Qu'est-ce qui nous a foutu un *gigolo* aussi *bassinant* que toi (Argot du peuple).

GIGOTS : Les cuisses.

— Mon cher elle a des *gigots épastrouillants*, c'est de la *bidoche* première catégorie (Argot du peuple). V. *Boudinots*.

GIBIER DE POTENCE : Filou, voleur, souteneur ; tous ceux qui, en un mot, se mettent en dehors des lois et sont justiciables de la *planche à pain* ou du *carré des petites gerbes* (Argot du peuple).

GILET : La poitrine.

On dit d'une femme qui en possède une copieuse :

— La nature à *rien* été

généreuse, *pige* donc le *bath devant de gilet.*

On dit également :

— Elle a un rude plastron.

Cela a donné naissance à un jeu de mots que les farceurs ne manquent jamais de faire. A l'époque des élections, ils arrêtent une fille dans la rue et lui demandent :

— Mademoiselle, pour qui *vos tétons?*

Une autre plaisanterie est encore commune :

— Mademoiselle qu'avez-vous donc dans votre corset ?

— Du foin pour amuser les ânes ? (Argot du peuple). N.

GINGLARD, GUINGLET ou **REGINGLARD** : Petit vin aigre, il faut se cramponner à la table pour le boire.

Une vieille chanson dit :

C'est un nectar, un vrai chas-
| selas
Ça vous coupe la gueule à quinze
| pas.

Ce petit vin tire son nom d'un clos très ancien qui était situé sur les hauteurs du Mesnil-Montant : il appartenait au XVIe siècle à un nommé *Guinguet* (Argot du peuple). N.

GIROFLÉE A CINQ FEUILLES : Gifle.

Allusion aux cinq doigts (Argot du peuple). V. *Salsifits.*

GIROLLE : Soit, volontiers, je marche.

Par abréviation on dit simplement :

— *Gy*, mon ange (Argot des voleurs).

GIRONDE : Belle femme.

Le souteneur qui se lamente lorsqu'elle vieillit, lui chante :

Dans ce temps-là t'étais rien
| gironde.
Maint'nant tu toquardes de la
| frime
T'es comme une planche tou-
| jours en bombe,
T'es même des mois sans chan-
| ger de lime.

(Argot des souteneurs).

GIVERNEUR : Vagabond habitué des refuges municipaux et de la *bouchée de pain.*

Quand le *giverneur* ne trouve pas à coucher, il *file la comète* (Argot des voleurs).

GLACE : Verre.

On dit également *glacis*.

— Allons-nous *sucer* un *glacis* ? (Argot du peuple).

GLAVIOT : Crachat.

Un poitrinaire qui *crache* ses poumons lâche son *glaviot.*

Dans les ateliers, par

plaisanterie, on compte les *glaviots* ; arrivés à onze, les ouvriers, sans pitié, disent au malheureux :

— Il n'en faut plus qu'un pour faire la douzaine de *Portugaises.*

Pas ragoutant pour les amateurs d'huîtres (Argot du peuple). *N.*

GLIER : Le diable.

Quand quelqu'un vous embête par trop, on dit dans le peuple :

— Va-t'en aux cinq cents *diables,*

— Que le *diable* t'emporte.

— Que le *diable* te *patafiole.*

Dans le monde des prisons on dit :

— Que le *glier t'entôle en son patelin.*

Patelin (l'enfer), le pays du *diable* (Argot des voleurs).

GLISSER (Se laisser) : Mourir (Argot du peuple).

GLOBE : La tête.

Allusion de forme (Argot des voleurs).

GLUAU (Lâcher son) : Déballer.

Pisser son *gluau* : accoucher.

Allusion à l'aspect gélatineux du nouveau-né (Argot du peuple).

GLUAU (En poser un) : Quand les agents tendent un piège pour prendre des voleurs, ils *posent un gluau.*

Allusion au chasseur qui *pose des gluaux* dans les arbres pour prendre les petits oiseaux.

— Ne va pas *rôder* avec la *Tine,* vous allez vous *faire poser un gluau.*

Mot à mot : ne va pas avec les autres, vous allez vous faire mettre en prison (Argot des voleurs).

GNIAF : Plusieurs degrés au-dessous du savetier.

On appelle *gniaf* tout individu qui gâte un ouvrage

Se conduire comme un *gniaf* : commettre des bassesses (Argot du peuple).

GNIAFFERIE (En faire une) : Faire une malpropreté à un camarade.

Mot à mot : se conduire vis à vis de lui comme un *goujat.*

GNIAS ou GNIASSE : Soi-même.

— Pas *mèche* de me *gerber,* il n'y a que *nib* sur mon *gniasse* (Argot des voleurs)

GNOLLE ou GNOLE : Imbécile aussi niais qu'il est possible de l'être.

— Si ton *point de côté* savait que nous *pagnotons* ensemble, il te *carderait* le *cuir*.

— Y a pas de *pet*, il est trop *gnolle*, il a de la *merde* dans les *chasses* (Argot du peuple).

GNON : Donner un *coup* ou le recevoir.

— Ce pauvre Léon, il est *crapsé* du *gnon* que lui a *foutu* sa *pouffiace* (Argot des souteneurs).

GNOUGNOUTTE : Cette expression est employée par les filles dont ce n'est pas la profession d'*aimer* à crédit.

Pas de *galette*, pas de *gnougnoutte*.

L'expression est claire : pas d'argent, pas de viande (Argot des filles).

GOBE MOUCHE : Flâneur qui s'arrête à chaque boutique.

Allusion à ce qu'il *baille* ébahi (Argot du peuple).

GOBE-SON : Le calice.

A l'élévation le prêtre *gobe son* hostie (Argot des voleurs). V. *Baignoire à bondieu*.

GOBER : Aimer quelqu'un.

Gober : croire à quelque chose, même à une chose fausse.

GOBER LA CHÈVRE : Être furieux d'une chose qui va de travers.

On dit aussi pour exprimer la même idée : *bouffer son bœuf*.

Ce que font souvent les typographes quand les casses sont embrouillées et que les lettres de différents corps y sont mélangés.

Ils *gobent aussi la chèvre* quand un auteur méticuleux, qui ne connaît pas le métier, se mêle de leur donner des conseils (Argot d'imprimerie).

GOBER la pilule.

Gober une aventure extraordinaire.

Gober (se) : s'imaginer valoir plus que les autres (Argot du peuple).

GOBET : Morceau de viande, bœuf ou mouton entier.

— Je ne veux pas de cette viande coupée, elle a été *tripotée*.

— Je vais vous en couper dans un *gobet*, répond le boucher (Argot des bouchers).

GOBETTE : Gobelet de fer-blanc qui mesure 33 centilitres.

Ce gobelet sert aux détenus dans les prisons pour prendre une ration de vin à la cantine où ils ont droit à trois *gobettes* par jour, en payant, bien entendu.

Passer à la gobette, c'est prendre une tournée chez le marchand de vin (Argot des voleurs). *N.*

GOBEUR : Individu qui avale tout, même les bourdes les plus impossibles (Argot du peuple).

GODAILLER : Courir les cabarets.

Ce verbe est un souvenir de l'occupation de Paris par les Anglais, amateurs de *good ale. A. D.*

Godailler est synonyme d'être en *patrouille* et aussi de *flâner*.

Manquer un travail, c'est le *godailler*.

Godailler, c'est ne jamais se trouver bien nulle part.

— On n'en fera jamais rien, c'est un mauvais ouvrier, il *godaille* sans cesse (Argot du peuple). *N.*

GODAN (Donner dans le) : Croire à un mensonge.

Synonyme de *couper dans le pont* (Argot du peuple).

GODAN (Le connaître) : Éventer le mensonge et ne pas se laisser tromper (Argot du peuple).

GODETS : Les yeux (Argot des voleurs). V. *Boule de loto*.

GODILLER : Se réjouir, être content. *A. D.*

Godiller veut dire *convoiter* une femme.

Ce couplet de la célèbre chanson d'*Alphonse du Gros Caillou* me dispensera d'explication :

Pourtant, des fois, fallait être solide
Le 15 août, fête de l'empereur.
C'était chez nous tout rempli d'invalides,
De fantassins, de dragons, d'artilleurs,
Dame! Ce jour-là, ce que le soldat *godille*!
Eh bien tout ça sortait content de chez nous
. . . .

Godille vient du mot ancien *gaudille* (Argot du peuple).

GODINETTE : Grisette.

Elle *gode* pour tous les hommes (Argot du peuple).

GOGUENOT : Pot de chambre.

Le locataire de la table de nuit (Argot du peuple).

GOINFRE : Gourmand qui mange à en crever.

On dit aussi : *goulaffe* (Argot du peuple).

GOINFRE : Chantre.

Sans doute parce qu'ils ouvrent, pour chanter, des

bouches aussi grandes que des fours.

On y *engamerait* un pain de deux livres (Argot des voleurs). *N.*

GOLGOTHE : Martyr imaginaire.

Ceux qui sont atteints du délire de la persécution *golgothent* sans cesse (Argot du peuple).

GONCE, GONCIER : Bourgeois facile à tromper (Argot des voleurs).

GONDOLER (Se) : Se tordre de rire.

Rire à s'en mordre l'œil. C'est *gondolant* (Argot du peuple). *N.*

GONGONNER : Terme employé dans les ménages d'ouvriers lyonnais et aussi par *Gnaffron* dans les *Guignols* :

— Ma vieille colombe *gongonne* toujours quand je *liche* une chopine.

— Tais-toi donc, vieux *gongon*.

Gongonner, synonyme de *bougonner* et de *ronchonner* (Argot du peuple). *N.*

GOUALER : Chanter.

On se souvient de la *goualeuse* des *Mystères de Paris*.

La *goualante* signifiant chanson, la chanter, *goualer*, cela va de soi (Argot du peuple).

GOUAPEUR : Individu qui ne travaille jamais (Argot du peuple). V. *Loupeur.*

GOUGNOTTE : Femme qui déteste les hommes et qui a des mœurs à part.

On dit aussi *gousse* (Argot des filles). V. *Accouplées.*

GOULU : Dévorer ses aliments (Argot du peuple). V. *Baffrer.*

GOUPINER : Voler.

On applique également ce mot à quelqu'un de mal habillé.

— Est-il *goupiné*? (Argot des voleurs).

GOUPINEURS : Voleurs qui ont la spécialité de dévaliser les pochards qui s'endorment sur la voie publique.

Ils *goupinent* les *profondes* (Argot des voleurs).

GOUPLINE : Litre de vin.

— C'est pas malin que nous étions *chlasse* ; à quatre, nous avons étranglé douze *gouplines* de *ginglard* à Charonne, au *Petit Bonhomme qui chie* (Argot du peuple). *N.*

GOURDE : Homme pâteux, paysan mal dégrossi.

Au superlatif : *crème de gourde* (Argot du peuple). *N.*

GOURDIFFLOT : Petite *gourde* (Argot du peuple). *N.*

GOUREURS : Les *goureurs* sont des individus qui se déguisent en marins étrangers venant des pays lointains.

Ils offrent au public des marchandises qu'ils ont soi-disant rapportées de l'Inde ou de la Perse, et qui proviennent tout bonnement d'un bazar quelconque (Argot des voleurs).

GOUVERNEMENT : Épée à l'École Polytechnique. *A. D.*

Gouvernement : La femme dans les ménages d'ouvriers.

— Mon vieux, pas *mèche* d'aller *gouaper* avec toi, mon *gouvernement* est tellement *rosse* que je serais *engueulé* toute la semaine (Argot du peuple). *N.*

GRAILLON : Cuisinière, laveuse de vaisselle.

Fille sale qui pue la mauvaise graisse (Argot du peuple).

GRAILLONNEUSE : Ménagère qui va laver accidentellement son linge au lavoir (Argot des blanchisseuses). V. *Baquet.*

GRAISSER : Je vais te *graisser*, te battre.

Graisser les poches de quelqu'un : y mettre de l'argent.

Graisser sa femme : allusion au *graissage* de l'essieu pour que la voiture roule mieux (Argot des souteneurs).

GRAISSER LES BOTTES : Mourir. *L. L.*

Graisser les bottes : l'extrême-onction.

Mot à mot : *graisser les bottes* pour le voyage lointain (Argot du peuple). *N.*

GRAND PRÉ (Le) : Bagne.

Les voleurs, autrefois, appelaient ainsi Toulon et Brest ; depuis ils disent *la Nouvelle* (Argot des voleurs).

GRAND RESSORT : Le cœur.

C'est en effet le *grand ressort* de la vie.

Quand un individu meurt on dit : le *grand ressort est cassé* (Argot du peuple).

GRAS (Il y a) : Il y a beaucoup d'argent.

— Nous pouvons *net-*

toyer le *gonce*, il y a *gras* dans sa *cambrousse*.

C'est de cette expression, *gras*, qu'est née celle de *dégraisseur* (le garçon de banque), pour exprimer qu'il enlève le *gras* (Argot des voleurs). *N.*

GRAS DOUBLE : Plomb (Argot des voleurs). V. *Limousinier*.

GRATIN : Il y a du *gratin*, il y a de quoi.

Il est *gratin* : il est à la mode.

Pour un homme du monde, on dit : C'est un homme du *gratin*.

On traduit dans le peuple : *persona grata* par *personne gratinée*, du *gratin*.

Les moutards préfèrent manger le *gratin* qui s'attache à la casserole, quand la mère prépare la bouillie du petit frère (Argot du peuple). *N.*

GRATOUILLE : La gale (Argot du peuple). V. *Charmante*.

GRATTE-CUL : Vieille femme repoussante, laide à faire peur.

— Elle est laide comme un *cul gratté à deux mains* (Argot du peuple).

GRATTE-PAPIER : Employé aux écritures (Argot du peuple). V. *Chieur d'encre*.

GRATTE (En faire) : Chiper sa patronne en majorant les achats (Argot du peuple). V. *Gratter*.

GRATTER : Battre quelqu'un.
— Je vais te *gratter*.

Gratter : prendre, *grapiller* sur tout pour grossir son lopin (Argot du peuple).

GRATTER LA COUENNE (Se faire) : Se faire raser (Argot du peuple).

GREFFER : Attendre (Argot des voleurs).

GREFFIER : Chat (Argot du peuple).

GRÊLE : Patron.

Il tombe souvent sur le dos des ouvriers comme la *grêle* sur les vignes.

— Attention, gare la *grêle*.

Signal pour prévenir les camarades (Argot du peuple). *N.*

GRELOT : La voix (Argot du peuple). V. *Affaler son grelot*.

GRENADIER : Pou énorme.

Allusion à l'expression populaire qui dit d'un

enfant pouilleux : il a une rude garnison.

Grenadier : pou d'élite. (Argot du peuple).

GRENAFE : Grange.

Les mendiants qui voyagent couchent dans les *grenafes*.

Cela vient de ce que la grange abrite les *grenailles* (Argot des voleurs).

GRENOUILLE : Femme de rien (Argot du peuple).

GRIACHES : Seaux qui étaient dans les cellules des prisonniers et dans lesquels ils faisaient leurs ordures.

Ce terme était employé dans les prisons vers 1790; on le trouve dans un rapport sur la Conciergerie, adressé au roi, qui voulait détruire l'horrible infection qui empoisonnait les malheureux (Argot des prisons).

GRIB'LOGE : Individu qui se plaint lorsqu'il est battu (Argot des voleurs).

GRILLÉ : Une affaire est *grillée* quand on n'en peut plus rien tirer.

(Un agent est *grille* quand il est démasqué par ceux qu'il est chargé de poursuivre (Argot des voleurs). V. *Brûlé*.

GRILLE (Jeter de la) : Arrêter un individu au nom de la loi.

— Il n'y a pas de *grille* (il n'y a pas de danger) (Argot du peuple).

GRILLEUSES DE BLANC : Les repasseuses sont souvent distraites par les passants qui admirent leurs bras blancs ; alors, si le fer est trop chaud, tant pis pour la chemise elle est *grillée* (Argot du peuple).

GRIMPANT : Pantalon (Argot du peuple). V. *Falzar*.

GRINCHE : Voler (Argot des voleurs).

GRINCHISSEUR : Voleur (Argot des voleurs).

GRINCHISSEUSE A LA MITAINE : Voler avec les pieds.

La voleuse laisse tomber un objet qu'elle cache prestement dans son soulier sans empeigne (Argot des voleurs).

GRINGALE : Pain (Argot des voleurs). V. *Bricheton*.

GRINGALET : Mièvre, malingre, enfant pas réussi (Argot du peuple). V. *Avorton*.

GRIPPARD et non *Griffard*:

Chat (Argot du peuple). V. *Greffier*.

GRIPPE-SAUCISSES : Apprenti qui va chercher le déjeuner des ouvriers et qui en chemin égratigne un petit morceau de chaque saucisse (Argot du peuple). N.

GRIPPE-SOUS : Avare qui pousse sa passion jusqu'à se relever la nuit pour mettre un bouchon dans la douille de son soufflet pour en économiser le vent (Argot du peuple). N.

GRIS COMME UN CORDELIER : Saoul à n'en plus pouvoir, incapable de retrouver sa maison et être obligé de s'asseoir sur une borne pour attendre qu'elle passe.

Gris, allusion à la couleur de la robe de ces religieux (Argot du peuple).

GRISAILLE : Sœur de charité (Argot des voleurs). V. *Pampine*.

GRISETTE : Jeune fille, ouvrière plumassière, fleuriste, modiste ou polisseuse qui fit la joie de nos pères et le désespoir des leurs.

Depuis qu'elle a passé les ponts, ce n'est plus qu'une vulgaire cocotte.

Type charmant, *grisette* sémillante,
Au frais minois, sous un piquant bonnet
Où donc es-tu, gentille étudiante,
Reine sans fard de nos bals sans apprêts.

Ainsi s'exprime la chanson en vogue autrefois au quartier latin (Argot du peuple).

GRIVIER : Soldat de la ligne (Argot du peuple). V. *Lignard*.

GROSSE CULOTTE : Ivrogne, beau parleur. L. L.

Grosse culotte est encore en usage dans les ateliers de forgerons.

C'est une expression connue. Chez les compagnons forgerons depuis la création du compagnonnage, on l'applique à l'ouvrier le plus habile de la partie, à celui qui était appelé à finir les grosses pièces avant l'invention des marteaux pilons.

Deux d'entre eux furent célèbres, on s'en souvient encore dans les ateliers ; ils se nommaient Dany et Pierre Virmaitre, dit *Bourguignon*.

Grosse culotte est toujours un terme consacré (Argot des ouvriers). N.

GROSSES LÉGUMES : Gens millionnaires, magistrats élevés, généraux, etc.

Quand, sous la Commune, un voyou demandait à être nommé général, à entrer dans les *grosses légumes*, il donnait pour raison qu'une de plus ou de moins dans le tas ça ne paraîtrait pas (Argot du peuple). *N*.

GROSSES LÈVRES : La tinette.

Allusion aux rebords (Argot des voleurs). *N*.

GROTTE : Prison (Argot des voleurs). V. *Gerbe*.

GRUE : Fille publique, jolie mais bête à manger du foin.

De cette allusion est né un mauvais calembourg :

Les camelots crient : Demandez l'*Indicateur des grues de Paris* pour *rues* (Argot du peuple).

GUENILLON : Femme mal habillée.

Traîneuse des rues.

On dit aussi : vieille *guenipe* (Argot du peuple).

GUEULE EN CUL DE POULE : Individu mâle ou femelle qui en faisant la moue serre les lèvres (Argot du peuple).

GUEULE EN COUP DE SABRE : Bouche fendue jusqu'aux oreilles.

— Il peut manger la soupe avec une cuiller à pot (Argot du peuple).

GUEULE D'EMPEIGNE : Palais habitué aux liqueurs fortes. *L. L.*

Dans tous les ateliers de de France, *gueule d'empeigne* signifie bavard intarissable qui a le verbe haut, qui *gueule* constamment.

C'est un sobriquet généralement donné aux Parisiens qui font partie du compagnonnage (Argot du peuple). *N*.

GUETTE AU TROU : Sage-femme (Argot du peuple).

GUEUSARD : Rideau (Argot des voleurs). *N*.

GUEUX : Misérable.

Tout le monde connaît la chanson de Béranger :

Les gueux, les gueux
Sont des gens heureux,
Ils s'aident entre eux,
Vivent les gueux !

(Argot du peuple).

GUEUX : Coquin, canaille, gredin.

— Vous êtes un *gueux* d'avoir commis une aussi mauvaise action (Argot du peuple).

GUEUX : Petit vase en argile qui sert de chaufferette aux portières ou aux marchandes des halles.

C'est la chaufferette primitive.

Le *gueux* a donné naissance à une plaisanterie assez drôle.

A la foire de Saint-Romain, qui a lieu à Rouen tous les ans le 1er novembre, une marchande, pour utiliser son feu, fait cuire des harengs ; elle a son *gueux* sous ses jupons, un gamin lui crie :

— Hé ? la mère, tes harengs vont brûler.

— A pas peur, petit, j'ai l'*œil* dessus (Argot du peuple).

GUIBOLLES : Jambes (Argot du peuple). V. *Brancards*.

GUICHES : Les cheveux que les souteneurs ramènent sur les tempes.

On dit aussi *roufflaquettes* (Argot du peuple).

GUIGNE A GAUCHE : Se dit d'une personne qui louche.

Dans le peuple, on dit de celui qui est affligé d'une semblable infirmité, qu'il trempe la soupe et renverse les légumes dans les cendres, ou bien qu'il regarde en Bourgogne si la Champagne brûle (Argot du peuple). *N.*

GUINAL : Juif (Argot des voleurs). V. *Bout coupé*.

GUINCHE : Bal de barrière (Argot du peuple).

GUINCHER et non *Guinguer* : Danser, fréquenter la *guinche* (Argot du peuple).

GUITARE : Soufflet dont se servent les plombiers.

Allusion de forme (Argot du peuple).

H

HABIT A QUEUE DE MORUE : Habit de soirée.

Les pans ressemblent, en effet, à une *queue de morue* (Argot du peuple).

HABIT A QUEUE DE PIE : Même signification (Même argot).

HABILLÉ DE SOIE : Cochon ou sanglier.

Allusion à la peau dont les *soies* servent aux cordonniers pour préparer leur fil (Argot du peuple).

HARICOT VERT : Voleur en grande réputation dans le monde des prisons (Argot des voleurs).

HARPE : Barreau de prison.

Les voleurs disent plus communément d'un prisonnier qui s'ennuie :
— Il pince de la *guitare* à travers ses barreaux (Argot des voleurs).

HAUTOCHER : Monter à une certaine hauteur.
— J'ai *hautoché* jusqu'au sixième (Argot des voleurs).

HERBE A LA VACHE : L'as de trèfle (Argot du peuple).

HERBE SAINTE : L'absinthe (Argot du peuple).

HIBOU : Voleur solitaire qui ne travaille que la nuit (Argot des voleurs). V. *Attristé*.

HIRONDELLES : Les moustaches.

Les voleurs emploient généralement l'expression plus caractéristique d'*ombreuses* (Argot des voleurs.)

HIRONDELLES D'HIVER : Les ramoneurs et les marchands de marrons.

Quand les hirondelles partent pour un climat plus doux, on les voit arriver (Argot du peuple).

HIRONDELLES DE POTENCE : Les gendarmes (Argot des voleurs).

HIRONDELLES DU PONT-NEUF : Messieurs les *Giverneurs* viennent l'été coucher sous le pont ; ils y font fréquemment de bonnes ripailles avec les produits des vols de la journée (Argot du peuple).

HOMELETTE : Homme tout petit.

La ménagère n'a pas mis la quantité d'œufs nécessaire (Argot du peuple). *N.*

HOSTO : Prison (Argot des voleurs).

HOTEL DES QUATRE COLONNES (L') : Salle commune du Dépôt de la préfecture de police où sont enfermés les prévenus, voleurs, souteneurs et vagabonds.

La raison de ce nom est que quatre colonnes supportent les voûtes de cette salle (Argot des voleurs). *N.*

HUGREMENT : Beaucoup.

Corruption de l'expression *bougrement*, qui signifie beaucoup (Argot du peuple).

HUMILIÉ (L') : Le dos.

On dit d'un homme qui s'*humilie* : il baisse le dos (Argot des voleurs). *N.*

HURE : La tête (Argot du peuple). V. *Tronche*.

HUS-MUS : Grand merci (Argot des voleurs).

HUSSARDS DE LA VEUVE : Les gendarmes ou la garde républicaine qui entourent l'échafaud les matins où l'on exécute un condamné à mort (Argot des voleurs).

I

ICIGO : Ici.

On dit aussi *icicaille*.

Icicaille est un vieux mot français ; on le trouve en effet dans une édition du *Jargon*, imprimée à Troyes, de 1686 à 1711.

Icicaille est le théâtre
Du petit *Dardant*.

On avait attribué cet opuscule à Cartouche, le célèbre voleur, mais M. Marcel Schwob détruit cette légende.

Il faut croire que les voleurs ont le respect de la tradition, puisque le mot *icicaille* est encore en usage (Argot des voleurs).

IL PLEUT : Quand un étranger pénètre dans un atelier de compositeurs-typographes, les ouvriers crient : *il pleut* pour avertir.

Il pleut veut dire : silence.

Ce mot est en usage chez les forains ; quand un pitre allonge par trop son boniment, le patron lui dit :

— *Ecoute s'il pleut* (silence).

Il pleut est également un terme ironique, une façon de répondre négativement à une demande :

Prête-moi cent sous.

— *Il pleut*.

(Argot du peuple). *N*.

IMPAIR : Commettre un *impair* : se *couper* dans un

interrogatoire et dire ce qu'il ne faudrait pas.

Faire un *impair* à quelqu'un, c'est lui manquer de respect.

Impair : commettre une faute, se tromper dans l'appréciation de la valeur d'une affaire.

Aller un peu trop de l'avant, c'est commettre un *impair* (Argot du peuple). N.

INCONOBRÉ : Inconnu ou étranger.

On dit aussi : *inconnu au bataillon* (Argot des voleurs).

INSÉPARABLE : Cigare à sept centimes et demi.

Petites perruches.

Femmes qui s'aiment (Argot du peuple). V. *Accouplée*.

INSINUANT : Pharmacien.

Malgré l'invention du docteur Éguisier, qui permet avec le petit appareil que l'on sait, d'opérer seul, le mot *insinuant* est resté pour caractériser le pharmacien, descendant de l'apothicaire *Flutencul*, qui *insinuait* la canule de la seringue dans le derrière du malade (Argot du peuple).

INSOUMISE : Fille en carte qui s'affranchit volontairement de la visite sanitaire imposée par le règlement.

Les *insoumises* sont très nombreuses à Paris et forment la majeure partie du personnel de la prostitution (Argot des filles). N.

INSPECTER LES PAVÉS : Fille qui raccroche à la *flan* (au hasard).

Elle espère voir surgir des clients (Argot des filles). N.

INSPIRÉ : Le front (Argot des voleurs). N.

INTERMITTENTE : Femme qui fréquente par intervalle irrégulier, suivant les besoins de son ménage, les maisons de rendez-vous ; elle est toujours servie comme *nouvelle* aux étrangers (Argot des filles). N.

ISOLÉE : Fille publique qui travaille seule dans les rues, loin de son quartier, et qui n'a pas de souteneur.

L'*isolée* fait les bureaux d'omnibus, les jardins publics, les églises et les cimetières. (Argot des filles). N.

ITALO : Abréviation d'Italien (Argot du peuple).

INVALO : Invalide.

Il est à remarquer que

l'argot moderne a une tendance à transformer la finale de la plupart des expressions : sergent, *sergot*; mendiant, *mendigot*; Saint-Lazare, *Saint-Lago*, etc.

Ce procédé est des plus simples ; il suffit de couper le mot et d'y ajouter le suffixe *o* : invalide, *invalo* (Argot du peuple). *N*.

J

JABOT : La gorge.

Allusion au jabot du dindon.

Dans l'argot des voleurs, on dit aussi *étal*, sans doute par analogie avec l'*étal* du boucher, sur lequel il passe toutes sortes de viandes (Argot des voleurs). *N.*

JABOT (S'arroser le) : Boire.

— Toute la *tine* s'arrose le *jabot* (Argot des voleurs). *N.*

JACQUES : Sou (Argot du peuple). V. *Fricadier*.

Jacques : mollets (Argot du peuple). V. *Jacquots*.

JACQUELINE : Grisette.

— J'ai été promener ma petite *jacqueline* (Argot du peuple). *N.*

JACQUOT : Niais, bavard importun. *A. D.*

Jacquot : mollet (Argot du peuple). *N.*

JACOBIN : Pince à l'usage des cambrioleurs (Argot des voleurs). V. *Monseigneur*. *N.*

JACTE : Crie (Argot des voleurs).

JACTER : Parler, crier.

Si quelque *pante*
Se glisse et entre
Et se permet
Chez nous de faire du *pet*
On l'*saigne*, on l'*frotte*,
Et c'est fini par là.

S'il se *cavale* et *jacte* dans la rue
Pour ameuter tous les daims contre nous.

dit une des plus vieilles chansons d'argot connue.

Jacter vient sûrement de *jactare* (Argot des voleurs).

JAFFLES ou JAFFES : Les joues.

En Normandie, on dit *jaffe* pour *soufflet* (Argot du peuple).

JAMBES EN L'AIR : Potence. A. D.

Il est vrai que le *pendu* a les *jambes* en l'air ; mais le peuple ne donne pas du tout le même sens à cette expression quand il dit : *faire une partie de jambes en l'air.*

Généralement cette *partie* se joue sans témoins.

Ce jeu est connu chez tous les peuples (Argot du peuple). *N.*

JAMBES EN MANCHE DE VESTE : Individu mal bâti, tordu, qui festonne en marchant (Argot du peuple). *N.*

JAMBES DE LAINE : Individu peu solide sur ses jambes.

Quand un homme sort de l'hôpital, il a généralement des *jambes* de laine : il flageole.

Autrefois on disait, pour exprimer la même image : *jambes de coton* (Argot du peuple). *N.*

JAMBONNEAU : Les cuisses (Argot du peuple). V. *Boudinots.*

JARDINER : Médire de quelqu'un, fouiller dans sa vie, comme le *jardinier* fouille dans la terre pour en mettre à jour les coins les plus secrets.

Jardiner est synonyme de *bêcher* (Argot du peuple). *N.*

JARDINIER : Nom donné au complice des voleurs *à l'américaine* (Argot des voleurs).

JARNAFFLE ou JARNAFFE : Jarretière (Argot des voleurs).

JASANTE : Prière.

— Y me fait suer le *ratichon* avec sa *jasante* en *latimpem* (Argot des voleurs).

JASPINER : Signe convenu d'aboyer sur la voie publique pendant que des complices dévalisent les poches des badauds (Argot des voleurs).

JAVARD : Lin que les paysans mettent en *javelles* avant le *rouissage* (Argot des voleurs). N.

J'MENFOUTISTE : Gens qui se foutent de tout et de tous.

Cette catégorie devient chaque jour de plus en plus nombreuse.

— Que pensez-vous de la politique?

— *J'm'en fous.*

— Votre femme vous trompe.

— *J'm'en fous* (Argot du peuple). N.

JE ME LA BRISE : Je m'en vais.

Quand un individu vous ennuie, dans le peuple on lui dit sans façon :

— Tu peux te la *briser*, il y aura moins de perte qu'une pièce de vin (Argot du peuple). N.

J'EN AI MON PIED : J'en ai assez.

J'en ai soupé signifie la même chose.

J'ai soupé de ta fiole, de même.

Donne-moi mon pied veut dire : Donnez-moi ma *part*.

Ça fait le *pied*, synonyme de ça fait le *joint* (l'affaire) (Argot des voleurs). N.

JÉSUITE : Dindon.

Ce sont les *jésuites* qui, en 1570, ont introduit le dindon en France; mais tous ceux qui ont été leurs victimes ne pensent pas comme les voleurs (Argot des voleurs).

JÉSUS : Jeune homme à l'aspect efféminé, frisé, parfumé, qui sert d'appât pour attirer les individus à passions honteuses.

Souvent il travaille réellement pour son compte (Argot des voleurs).

JETER SON BONNET PAR DESSUS LES MOULINS : Traîner sa fleur d'oranger dans les ruisseaux (Argot du peuple).

JETER UN FROID : Au milieu d'une soirée joyeuse, raconter une histoire macabre.

L'invité au maître de la maison :

— Quelle est donc cette horrible femme, laide, vieille, sèche et revêche qui fait tapisserie.

— C'est ma sœur.

Voilà qui s'appelle *jeter un froid* (Argot du peuple).

JEUNE HOMME (Avoir son) : Être ivre (Argot du peuple).

JEUNE HOMME (Suivez-moi) : Rubans que les femmes

laissent pendre sur leur dos (Argot du peuple). N.

JONC : Or (Argot des voleurs).

JONCS : Lit des prisonniers.
Allusion à la dureté de la paille des matelas (Argot des voleurs). V. *Plumes de beauce.*

JONQUILLE : Cocu.
Allusion à la couleur jaune qui est l'emblème des prédestinés (Argot du peuple).

JORNE : Le jour (Argot des voleurs). N.

JOSEPH : Homme trop chaste. A. D.
Joseph, dans le peuple, est le patron des *cocus*.
On ne dit pas : tu fais ton *Joseph*, mais bien : tu es un *Joseph*, à celui qui a assez de *cornes* sur la tête pour alimenter de manches une fabrique de couteaux (Argot du peuple). N.

JOSÉPHINE : Mijaurée, bégueule. A. D.
Joséphine est le nom donné à la tête de carton sur laquelle les modistes essayent l'effet des chapeaux avant de les ajuster sur la tête de la cliente (Argot du peuple). N.

JOUER A LA MAIN CHAUDE : Être guillotiné.
Cette expression n'est plus juste, car, comme autrefois, le condamné ne s'agenouille plus pour recevoir le coup fatal, il est couché sur la planche.
On dit : *Il fait la planche* (Argot des voleurs). N.

JOUER UN AIR DE VIOLON : Prisonnier qui scie les barreaux de sa cellule pour s'évader (Argot des voleurs).

JOUER UN PIED DE COCHON : Jouer un bon tour à quelqu'un ; s'en aller, le laisser en plan au moment de payer son écot, sachant qu'il est sans le sou (Argot du peuple). N.

JOUR DE LA SAINT-JEAN-BAPTISTE (Le) : Le jour de l'exécution d'un condamné.
A la prison de la Roquette, le jour d'une exécution, les prisonniers ne descendent pas à l'atelier à l'heure réglementaire, ils savent ce que cela veut dire : c'est le *jour de la Saint-Jean-Baptiste* : on décolle un copain (Argot des voleurs).

JOURNAILLE : La journée.
On dit d'un paresseux qu'il trouve la *journaille*

9.

plus longue que la queue au pain (Argot du peuple).

JOURNALISTES A RICHER : Les vidangeurs.

Cette expression vient d'un mauvais calembour.

Les journalistes publient souvent des *fausses nouvelles*.

Les vidangeurs recherchent les *fosses nouvelles* (Argot du peuple). *N.*

JUDÉE : La préfecture de police.

Ce mot n'est plus en circulation depuis la démolition de la rue de *Jérusalem* (Argot des voleurs).

JUGE DE PAIX : Le lit.

Dans le peuple, on trouve qu'après une dispute et même une bataille, le lit est un instrument de raccomodement.

Cette expression vient d'une enseigne d'un marchand de meubles établi boulevard de Belleville.

L'enseigne figurait un lit complet, et sur l'oreiller placé au milieu, il y avait cette inscription :

Au Juge de Paix
(Argot du peuple). *N.*

JUGE DE PAIX : Un cornet contenant trois dés, la partie qui se nomme *zanzibar* se joue sur le comptoir du marchand de vins.

Ce jeu est ainsi appelé parce qu'il met les joueurs d'accord (Argot du peuple). *N.*

JUGEOTTE (En avoir) :

Bien *juger* les choses, avoir un *jugement* sain (Argot du peuple).

JULES : Pot de chambre (Argot du peuple). V. *Goguenot*.

JUS DE CHAPEAU : Mauvais café, celui que les femmes vendent le matin au coin des rues, aux ouvriers qui se rendent à leur travail.

Quand il pleut sur un *chapeau*, le *jus* a exactement la couleur de ce café (Argot du peuple).

JUTEUX : Il a du *jus*, il est *rupin*.

Une affaire est *juteuse*, quand elle donne beaucoup de bénéfices.

Tomber à l'eau, c'est tomber dans le *jus*.

Boire du vin, licher un coup de *jus*.

Faire du *jus*, faire de l'embarras (Argot du peuple). *N.*

K

KANGUROO (Le vol au) :

Ce vol consiste à engloutir les dentelles ou les coupons volés aux étalages dans une vaste poche dissimulée sous la robe (Argot des voleurs).

KILO : Litre (Argot du peuple). *N.*

KLÉBER : Manger.

Ce mot vient du russe *kleb* (manger).

Nos soldats l'ont rapporté de la guerre de Crimée, et il est resté en usage dans le peuple (Argot du peuple).

L

LAC (Être dans le) : Être pendu. *L. L.*

Être dans le lac, c'est ne plus rien avoir à espérer, être aussi bas que possible.

Lac, ici, est synonyme de *lacet*, être *enlacé*, pris par la misère, *enserré* dans les filets d'une femme ou d'un usurier, comme le pauvre oiseau dans le *lac* du braconnier (Argot du peuple). *N.*

LACETS : Menottes.

Le gendarme ou l'agent sont des marchands de *passe-lacets* (Argot des voleurs). V. *Alliances*.

LACHARD : Diamant de vitrier (Argot des voleurs. *N.*

LACHER LA BONDE : Se comprend de deux manières.

Lâcher la bonde : faire ses besoins.

Lâcher la bonde à son tempérament : donner cours à sa violence, à son mauvais caractère.

Dans les ateliers, quand le *contre-coup* gueule trop fort, on dit : Gare, il a *lâché sa bonde* (Argot du peuple). *N.*

LACHEZ-MOI D'UN CRAN : Allez-vous en.

Compliment peu flatteur fait habituellement aux gens qui vous importunent.

On *lâche* sa ceinture *d'un cran* quand on a trop mangé.

On la *serre d'un cran*

quand on a faim.

On *lâche* sa femme ou sa maîtresse *d'un cran* quand elle est par trop embêtante.

Mourir, c'est *lâcher* la vie *d'un cran*.

Quand un homme est maussade en société, on lui dit :

— Allons, *lâchez-vous d'un cran*, déboutonnez-vous.

Ce à quoi un farceur répond : — Ah ! non, il y a des dames.

On dit aussi : *remonter d'un cran* dans l'estime du monde (Argot du peuple). *N*.

LACHER LES ÉCLUSES : Pisser.

L'allusion est juste, malgré que cela ne fasse pas monter la Seine.

On dit aussi : mon pantalon ne tient pas l'eau (Argot du peuple). *N*.

LACHER LA RAMPE : Mourir (Argot des serruriers).

LACHER SON GAZ : Éternuer bruyamment par en bas.

Quand cela arrive à quelqu'un dans la rue, les gamins lui disent :

— Dieu vous bénisse ! (Argot du peuple). *N*.

LACHER UNE TUBÉREUSE : Pet foireux qui répand une odeur qui ne rappelle pas précisément la rose (Argot du peuple).

LACHER UNE SOURNOISE : Vesser en sourdine.

Pet avorté (Argot du peuple).

LACHETON : Diamant de vitrier (Argot du peuple). V. *Lachard*.

LAFFE : Soupe.

On dit aussi : *mouise, tambouille*.

Les maçons disent *mortier*, parce qu'ils empilent du pain dans le bol tant qu'il en peut tenir, ce qui forme une pâtée épaisse qui ressemble à du *mortier* (Argot du peuple). *N*.

LAISSEZ PISSER LE MÉRINOS : Ne vous tourmentez pas, laissez marcher les choses, elles vont bien.

Autrefois on disait : *Laissez pisser le mouton*, ce qui est absolument la même chose (Argot du peuple)

LAISSER TOMBER UNE PERLE : Ces *perles*-là ne pourraient guère se mettre aux oreilles des dames car elles n'ont pas le parfum de celles de la gazelle (Argot du peuple). V. *Pousser sa moulure*.

LAIT A BRODER : Encre.

Dans les prisons, quand le *lazagneur* écrit une lettre pour un camarade, il dit qu'il se sert du *lait à brodancher* pour attendrir celui à qui on écrit.

Brodancher pour *broder*.

Encre est ici une figure, car souvent c'est le *lait* qui en sert.

Dans les prisons on sait que toutes les lettres des détenus adressées à des parents ou à des amis passent par le greffe.

Le greffier ou le directeur lit la lettre et si elle ne contient rien de contraire au règlement il la vise par ce signe : *V*.

Le plus grand souci des prisonniers est d'éviter cette formalité gênante surtout si la lettre est adressée à un complice.

Alors ils emploient le *lait* pour écrire entre les lignes écrites à l'*encre*.

Pour cela il faut du *lait* écrémé et du papier non glacé, parce que l'écriture serait grasse, brillante et la supercherie serait apparente.

Pour faire apparaître l'écriture il suffit de frapper fortement la lettre avec un chausson plein de poussière ; la poussière s'attache aux caractères qui deviennent lisibles.

Autrefois dans les prisons on se servait d'oignons, mais le truc fut découvert, on n'en vend plus dans les cantines, tandis que l'on y trouve du *lait* (Argot des voleurs). *N*.

LAMPISTRON : Lanterne.

Vient de *lampiste*, c'est le mot déformé (Argot des voleurs). V. *Brulotte*. *N*.

LANCE : Eau, pluie.

— Il tombe de la *lance* à ne pas mettre un chien dehors.

Le peuple a emprunté ce mot à l'argot des voleurs.

LANCIER DU PRÉFET : Balayeur.

Allusion au long manche du balai qui ressemble à celui de la lance des lanciers (Argot du peuple).

LANGUE DE CHAT : Petit morceau de savon très mince, en forme de *langue de chat*, que les vagabonds portent constamment dans leur poche.

On nomme aussi *langue de chat*, une sorte de petit gâteau sec que l'on mange en buvant du thé (Argot du peuple). *N*.

LANSQUAILLER : Faire ses besoins.

Je viens de mettre dans un trou rond
Ce qu'un jour avec impudence
Le ministre Thiers sur un balcon
Fit voir aux citoyens de France.

Ce quatrain est de Gérard de Nerval (Argot des voleurs).

LANSQUINE : Eau, pluie (Argot du peuple). V. *Lance*.

LANSQUINER : Pleuvoir.

— Il *lansquine* à torrent.

Lansquiner des chasses : Pleurer.

La pluie tombe des yeux (Argot du peuple).

LANSQUINEUR : Petit mendiant qui fait semblant de pleurer à chaudes larmes sur la voie publique pour attendrir les passants (Argot du peuple).

LANTERNER : Faire une chose mollement, accomplir un travail à regret : *lanterner* pour l'achever.

Lanterner : synonyme de *muser* (abréviation de s'*amuser*). Marcher comme un chien qu'on fouette (Argot du peuple).

LANDIER : Employé de l'octroi.

Autrefois, lorsque la foire du *landit* battait son plein, toutes les marchandises devaient payer un droit fixe, des employés étaient préposés pour le percevoir ; les fraudeurs nombreux les nommaient les *landiers*.

Dans le peuple, on dit des *gabelous*, en souvenir de la *gabelle* (Argot du peuple).

LANDIÈRE : Boutique de marchand forain.

Ce mot est également un souvenir de la célèbre foire du *landit* où les escholiers de la rue du Fouarre allaient en procession s'approvisionner de papier.

Une chronique du temps dit que la tête de la colonne était à la Plaine-Saint-Denis, alors que la queue était encore sur le parvis Notre-Dame (Argot des forains).

LANTIPONNER : Synonyme de *rasoir* et de *bassinant*.

Généralement, les concierges passent leur temps à *lantiponner*, c'est-à-dire à bavarder (Argot du peuple).

LAPIN (En poser un) : Promettre cinq louis à une fille, ne pas les lui donner et lui faire son mouchoir.

Faire attendre quelqu'un dans la rue par dix degrés de froid (Argot des filles). *N*.

LAPIN FERRÉ : Gendarme à cheval (Argot des voleurs).

LAPIN (Un rude) : Homme fort, un risque tout, en tout et en toutes choses.

Dans le peuple, une femme dit :

— Mon homme est un rude *lapin* (Argot du peuple). *N.*

LAPIN DE COLLIDOR : Domestique.

Quand une femme vient aux halles accompagnée d'un *larbin*, les marchandes, en remettant les achats au domestique pour les porter à la voiture, lui disent :

— Tiens, mon vieux *lapin de collidor* (Argot du peuple). *N.*

LAPINEUR : Genre de vol accompli par le conducteur d'omnibus qui *oublie* de sonner les voyageurs.

Lapineur vient sans doute du nom du voyageur, qu'on désignait jadis sous le nom de *lapin* (Argot des voleurs).

LARBIN : Domestique (Argot du peuple).

LARBINIER : Complice qui se déguise en domestique pendant que le *cambrioleur* opère.

C'est le *larbinier* qui va préalablement en reconnaissance pour préparer le vol (Argot des voleurs).

LARD (Vieux) : Terme de mépris employé pour qualifier les vieilles rouleuses.

Superlatif : *Vieux lard rance* (Argot du peuple). *N.*

LARDON : Enfant.

Diminutif de *lard*.

Dans le peuple, pour la *chair* de l'homme ou de la femme, on dit : le *lard*; comme l'*enfant* est le produit des deux sexes, de là, *lardon*.

Quand quelqu'un, dans une conversation, vous *pique* à chaque moment, on dit :

— As-tu bientôt fini de me *larder*?

Allusion au veau que le charcutier *pique* de *lardons* (Argot du peuple). *N.*

LARGUE : Femme publique.

Les voleurs disent *larguepé* par une adjonction de finale.

M. Marcel Schwob dit que *largue* s'explique par *marque* (Villon. *J. de l'arg.*), qu'on a eu *lasquemé*, puis que la finale *mé* est tombée; de là *largue*.

Halbert d'Angers donne *largue* ou *lasque*.

C'est *largue* qui a subsisté (Argot des voleurs).

LARMON : Etain (Argot des voleurs). *N.*

LARTIF ou **LARTILLE** : Pain (Argot des voleurs). V. *Bricheton.*

LARTON : Pain (Argot des voleurs). V. *Bricheton.*

LARTONNIER : Voleur qui a pour spécialité de dévaliser les boutiques de boulangers.

Lartonnier est impropre ; on devrait dire *lartonneur* (Argot des voleurs). *N.*

LASQUÉ : Vingt centimes (Argot des voleurs). *N.*

LA SEMAINE DES QUATRE JEUDIS : On dit d'une personne sale et crasseuse qu'elle se débarbouille *la semaine des quatre jeudis,* c'est-à-dire jamais.

Un paresseux ne travaille jamais que cette semaine-là.

— Quand allez-vous me payer mon terme ? demande un propriétaire à son locataire.

— *La semaine des quatre jeudis.*

Cette expression est synonyme de remettre aux *calendes grecques* (Argot du peuple). *N.*

LA TABLE EST MISE : Les enfants du peuple portent des pantalons fendus par derrière, on en comprend la raison.

Quand le moutard a fait ses besoins, il oublie de rentrer sa chemise ; il en passe toujours un lambeau, souvent taché de *moutarde* ; les gamins lui crient :
— *La table est mise.*

Allusion à la *nappe* (Argot du peuple). *N.*

LATIF : Linge blanc (Argot des voleurs).

LAUMIR : Perdre.

— Il a *laumi* son *pognon* (Argot des voleurs).

LAVER : Vendre ses *frusques.*

On dit aussi *nettoyer son complet* (Argot du peuple).

LAVER LA VAISSELLE : V. *Descendre à la crémerie.*

LAVER SON LINGE (Avoir) : Le condamné qui a subi sa peine a *lavé son linge.*

Il sort de prison *blanc comme neige* (Argot des voleurs).

LAVER SON LINGE SALE EN FAMILLE : Se disputer dans son intérieur, se faire des reproches sanglants (Argot du peuple). *N.*

LAVEUR : Complice qui vend

aux recéleurs les effets volés (Argot des voleurs).

LAVETTE : Langue.

Dans le peuple, cette expresssion veut dire *mou*. On dit aussi : *Mou comme une chiffe*, apocope de *chiffon rouge*, langue (Argot des voleurs). N.

LAVOIR : Confessionnal.

Mot à mot, on y lave sa conscience (Argot des voleurs). V. *Planche à lavement*.

LAZAGNE : Lettre (Argot des voleurs).

LAZAGNEUR : Prisonnier qui écrit pour ses camarades de prison (Argot des voleurs).

LAZZI-LOFF : M. Prudhomme tient son fils par la main, un collégien de quinze ans, rue Notre-Dame-de-Lorette ; il hèle l'omnibus Batignolles-Clichy-Odéon :

— Conducteur, vous passez rue de Tournon, devant chez Ricord ?

— Oui, Monsieur.

Alors, poussant son fils dans la voiture :

— Montez, petit cochon ! (Argot du peuple). V. *Chaude-lance*.

LE 36 DU MOIS : Réponse à un créancier qui demande :

— Quand me paierez-vous ? (Argot du peuple). N.

LÉCHARD : Jeune homme (Argot des voleurs). N.

LÈCHE-CUL (V. *Fleure-fesse*.

LÉCHER : Peindre un tableau avec un soin méticuleux.

Dans les ateliers, on dit d'un peintre *lécheur* qu'il fait de la peinture de demoiselle (Argot des artistes peintres). N.

LECTURE (Être en) : Femme occupée sur sa chaise longue (Argot des filles). N.

LÉDÉ : Dix centimes (Argot des voleurs). N.

LÈGRE : Foire, marché (Argot des voleurs). V. *Légreur*.

LEGRER : Lever, tromper (Argot des voleurs). N.

LÉGREUR (Le) : Est un forain qui tient un jeu dans les foires et qui annonce, pour allécher le public, des lots imaginaires (Argot des voleurs). N.

LÉON : Le président de la cour d'assises.

— Quelle *tapette*, le *léon* de la *planche à pain*.

Léon, dans le peuple, est

employé à tout propos : —
— Vas y *Léon*, tape dessus.
(Argot du peuple).

LENTILLE : Punaise (Argot des voleurs). *N.*

LESBONDE : V. *Accouplée.*

LES ROUTES SONT SURES ICI, ON NE VERSE PAS SOUVENT : Exclamation d'un ivrogne dans une maison où l'on verse à boire avec parcimonie (Argot du peuple). *N.*

LES TOILES SE TOUCHENT : Cette expression signifie ne pas avoir d'argent : les *toiles* des poches se touchent (Argot du peuple). *N.*

LES VINGT-HUIT JOURS : Quand les réservistes partent, ils emportent généralement dans un mouchoir quelques menus objets de toilette.
Quand les agents arrêtent un individu, on le conduit au poste de police où on le fouille très minutieusement; les objets qu'il possède sont enveloppés dans un mouchoir. Quand le lendemain, à 9 heures du matin, on le conduit au bureau du commissaire de police, l'agent qui le tient porte le petit paquet; comme généralement ils sont huit ou dix à la file, quand ils passent, le peuple dit par allusion : Tiens ! *les vingt-huit jours!* (Argot du peuple). *N.*

LESSIVANT : Avocat d'office (Argot des voleurs).

LESSIVEUR : Avocat.
Il y a souvent des clients qui en ont besoin d'une rude de *lessive* pour blanchir leur conscience. V. *Blanchisseur.*

LESSIVEUR DE PÉTROUSQUIN : Voleur qui dévalise les paysans. Mot à mot : Il les *lessive* (Argot des voleurs).

LEVAGE AU CRACHOIR (Un) :
Lever une femme par une faconde intarissable, l'éblouir par un luxe de paroles, pour l'empêcher de songer à la *galette* (Argot du peuple).

LEVANQUÉ : Deux francs (Argot des voleurs). *N.*

LÈVE-PIEDS : V. *Montante.*

LEVER : *Lever une affaire*, la prendre à un autre.
Lever un homme au café ou sur une promenade publique.
— A quelle heure vous *levez*-vous ?

— Quand on me couche. (Argot des filles).

LEVER LA LETTRE : Prendre les lettres dans la casse pour aligner les mots dans le composteur et former les phrases (Argot d'imprimerie).

LEVER LE CUL DEVANT (S'être) : Être de mauvaise humeur.
On dit aussi : il est de mauvais poil (Argot du peuple).

LEVER LE PIED : V. *Mettre la clé sous la porte*.

LICHANCE : Repas épatant où les convives repus roulent sous la table.
— A la noce de mon cousin Bo-bosse, il y a eu une si *bath lichance*, que j'en ai *boulotté* pour quinze jours (Argot du peuple).

LICHE-FRITE : Pommes de terre frites (Argot du peuple).

LIGNARD : V. *Fantaboche*.

LIGOTTANTE : La corde (Argot des voleurs).

LIGOTTER : Attacher les mains.
Quand le prisonnier est trop récalcitrant, on le ficèle comme un saucisson (Argot du peuple).

LIMACE : V. *Rodeuse*.

LIMACE : Chemise (Argot du peuple).

LIMANDE : Plate comme une *limande*.
— Prends garde, ta *limande* va te couper dans le *pieu*.
On dit également d'une femme qui a la *figure en lame de couteau* :
— Elle a une gueule de *limande*.
Quand elle grimace :
— Elle a une gueule de raie (Argot du peuple). V. *Sac à os*.

LIME : Diminutif de *limace* (Argot des souteneurs).

LIMER : Fait qui se produit après trente ans de mariage (Argot du peuple).

LIMONADE : Eau.
Tomber dans la *limonade*, ce n'est pas « se laisser choir dans l'eau », comme le dit A. Delvau, c'est tomber dans la misère : — Il est tombé dans la *limonade*.
Il existe à ce sujet une chanson :
Ah ! il est tombé dans la | *limonade*
(Argot du peuple). N.

LIMOUSINIER : Voleur de tuyaux de plomb dans les maisons en construction.

Il se nomme également voleur de *gras double*, parce que les feuilles de plomb ou de zinc roulées ressemblent aux rouleaux de tripes que l'on voit à l'étalage des tripiers (Argot du peuple).

LINCÉ : Vingt-cinq centimes (Argot des voleurs).

LINGE LAVÉ (Avoir son) : Les voleurs en prison comme les troupiers, n'ont plus à s'occuper de la blanchisseuse (Argot des voleurs).

LINGOT : Forain qui met de la porcelaine ou de la verrerie en loterie.

La roue qui tourne pour indiquer le numéro gagnant se nomme un *lingot* (Argot des forains). N.

LINGRE : Couteau.

Quelques auteurs disent *lingue*, c'est une erreur, *lingre* est une corruption de *Langres*, ville renommée pour la fabrication de ses couteaux (Argot des voleurs).

LINGREUR : Assassin qui tue à l'aide d'un couteau (Argot des voleurs).

LINSPRE ou L'INSAPRÉ : C'est plutôt cette dernière expression qui est la vraie, car elle signifie *inspecteur* et non *prince* (Argot des bouchers).

LINVÉ : Un franc (Argot des voleurs). N.

LIQUETTE : V. *Limace*.

LIQUIDE DE BACCHUS : Vin (Argot du peuple).

LIQUIDE DE CANARD : Eau (Argot du peuple). V. *Lance*.

LIRE AUX ASTRES : Synonyme de *bailler à la lune*, mettre trois heures pour faire une course de cinq minutes (Argot du peuple). V. *Gobe-mouches*.

LISDRÉ : V. *Fricadier*.

LITARGE : V. *Lance*.

LIVRAISON DE BOIS DEVANT LA PORTE : V. *Capitonnée*.

LOCANDIER : V. *Bonjourier*.

LOCANDIER : Variété de voleur au bonjour (Argot des voleurs). V. *Bonjourier*.

LOCHE : Oreilles (Argot des voleurs). V. *Esgourdes*.

LOCHE : Paresseux, fainéant. Allusion à la *loche* qui se traine péniblement.

On dit également : Paresseux comme un *loir*.

Le *loir* dort au soleil (Argot du peuple). N.

LOCHER : Branler, tomber.

— Tu *branles* dans le manche, tu vas être renvoyé de ta place.

Ce à quoi les farceurs répondent :

— Tout ce qui *branle* ne *tombe* pas (Argot du peuple). N.

LOGER RUE DU CROISSANT : Si tous les maris cocus devaient rester rue du Croissant, il faudrait prolonger cette rue jusqu'à Vincennes (Argot du peuple). V. *Joseph*. N.

LOITÉ : Quinze centimes (Argot des voleurs). N.

LONG DU MUR (Le) : Les murs sont blancs; quand on s'y frotte, on blanchit ses effets.

Allusion à une bonne qui, avant d'entrer en place, demande ce qu'elle gagnera :

— Nourrie, vingt francs par mois, un jour de sortie.

— Et blanchie ?

— Le *long des murs* (Argot du peuple). N.

LONGE : V. *Berge*.

LOPHEUR : Fabricant de faux papiers (Argot des voleurs).

LOQUES : Vieux vêtements usés jusqu'à la corde.

Cette expression s'applique également aux vieux morceaux de ferrailles qui servent d'enjeu aux enfants (Argot du peuple).

LORCEFÉ DES PONIFFES : Prison de Saint-Lazare (Argot des filles).

LORGNE : Borgne.

On dit aussi : *lorgnebé*. Le *borgne* ne *lorgne* que d'un œil.

On dit aussi : Il ne peut voir que d'*un bon œil* (Argot du peuple).

LOUCHONNE : La cuillère (Argot des voleurs). N.

LOUF : Abréviation de *loufoque* (Argot du peuple).

LOUFIARDER : Vesser sourdement (Argot du peuple). N.

LOUFOQUE : Fou (Argot des bouchers).

LOUP : V. *Contre-coup*.

LOUPEUR : Mauvais ouvrier qui flâne, qui tue le temps en *loupant* pour attendre l'heure de la sortie et qui a plus souvent les yeux fixés sur la pendule que sur son ouvrage.

En 1848, un marchand de vins, boulevard de Belleville, avait pris pour enseigne : *Au camp de la loupe*, tenu par *Feignant* (Argot du peuple).

LOUPEUR : Désigne le voleur qui, à la tombée de la nuit, vole des diamants chez les bijoutiers au moyen d'une *loupe* à deux branches (Argot des voleurs).

LOUP-CERVIER : Alors que les *boursiers* se réunissaient devant Tortoni, on les nommait ainsi.

Aujourd'hui, l'expression n'est plus en vogue, mais le *boursier* est toujours synonyme de *loup-cervier* (Argot des boursiers).

LOUPIOT : Enfant (Argot du peuple).

LOURDIER (Le) : V. *Pessigner les lourdes*.

LUISANT : Le jour (Argot des voleurs). *N*.

LUISARD : V. *Bourguignon*.

LUMIGNON : V. *Bourguignon*.

LUNE (La faire voir) : Montrer son cul :

Quand j'étais petit je n'étais
　　　　　　　　| pas grand
Je montrais mon cul à tous les
　　　　　　　　| passants.

Allusion à la rondeur; facile à comprendre (Argot du peuple).

LUQUEUR : Voleur qui escroque les gens à l'aide de faux papiers (Argot des voleurs).

LUSQUINEUR : Voleur qui s'habille en charbonnier pour dévaliser les haquets des véritables charbonniers. C'est une variété du *roulottier* (Argot des voleurs).

LUSQUIN : Charbon (Argot des voleurs).

LUSTRE : V. *Palpeurs*.

M

MAC : Diminutif de maquereau.

Quelques-uns écrivent *mec*, d'autres *mecque*.

C'est *mac* qui est le vrai mot (Argot des souteneurs).

MACADAM : Accoster les hommes. *L. L.*

On voit d'ici les filles faire le *macadam* qui est la chaussée des boulevards, pour raccrocher sans doute les omnibus, les fiacres et les becs de gaz.

Macadam est le nom donné à un vin blanc épais, venant soi-disant de Montbazillac, qui est vendu par les mastroquets au moment des vendanges (Argot du peuple). *N.*

MACARONER : Vient de *macaron*.

Macaron dans le peuple veut dire *huissier* ; dans l'argot des voleurs, il veut dire *traître*.

Il est vrai qu'il n'y a pas grande différence entre les deux.

Un voleur est traître en *dénonçant* ses complices ; un huissier est traître vis-à-vis des malheureux (Argot des voleurs). *N.*

MACÉDOINE : Combustible. *L. L.*

Macédoine est une salade composée de toutes sortes de légumes ; on la nomme *salade russe*.

Macédoine est également synonyme d'*arlequin* (Argot du peuple). *N.*

MACHER LES MOTS (Ne pas) : Dire carrément à quelqu'un ce que l'on pense.

Parler grossièrement ; ainsi, dans le peuple, quand on dit *merde* à quelqu'un, on répond : *mâche* (Argot du peuple). *N.*

MACROTIN : Petit maquereau d'occasion qui glane par-ci par-là quelques sous, en attendant qu'il soit assez fort pour avoir une *marmite* à lui seul.

Le petit *macrotin* commence généralement à être *raton* et *pégriot* (Argot des souteneurs). *N.*

MACCHABÉE : Cadavre.

Se dit plus particulièrement d'un noyé que les mariniers retirent de l'eau.

Les croque-morts disent aussi du mort qu'ils vont enlever :

— Emballons vivement le *macchabée*, il *fouette* à en crever (Argot du peuple). V. *Bouffi.*

MADAME LA RESSOURCE : La marchande à la toilette, la brocanteuse, le mont-de-piété (ma tante), tous ces rougeurs sont *madame la Ressource* pour les pauvres gens qui vendent ou engagent leurs dernières nippes (Argot du peuple).

MADEMOISELLE DU BITUME : Péripatétitienne qui foule le *bitume* du matin au soir.

Le *bitume*, c'est son atelier, son champ de manœuvres, elle y règne en souveraine, elle l'a conquis à la pointe de ses bottines (Argot du peuple).

MADEMOISELLE DU PONT NEUF : Fille publique.

L'allusion est typique. Comme sur le *Pont-neuf* tout le monde y passe librement, avec cette différence toutefois que le pont est à péage (Argot du peuple). *N.*

MADRICE : Finesse.

Vient de *madré*.

— Il a *roulé* le *palpeur*, il est rien *madrice*, le *yonce* (Argot des voleurs).

MAGASIN DE BLANC : Maison de tolérance.

Il est assez difficile d'expliquer le pourquoi de cette expression ; elle vient sans doute de ce que dans le peuple, tous ceux qui vivent de la femme sont des *mangeurs de blanc.*

La maquerelle est dans ce cas (Argot du peuple). *N.*

MAGNES : Abréviation de *manières*.

Magne est ici pour *façon*.

— Ne fais donc pas tant de *magnes*, il faut y aller carrément.

— Tu fais des *magnes* ma vieille, ça ne prend pas Argot du peuple). *N.*

MAILLOCHÉ (Il est) : Synonyme d'avoir reçu un coup de marteau.

On connaît la légende de Martin et Martine, de l'horloge de Cambrai, qui a donné naissance au dicton populaire pour qualifier un être déséquilibré :

— Il a passé à Cambrai, il a reçu un coup de marteau.

Mot à mot : *il est timbré* (Argot du peuple). *N.*

MAILLOCHONS : Les pieds.

Allusion au bruit que font les pieds en marchant.

— Ils frappent le pavé, ce qui produit des coups de *mailloche* (Argot des voleurs). *N.*

MAITRES CHANTEURS : Individus qui font payer des imbéciles pour acheter leur silence.

Il y en a de différentes catégories.

Le *maître chanteur* financier qui fait *chanter* les sociétés financières.

Le *maître chanteur* qui se sert d'un *Jésus* pour faire *chanter* l'homme à passions contre nature.

Il y a des *maîtres chanteurs* dans toutes les classes de la société (Argot du peuple).

MAITRESSE DE PIANO : Professeur qui apprend aux cocottes illettrées le moyen de tirer des carottes par correspondance à leurs amants.

En fait de musique elle coupe les cors et tire les cartes.

Elle procure au besoin (Argot des filles).

MAJOR DE TABLE D'HOTE : Individu à tout faire, qui est maquereau à l'occasion.

Le *major* a toutes les apparences d'un militaire en retraite ; il porte à la boutonnière une rosette multicolore d'ordres exotiques. Le *major de table d'hôte* est un *rastaquouère* de premier ordre (Argot du peuple et des filles).

MAL BLANCHI : Nègre.

Une plaisanterie populaire très usitée consiste à dire à un nègre :

— Si on te conduit chez le commissaire, je ne te vois pas blanc (Argot du peuple). *N.*

MALADIE: Emprisonné (Argot des voleurs).

MALTAISE: Pièce de vingt francs (Argot des voleurs). V. *Sigue*.

MALTOUSE: Contrebande.

Halbert d'Angers dit *pasquiner la maltouse*.

C'est une erreur; c'est *pastiquer*, parce que ce mot veut dire *passer*.

Mot à mot, *pastiquer la maltouse*: passer de la contrebande, faire la fraude sur des objets soumis aux droits de l'octroi (Argot des voleurs).

MAMAN-MACA: Maquerelle qui tient une maison de tolérance.

Les pensionnaires appellent la tenancière *maman*; quand elle est vieille, ce qui est fréquent, elles y joignent le mot *maca*, abréviation de *macaque* qui, dans le peuple, signifie *vieille guenon* (Argot des filles). N.

MANCHE (Faire la): Mendier, quêter.

Les voleurs restés en liberté font la *manche* pour venir en aide à un camarade qui est en prison.

Les sœurs de charité font la *manche* dans les maisons aisées pour soulager les pauvres et les malades des hôpitaux (Argot des voleurs). N.

MANCHE A MANCHE: Quand deux adversaires ont perdu chacun une partie, ils sont *manche à manche* (Argot des voleurs). V. *Belle*.

MANCHON (Avoir des vers dans son): Avoir le crâne dénudé par place.

Allusion aux mites qui font des stries dans les étoffes de laine (Argot du peuple).

MANDOLLE (En jeter une): Donner un soufflet à quelqu'un (Argot des voleurs). V. *Giroflée à cinq feuilles*.

MANGER LA GRENOUILLE: Caissier qui mange le contenu de la caisse.

Notaire qui vole les fonds qui lui sont confiés.

Sergent-major qui lève le pied avec la solde de sa compagnie.

Se dit en général de tous ceux qui *mangent* l'argent qui ne leur appartient pas.

Cette expression vient de ce que, en Hollande, les banquiers avaient pour emblème protecteur, sur la serrure de leur coffre-fort, une *grenouille* en bronze; lorsque le coffre-fort était fracturé, la *grenouille* était déplacée. De là, *manger la grenouille* (Argot du peuple). N.

MANGER LE MORCEAU : Dénoncer ses complices, ou avouer ses méfaits (Argot des voleurs). V. *Mouton*.

MANGER DE LA VACHE ENRAGÉE : Malheureux qui ne mange pas tous les jours.

— Ah ! tu ne veux pas travailler, propre à rien, tu vas foutre le camp, tu *mangeras de la vache enragée* (Argot du peuple).

MANGER DU PAIN ET DU FROMAGE : Repas de funérailles.

C'est une vieille coutume. Quand on enterre un camarade, on *mange du pain et du fromage*, ou on casse la gueule à un lapin en souvenir du mort (Argot du peuple).

MANGER LE BON DIEU : Communier.

L'allusion est claire (Argot du peuple).

MANGER SUR L'ORGUE : Charger un complice.

Mot à mot : lui mettre ses méfaits sur le dos pour essayer de s'en décharger (Argot des voleurs).

MANGEUR DE BLANC : Homme qui vit aux dépens des autres, et particulièrement des femmes qui se livrent à la prostitution.

L'allusion est suffisamment claire pour se passer d'explication (Argot du peuple).

MANGEUSE DE VIANDE CRUE : Cette figure dégoûtante, mais très caractéristique, désigne une fille publique qui a une certaine spécialité (Argot des souteneurs).

MANNEQUIN (Tu n'es qu'un) : Pas grand'chose de bon.

Mannequin : individu guindé, habillé à la dernière mode.

Mot à mot, qui ressemble à un *mannequin* exposé à la porte d'un tailleur.

Mannequin : hotte de chiffonnier (Argot du peuple).

MANNEQUIN DE MACHABÉES : Corbillard.

Allusion au *panier* dans lequel est jeté le condamné après l'exécution (Argot des voleurs). V. *Omnibus de coni*.

MAQUEREAU : Les uns croient que ce mot vient de l'hébreu *machar*, qui signifie vendre, parce que c'est le métier de ces sortes de gens de vendre les faveurs des filles.

D'autres font dériver cette expression d'*aquarius* ou d'*aquariolas*, parce que chez les Romains les porteurs d'eau étaient les intermédiaires de la prostitution, d'où nous avons fait, en ajoutant la lettre *M*, *Maquariolus*, et que de là s'est formé le nom de *maquereau*.

D'autres encore affirment que ce mot vient du latin *macalarellus*, parce que dans les anciennes comédies, à Rome, les proxénètes de la débauche portaient des habits bizarres, et ils étayent leur opinion sur ce que ce nom n'a été donné à l'un de nos poissons de mer que parce qu'il est mélangé de plusieurs couleurs dans le dos (Dessessart, *Dictionnaire de police*, Bulenger *opuscul.*)

Quoi qu'il en soit, la signification du mot *maquereau* est de vivre aux dépens de quelqu'un, mais l'expression s'applique plus généralement à ceux qui vivent de la prostitution des femmes.

Souteneur, qui vit des filles publiques, ou mari qui laisse sa femme se prostituer, lequel est un *maquereau légitime* (Argot du peuple).

MAQUERELLE : Maîtresse de maisons de tolérance ou de maisons de rendez-vous, femme qui vit du travail des filles (Argot du peuple). V. *Maman-Maca*.

MAQUECÉE : Abbesse d'une maison de tolérance.

Vient des deux mots : *maq*, abréviation de *maquerelle*, et de *cé*, femme d'argent ; de là *maquecée* (Argot des souteneurs). *N*.

MAQUILLER : Se farder le visage.

Pour réparer des *nuits* l'irréparable outrage.

Quand un ouvrage est raté, on le *maquille* pour le faire accepter.

Maquiller un tableau. Il existe des peintres spéciaux qui font du vieux avec du neuf.

Une toile est fabriquée par un rapin quelconque, une signature de maître figure au bas, le *maquilleur* lui donne l'aspect de la vétusté, et un amateur naïf l'achète.

Il y a comme cela des Velasquez peints à Montmartre (Argot des filles et des peintres). *N*.

MAQUILLEUSE DE BRÊMES : La tireuse de cartes.

Il en existe de célèbres dans le monde des filles,

10.

Elles font des recettes fructueuses.

La *maquilleuse de brêmes* ne se borne pas à tirer les cartes, elle procure pour les deux sexes.

Généralement, c'est une ancienne fille sur le retour qui ne peut plus peloter que le valet de cœur (Argot des filles).

MARBRE : Ainsi nommé parce que c'est une table en fonte.

Table sur laquelle les typographes alignent les *paquets* composant les articles.

Avoir un article sur le marbre : attendre son tour pour être imprimé.

Quand un article reste trop longtemps sur le marbre, il faut le distribuer.

Marbre est une ironie pour les pauvres journalistes.

Leurs articles *refroidissent* sur le marbre (Argot d'imprimerie). *N.*

MARCANDIER : Cette expression désigne les marchands, quel que soit leur commerce (Argot des voleurs).

MARCHAND DE MORT SUBITE : Le maître d'armes et le bourreau.

Le maître d'armes apprend à ses élèves les moyens de tuer un homme proprement.

Le bourreau coupe la tête du condamné pour lui apprendre à vivre (Argot du peuple). *N.*

MARCHER DEDANS : Mettre les pieds sur une *sentinelle*.

Marcher dans la merde, suivant un dicton populaire, cela porte bonheur.

On dit d'un homme heureux en toutes choses, à qui tout réussit :

— C'est pas possible, il a *marché dans la merde*.

On dit également :

— Il a *écrasé un colombin* (Argot du peuple). *N.*

MARCHER SUR LE DERNIER QUARTIER : User le restant de ses souliers.

Par dérision, on dit à un homme dont les souliers boivent l'eau du ruisseau :

— Tes *pafs* sont *pochards*.

On dit encore :

— Tu vas t'enrhumer, tes *rigodons* ont un courant d'air (Argot du peuple). *N.*

MARCHEUSE : Belle femme qui figure à l'Opéra.

Marcheuse : la femme qui appelait les passants en termes très engageants ; elle détaillait avec complaisance les charmes de la marchandise qui était dans l'intérieur de la maison.

La *marcheuse* était généralement un *beefteack à corbeau* hors d'âge et de service.

Les *marcheuses* furent supprimées à la porte des maisons de tolérance par arrêté de M. Andrieux, préfet de police, en 1881 (Argot des souteneurs).

MARGOT : Femme de peu.

— Tu n'es qu'une sale *Margot*.

Pourquoi chercher dans *Margot* le diminutif de *Marguerite* ?

Toutes les *Marguerites* ne sont pas de Bourgogne.

Il y en a qu'on aimerait à effeuiller.

On dit aussi *Margoton* (Argot du peuple). N.

MARGOULETTE : La bouche.

Il existe en Bourgogne des vases en terre vernissée qui ont un *goulot* semblable à la bouche. Pour cette raison, on appelle ces vases des *goulettes*.

Mar a tout simplement été ajouté, déformant le mot primitif pour en former un autre qui a le même sens, car les nourrices disent aux enfants :

— Viens que j'embrasse ta petite *goulette*.

Rincer la margoulette à un ami, c'est lui payer à boire (Argot du peuple). N.

MARGOULIN : Débiteur de mauvaises boissons.

Marchand de vin qui a une fontaine dans sa cave pour fabriquer le fameux cru de *Château la Pompe*.

Margoulin : méchant ouvrier, fainéant, grossier, brutal, qui lève plus souvent le coude qu'un marteau.

C'est, dans le peuple, un gros terme de mépris que de dire à un individu :

— Tu n'es qu'un *margoulin !* (Argot du peuple). N.

MARIAGE A LA DÉTREMPE : Mariage à la colle. Quand elle est trop *détrempée*, le papier ne tient pas.

Autrefois, avant l'annexion de la banlieue à Paris, on disait :

— Ils sont mariés au treizième arrondissement.

Parce qu'il n'y en avait que douze.

Aujourd'hui on dit au vingt et unième, parce qu'il n'y en a que vingt (Argot du peuple). N.

MARIE-COUCHE-TOI-LA : Femme qui se met sur le

dos pour un oui ou un non.

Rôdeuse de caserne (Argot des troupiers). N.

MARIE-SAC-AU-DOS : Femme toujours prête.

Allusion aux troupiers qui, quand le quartier est consigné en vue d'un événement quelconque, campent dans la cour de la caserne *sac au dos*, prêts à partir (Argot des troupiers). V. *Rempardeuses*. N.

MARIE-PIQUE-REMPART : Femme qui rôde la nuit sur les remparts, aux environs des postes de soldats.

On devine ce qu'elle *cherche* : un gîte et un restant de soupe.

Huit ou dix jours plus tard, le troupier sait ce qu'elle a *apporté* (Argot des troupiers). N.

MARIOLE : Malin, rusé, roublard.

On est *mariole* ou on le fait.

Dans les ateliers, un *mariole* passe pour un phénix.

Mariole doit être pris ici comme synonyme de *marlou*.

— Tu n'as pas *coupé la patte à coco*, tu n'es pas si *mariole* que ça, on pourrait bien *te river ton clou*.

Il existe une chanson qui dit :

Tant qu'il y aura des
| *pantes*,
Les *marioles* boulotte-
| ront.

(Argot du peuple et des souteneurs). N.

MARKOUSE : Carte marquée visiblement par le *bonneteur*. Mais aussitôt qu'elle a été vue par la dupe, elle est *démarquée*.

Il la devine, mais ce n'est plus la même (Argot des camelots).

MARLOU : Individu qui vit de la prostitution des femmes.

Marlou vient du vieux mot *marlier*, avec un changement de finale (Argot des filles).

MARLOU A LA MIE DE PAIN : *Marlou* qui ne sait pas faire travailler sa *marmite* ou qui en a une récalcitrante.

Je lis dans les *Lamentations d'un souteneur* :

Quoi ? C'est éteint... tu
| r'buttes au flanche.
Y'a pu de trottinage à la
| clé.
Des dattes pour que tu
| fass' la planche,
L'anse de la marmite est
| cassée.

(Argot des souteneurs). N.

MARLOUPIN : Jeune *marlou* qui fait son apprentissage dans les bals publics.

On dit aussi *goussepin* :

petit vagabond dont la première étape est la petite Roquette et la dernière souvent, la grande.

Goussepin gouspiné : voler (Argot des voleurs).

MARLOUSIER : Malin, rusé, diminutif de *marlou* (Argot des souteneurs).

MARMITE : D'après M. *Lorédan Larchey*, c'est une fille publique nourrissant son souteneur.

Un souteneur sans sa marmite est un ouvrier sans ouvrage, dit *Canler*.

La marmite de terre est une prostituée qui ne gagne pas de *pognon* à son souteneur.

La *marmite de fer* commence à être cotée; elle gagne un peu de *galette*.

La *marmite de cuivre*, suivant *Halbert*, c'est une mine d'or.

Marmite, d'après *Pierre*, est une femme qui n'abandonne pas son mari ou son amant en prison et lui porte des secours.

Le peuple qui ne cherche ni si haut ni si loin, considère tout tranquillement la femme comme une *marmite*.

Quand elle trompe son mari avec son consentement, *elle fait bouillir la marmite*.

Quand elle fait la noce pour son compte, qu'elle ne rapporte pas, *il y a un crêpe sur la marmite* (Argot du peuple). *N*.

MARMITE ANARCHISTE : Comme la précédente, celle-là ne rapporte pas; elle fait sauter — pas les écus, mais les maisons.

C'est une *marmite* qui n'est guère en faveur, car elle fait perdre la tête (Argot du peuple). *N*.

MARMITEUX : Homme qui a sans cesse la larme à l'œil.

Corruption par extension du mot *miteux* (qui a la cire aux yeux) (Argot du peuple). *N*.

MARMITON DE DOMANGE : Vidangeur.

On dit aussi : *marmiton de Richer* (Argot du peuple).

MARMOTTE : Madras que les marchandes portent encore sur la tête en guise de coiffure.

Marmotte : diminutif de *marmite*.

— Tu n'es qu'une sale *marmotte* (Argot du peuple).

MARMOUSET : Le pot au feu.

— Amène-ta *morue* ce

soir, nous *boulotterons*, mince de *bidoche* dans le *marmouset*.

Allusion au bruit que fait l'eau en bouillant : elle *marmouse* (Argot des voleurs).

MARNER : Signifie travailler.

Les voleurs disent également *marner* pour voler, puisque voler est pour eux travailler.

Marner est une variété du *vol à l'embrassade*, à l'exception toutefois qu'il est généralement pratiqué par des femmes (Argot des voleurs).

MARNEUSES : Filles publiques qui travaillent au bord des rivières.

On dit aussi : *poniffes* et *magneuses*.

Cette dernière expression indique une spécialité (Argot des souteneurs).

MARNOIS : Souliers énormes.

Synonyme de *péniche* (Argot des voleurs).

MARRAINE : Témoin femelle (Argot des voleurs).

MARRÉ : En avoir assez, s'ennuyer d'être en prison.

— Je vais me *marrer* pendant cinq *berges* (Argot des voleurs).

MAROTTE (Avoir une) : Idée fixe qui varie suivant les tempéraments.

Tous les collectionneurs sont des gens à *marotte*.

Marotte est synonyme de *dada*.

Marotte signifie également *chanter*.

— A toi, la Saucisse, c'est ton tour de *marotte* (Argot des voleurs). N.

MARRON : Livre imprimé clandestinement (Argot d'imprimerie).

MARRONNER UN GRINCHISSAGE : Cette expression n'est pas juste, car *marronner* veut dire en vieux français *pirate*, et, en même temps, *bouder*, *murmurer* entre ses dents.

Les voleurs l'emploient pour dire qu'ils ont *manqué un vol* (Argot des voleurs). N.

MARQUE-MAL : Se dit de quelqu'un qui a un vilain aspect (Argot du peuple).

MARQUÉ OU MARQUETS : Mois (Argot des voleurs).

MARQUÉ (Il est) : Être gravé par la petite vérole (Argot du peuple). V. *Poêle à marrons*.

MARQUÉ : Être ridé comme une vieille pomme (Argot du peuple).

MARQUE DE CÉ : Femme légitime de voleur.

Femme d'argent (Argot des voleurs).

MARQUER (Ne plus) : Femme qui n'a plus d'échéance à chaque fin de mois (Argot du peuple).

MARQUER A LA FOURCHETTE : Marchand de vin qui majore ses notes.

Allusion aux quatre dents de la fourchette; il fait quatre raies à la fois (Argot du peuple).

MARQUIS DE LA BOURSE PLATE : Homme absolument sans le sou (Argot du peuple). V. *Les toiles se touchent.*

MASTIC : Terme usité en imprimerie pour indiquer qu'il y a erreur dans le classement des phrases et des alinéas, ce qui rend l'article tout à fait incompréhensible (Argot d'imprimeur). *N.*

MASTIC (Péter sur le) : Le peintre en bâtiment qui, le lundi, veut flâner, emploie cette expression pour dire qu'il ne veut pas travailler :
— *Je pète sur le mastic* (Argot du peuple). *N.*

MASTROQUET : Marchand de vin.

Dernière transformation du mot *mannezingue.*

Mann, homme, *zinc*, par corruption *zingue*, comptoir (Argot du peuple). V. *Bistro.*

MASSEPAIN : Ce nom se donne généralement à une sorte de gâteau que l'on vend dans les foires; il a aujourd'hui une signification bien autrement « fin-de-siècle »; il sert à désigner la catégorie d'individus qui ont à Paris des salons d'essayages pour dames, avant de les expédier dans les maisons hospitalières de France ou de l'étranger (Argot des souteneurs). *N.*

MASSER : Travailler, peiner ferme.

Allusion au cantonnier qui casse avec une *masse* les cailloux sur les routes.

Il n'existe pas de métier plus pénible, il est vrai qu'ils n'en prennent qu'à leur aise, car la sueur des cantonniers n'a pas de prix.

Ce n'est sûrement pas eux qui ont créé la fameuse légende, que les riches mangeaient la sueur du peuple (Argot du peuple). *N.*

MASTARDIER : Faire le *mastar* au *gras* double (Argot des voleurs). V. *Limousinier.*

MATADOR : Homme riche ou qui en a les apparences.

— Tu fais le *matador*, pour : Tu fais rudement tes embarras (Argot du peuple).

MATADOR : Partie de dominos.

Les gros dés : double-six, double-cinq, etc., sont les *matadors* (Argot du boulevard). N.

MATELASSÉE : Femme qui a des seins énormes.

Son estomac est matelassé.

Quand c'est une fille et qu'elle maigrit, son souteneur lui dit :

—Tu t'débines des *matelassés*.

Quand une femme est plate comme une limande elle se *matelasse* en bourrant son corset d'assez de coton pour donner l'illusion.

Les femmes fin-de-siècle en portent en caoutchouc qu'elles gonflent chaque matin (Argot des souteneurs). N.

MATHURINS : Dés pipés qui servent aux camelots pour voler au 7, au *passe-dix* et à la *consolation* (Argot des camelots).

MAZAGRAN : Café servi dans un verre.

Par abréviation on dit un *mazag*. (Argot du peuple).

MEC pour *meg* : Chef, patron, Dieu, le *mec plus ultra* (Argot des voleurs).

MEC A LA COLLE FORTE : Se dit d'un voleur redoutable, par opposition au *mec à la mie de pain*.

Voleur de rien (Argot des voleurs).

MÈCHE : Les mauvais ouvriers qui voyagent sans cesse demandent *mèche* dans les ateliers qu'ils rencontrent sur leur route :

—Y a-t-il *mèche* de travailler ?

Mèche pour *moyen* (Argot du peuple).

MÉDAILLE ou **MÉDAILLON** : V. *Pièce de dix sous*.

MÉDAILLON : Derrière.

Les joueurs de manille appellent ainsi les as, par corruption de *manillon*; quelques-uns disent le *merdaillon* (Argot du peuple). N.

MEG DE LA ROUSSE (Le grand) : Le préfet de police (Argot des voleurs). V. *Dabe des renifleurs*.

MÉLASSE (Être dans la) : Dans la misère jusqu'au cou (Argot du peuple) V. *Purée*.

MÊLÉ CASS. : Mélange d'eau-de-vie et de cassis que les ouvriers boivent le matin sur le zinc pour *tuer le ver*.

On dit dans le peuple :
— Faire ses dévotions à Notre-Dame de Mêlé-Cassis (Argot du peuple). *N.*

MELET : Petit, petite (Argot des voleurs).

MENÉE : Une douzaine.
— Nous étions une *menée* pour *ratiboiser* le *goncier*; pas *mèche* d'en venir à bout, c'était un *rude lapin* (Argot des voleurs).

MENDIGOT : Mendiant.
D'un petit mendiant on dit qu'il *mendigotte*.
Mendigot, changement de finale (Argot du peuple).

MENER PAS LARGE (N'en) : Être fort mal à son aise.
Mot à mot : *serrer les fesses* ou n'être pas dans *ses petits papiers*.
Le condamné qui va être exécuté *n'en mène pas large* (Argot du peuple).

MENESSE : Femme (Argot des souteneurs).

MENTEUSE : Langue.
On dit par opposition d'une langue d'animal :
— Allons manger une langue qui n'a jamais *menti*.
Parce qu'elle ne parle pas (Argot du peuple).

MENOUILLE : Monnaie (Argot du peuple).

MENTON DE GALOCHE : Menton qui avance comme celui du classique Polichinelle.
On dit de celui ou de celle qui possède un menton semblable qu'il fait carnaval avec son nez (Argot du peuple).

MÉQUARD : Commandant d'une bande de voleurs (Argot des voleurs).

MERCE : Pour *merci* (Argot des voleurs).

MERDAILLON : Moins que rien, une *sous-merde* (Argot du peuple). V. *Avorton.*

MERDE : A bout d'argument, dans le peuple, on dit :
— *Merde*, est-ce français ?
C'est-à-dire : Me comprends-tu ?
Ce à quoi on répond :
— Goûtes tes paroles.
— Tu peux te retourner et te mettre à table.
— S'il pleuvait de la merde et que chacun en ait suivant son grade, t'en aurais un rude paquet, car tu es le colonel des imbéciles (Argot du peuple). *N.*

MÈRE AU BLEU : La guillotine. Les voleurs veulent faire croire que c'est le chemin du *ciel*. A. D.

Pas du tout, c'est parce que le condamné n'y voit que du *bleu* (Argot des voleurs).

MÈRE D'OCCASION : Les mendiantes louent à des industriels du quartier Mouffetard des petits enfants qu'elles traînent dans les rues pour exciter la charité publique.

Ces enfants changent chaque jour de *mère*; de là, *mère d'occasion* ou de *rencontre* (Argot du peuple). N.

MERLAN (Rouler des yeux de merlan frit).

Homme langoureux et timide qui, n'osant adresser la parole à une femme, la regarde en roulant des yeux (Argot du peuple). N.

MERLAN : Coiffeur perruquier.

Quand le perruquier met de la poudre de riz à son client, il l'enfarine comme le merlan avant d'être mis dans la poêle à frire (Argot du peuple).

MESSE (Être à la) : Quand un ouvrier arrive à l'atelier cinq minutes après la cloche, la porte est fermée, il perd un tiers ou une demie journée; il va pendant ce temps boire des canons sur le zinc, l'autel des pochards; le mastroquet officie.

De là, *aller à la messe* (Argot du peuple).

METTRE A L'OMBRE : Aller en prison.

En effet, on ne craint pas l'ardeur du soleil (Argot du peuple).

METTRE AU CHAUD : V. *Rouscailler*.

METTRE DANS LE MILLE : Réussir une affaire du premier coup.

Terme usité chez les pédérastes; *mille*: *podex* (Argot du peuple).

METTRE EN BRINDEZINGUE (Se) : Faire la noce.

Être dans les *brindezingues*: être pochard (Argot du peuple). N.

METTRE EN BRINGUE : Mettre en morceaux, briser. A. D.

Bringue, signifie femme maigre, l'expression est donc fausse.

Mettre en bringue, est synonyme de *brindezingue* (Argot du peuple). N.

METTRE EN PATE : Les compositeurs lient les *pa-*

quets de caractères avec une ficelle.

Quand le *paquet* est mal lié ou que le bout de la ficelle est emprisonné, le metteur en pages met le *paquet* en *pâte*, c'est-à-dire que les caractères se mélangent et qu'il faut recomposer.

Quand, dans le *paquet*, il y a des lettres qui ne sont pas du corps, ou que le *paquet* n'a pas été assez mouillé, en le déliant, si les lettres tournent, on appelle cela : *faire un soleil* (Argot d'imprimerie). *N*.

METTRE LA TÊTE A LA FENÊTRE : Condamné à mort qui passe la tête dans la lunette (Argot des voleurs).

METTRE LA CLEF SOUS LA PORTE : Se sauver, déménager furtivement.

Se dit communément d'un commerçant qui, ne faisant pas ses affaires, abandonne sa boutique (Argot du peuple).

METTRE LA CLEF SOUS LE PAILLASSON. V. *Mettre la clef sous la porte.*

METTRE LES BOUCHÉES DOUBLES : Se dépêcher de faire quelque chose.

Synonyme de manger un morceau sur le pouce, à la hâte.

Cette expression est employée pour tout ce qui est fait précipitamment (Argot du peuple).

METTRE DU PAPIER DANS SA SONNETTE : V. *Affaler son grelot*.

METTRE SUR LES FONDS DE BAPTÊME (Se) : Quand le *nourrisseur de poupard* a mal renseigné ses complices et qu'ils sont dans une position difficile, pour se sauver et n'être pas *paumés marrons* :

— Ils sont sur *les fonds de baptême* (Argot des voleurs).

METTRE UNE ÉPINGLE A SA CRAVATE : S'enfiler un demi setier (Argot du peuple). *N*.

MEULARD : Veau.

Allusion à la mollesse de la viande.

On dit aussi : un *bœuf en bas âge* (Argot du peuple). *N*.

MEULE : Vide.

C'est *veule* qu'il faudrait dire, *veule* signifie *mou*.

Meule est une corruption (Argot des souteneurs). *N*.

MEUNIER : Recéleur qui a la spécialité d'acheter aux *mastardiers* ou voleurs de *gras double*, le plomb, l'étain ou le zinc, volés dans les maisons en construction (Argot des voleurs).

MEZIGUE : Moi.
On dit aussi *mezigo* (Argot des voleurs).

MICHÉ : Homme qui monte avec une fille, en payant, ou qui y couche.
Miché était déjà connu en 1764. Merard de Saint-Just dit ceci :
D'où vient qu'on appelle *miché*
Quiconque va de nuit et se glisse
| en cachette
Chez des filles d'amour, Barbe,
| Rose ou Fanchette ?
(Argot des souteneurs).

MICHÉ DE CARTON : Homme à qui une fille demande cinq louis et qui lui offre quarante sous.
On dit aussi : *miché à la mie de pain* (Argot des filles).

MICHETON : Petit *miché* qui rale sur le prix des faveurs des filles (Argot des souteneurs).

MIE DE PAIN : Moins que rien.
Les typos, par la grande habitude, savent, du premier coup d'œil, discerner un bon article d'un mauvais.
Le mauvais, c'est de la *mie de pain* (Argot d'imprimerie).

MIE DE PAIN : Pou.
On sait combien une *mie de pain* est désagréable sur la peau ; le *pou* occasionne une démangeaison semblable (Argot des voleurs).

MIJOU (Faire le) : Simuler une maladie (Argot des voleurs).

MILLED : Billet de mille francs (Argot des voleurs). *N*.

MILLERIE : Loterie que tiennent les camelots dans les fêtes publiques (Argot des camelots).

MINCE : Rien.
Mais, dans le peuple, cette expression sert à manifester l'étonnement.
— Ah ! *mince* alors, elle en a une nichée dans la paillasse (Argot du peuple).

MINETTE : V. *Descendre à la crémerie*.

MINISTRE DE L'INTÉRIEUR : Doigt.
Allusion à une coutume très en usage dans les couvents de jeunes filles (Argot du peuple).

MIOU : Enfant.
Allusion au *miaou* du jeune chat (Argot du peuple).

MIRADOU : V. *Mirante*.

MIRANTE : La glace (Argot des voleurs.

MIRETTES : Les yeux (Argot des voleurs).

MIROIR A PUTAINS : Joli garçon qui s'en croit beaucoup, une espèce de « Nicolas » de faubourg.

Dis-lui qu'un miroir à putain
Pour dompter le pays latin
Est un fort mauvais personnage.

Cette expression était employée au temps de Scarron (Argot du peuple).

MIRQUIN : Bonnet.

— J'ai vu une *gerce* au *rastue* de *Saint-Lago*; elle était rudement *gironde* avec son *melet mirquin*; il y manquait un *rayon de miel* (Argot des voleurs). N.

MIRZALES : Boucles d'oreilles (Argot des voleurs).

MISE-BAS : Quand une équipe de compositeurs est mécontente pour une raison ou pour une autre, elle *met bas*, elle quitte le travail (Argot d'imprimerie).

MISÉREUX : Malheureux.

Homme qui est dans une profonde *misère* (Argot du peuple). N.

MISLOQUE : Théâtre (Argot des voleurs).

MISTOUFLES : Faire des misères, causer des désagréments à quelqu'un (Argot du peuple).

MITARD : Cachot (Argot des voleurs).

MI-TEMPS : Milieu.

A. Delvau écrit *milan*, ce n'est pas exact (Argot du peuple).

MITRE : Cachot.

Allusion à la *mitre* de l'évêque, qui est un signe de dignité.

Être au cachot, pour un voleur, est un titre à la considération de ses pareils.

— Où donc est Barbe-à-Poux ?
— Il est *mitré* pour huit *jornes* (Argot des voleurs).

MOINE : Qu'une épreuve typographique soit faite à la brosse ou à la machine, la partie qui ne prend pas l'encre se nomme un *moine* (Argot d'imprimerie).

MOISSONNEUR : Le commissaire de police.

En effet, il *moissonne* ceux qui sont amenés à son *burlingue*.

Mot à mot : il les *fauche* comme des blés mûrs... pour la prison (Argot des voleurs). V. *Quart d'œil*.

MOLARD : Cracher des mucosités qui filent comme du macaroni.

Graillonner salement.

Quand un large crachat s'étale sur un trottoir, on dit :

— Quel beau *molard* (Argot du peuple).

MOLETTE : La bouche.

Je ne vois pas bien qui a pu donner naissance à cette expression.

La *molette* sert à un éperon, elle sert aussi à couper la pâte pour une certaine espèce de gâteau ; enfin, quoi qu'il en soit, ce mot est usuel (Argot des voleurs). *N.*

MOME : Petit.

On appelle aussi une femme la *môme*.

Il y en a de célèbres : la *Môme-Fromage*, la *Môme-Goutte-de-Sperme*, la *Môme-Caca*.

On dit aussi *momaque* (Argot du peuple). *N.*

MOME D'ALTÈQUE : Jeune homme beau et efféminé que l'on rencontre vêtu d'un *ça ne te gêne pas dans le parc* (veston), d'un pantalon collant gris clair, d'une cravate voyante à larges bouts, et maquillé la plupart du temps.

On le rencontre dans la galerie d'Orléans, au Palais-Royal, ou au passage Jouffroy.

Ce n'est pas l'omnibus qu'il attend.

On les nomme aussi *chouard*, en souvenir du fameux procès Germiny (Argot du peuple). *N.*

MOMIGNARD : Diminutif de *môme*.

Petit enfant (Argot des voleurs). V. *Abéqueuse*.

MOMINETTE : Absinte servie dans un petit verre mousseline.

Allusion à la petitesse du verre, qui est un *môme*, en le comparant à un grand verre (Argot du peuple). *N.*

MONSEIGNEUR (Pince) : Outil qui sert spécialement à fracturer les portes ; il est tout spécialement employé par les *cambrioleurs*.

Cet outil en acier mesure 45 centimètres de hauteur et 25 millimètres de circonférence.

Il est connu depuis le XVIIIe siècle.

C'était un des principaux instruments dont se servait le légendaire Cartouche (Argot des voleurs).

MONTANT : Pantalon.

Il *monte* en effet le long des jambes.

Le *montant* à *pattes d'éléphant* est, depuis des années, le signe distinctif des citoyens *à trois ponts* (Argot des souteneurs). V. *Falzar*. *N.*

MONTANTE : Échelle.

L'image est frappante. Quand, autrefois, l'échafaud était élevé de treize marches que le condamné devait gravir, on nommait les marches la *montante du calvaire* (Argot des voleurs). *N.*

MONTE EN L'AIR : Les cambrioleurs.

Ils sont ainsi nommés parce que ces voleurs opèrent généralement dans les chambres de domestiques situées aux étages supérieurs.

Ils *montent en l'air* (Argot des voleurs). *N.*

MONTER UN BATEAU: Faire croire à une affaire imaginaire; présenter à des niais un projet de mise en actions pour exploiter une fonderie de pavés ou une filature de pains de sucre.

Monter un bateau, synonyme de *monter le coup* (Argot du peuple). *N.*

MONTER LE VERRE EN FLEUR (Se) : Se *monter le coup* à soi-même. S'illusionner sur toutes choses.

S'imaginer être aimé par désintéressement.

En un mot, croire que c'est arrivé

— Mon *miché* qui s'est *monté le verre en fleur* que j'y allais de mon voyage, faut-y qu'il soit *poire* (Argot du peuple). *N.*

MONTER LE JOB (Se) : Se monter le coup.

Croire que c'est arrivé ou vouloir le faire croire à un autre (Argot du peuple).

MONTER A L'ÉCHELLE : Être guillotiné.

Mot à mot : monter à l'échelle de l'échafaud. *L. L.*

Monter à l'échelle a une toute autre signification dans le peuple; cela veut dire: faire mettre quelqu'un en colère.

— Il a la *tête près du bonnet*, il s'enlève comme une *soupe au lait*.

On dit aussi :

— Il a un si sale caractère qu'il *grimpe* à tout bout de champ (Argot du peuple). *N.*

MONTER UN SCHTOSSE : Mentir.

Synonyme de *monter le coup* à quelqu'un.

Stoss en allemand veut dire *coup*.

Ce mot s'est francisé et court les ateliers.

— Pour faire le lundi et ne pas avoir son *sac*, on *monte un schtosse* au patron en lui disant que l'on va à l'enterrement de son père.

Il en est qui ont enterré leur père autant qu'il y a de jours dans l'année (Argot du peuple). *N.*

MONNAIE DE SINGE : Une monnaie qui n'a pas cours à la Banque de France, car les garçons de recette n'accepteraient pas des *grimaces* en paiement (Argot du peuple).

MONTRETOUT (Aller à) : Quand les filles vont au dispensaire, tous les quinze jours, pour passer la visite sanitaire, elles *montrent tout* au docteur (Argot des filles).

MORACE : Cri.
— Si le *pante morace* et que les *becs de gaz* accourent, *lingre* le pour ne pas être *paumé* (Argot des voleurs). *N.*

MORBAC : Moutard désagréable.
Morbac, diminutif de *morpion* (Argot du peuple).

MORCEAU DE GRUYÈRE : Individu grêlé dont le visage est percé de trous comme une passoire.
Morceau de gruyère est une allusion aux innombrables trous dont ce fromage est percé (Argot du peuple). *N.*

MORDANTE : Lime.
On dit d'un individu fielleux, qui ne peut prononcer une parole sans dire une méchanceté, qu'il est *mordant* comme une *râpe* (Argot des voleurs).

MORFE : Repas.
Refaite du matin, déjeuner.
Refaite du jorne, dîner.
Refaite de sorgue, souper.
Refaite exprimé bien l'action de se *refaire* l'estomac.
Morfer est ici pour manger (Argot des voleurs).

MORFIAILLER : Manger.
Vieux mot employé par Rabelais au *Propos des Beuveurs*.
Où diable les escarpes ont-ils été dénicher cette expression ? (Argot des voleurs).

MORFILLER LE DARDANT (Se) : Se faire du mauvais sang, *se manger le cœur*. A. D.
Morfiller veut bien dire *manger*, mais *dardant* signifie *amour*.
C'est *morfiller* le *vermeil* (sang) ou le *palpitant* (cœur) (Argot des voleurs).

MORLINGUE : Porte-monnaie.
D'aucuns disent *morningue*.

Il serait plus juste de dire *morniflingue*, puisque *mornifle* veut dire *monnaie* (Argot des voleurs). *N.*

MORNANTE : Bergerie (Argot des voleurs).

MORNIFFLE : Gifle.

— Je vais te *plaquer* une *mornifle* sur la *hure* si tu m'emmerdes longtemps (Argot du peuple). V. *Giroflée à cinq feuilles*.

MORNIFFLEUR : Fabricant de fausse monnaie, argent, or, ou billets de banque (Argot des voleurs).

MORNOS : La bouche.

Manger une *bouchée*, avaler une *mornée* (Argot des voleurs).

MORPION : Insecte qui occasionne des démangeaisons fort désagréables.

Par analogie, on dit de quelqu'un dont on se débarrasse difficilement :

— Il colle comme un *morpion*.

On dit également : *mille pattes* (Argot du peuple).

MORUE : Terme employé par les femmes des halles pour répondre aux *raleuses* qui leur offrent un prix dérisoire de leurs marchandises.

— Va donc, *morue*, faudrait-y pas te foutre du beurre avec et te le porter à ton *poussier* (Argot du peuple).

MOU COMME UNE CHIQUE : Homme de peu de consistance, sans volonté, qui travaille *mollement*.

Allusion au morceau de tabac que le *chiqueur* a mâché toute une journée : il est *mou*.

De là, *mou comme une chique* (Argot du peuple).

MOU POUR TON CHAT : Quand on regarde avec insistance une jolie fille et que cela ne lui plaît pas, elle répond :

— Ça, mon vieux, c'est pas du *mou pour ton chat*.

D'aucunes, plus expressives, disent :

— Tu peux regarder, c'est pas de la *viande pour ton serin* (Argot du peuple). *N.*

MOUCHARDE : La lune.

Elle se montre souvent fort mal à propos pour déranger messieurs les voleurs dans leurs expéditions nocturnes (Argot des voleurs). *N.*

MOUCHE : Laid, bête, ridicule.

— Elle est *rien mouche*, la *môme* à Poil-aux-pattes (Argot du peuple).

MOUCHES (Tuer les) : On dit

de quelqu'un qui a une haleine infecte :

— Il *tue les mouches* à quinze pas (Argot du peuple). V. *Pot de chambre cassé dans l'estomac.*

MOUCHER LE QUINQUET (Se faire) : Recevoir une verte correction, une formidable volée (Argot du peuple).

MOUCHIQUE : Laid à faire peur.

Vient du mot russe *mejiks* (Argot du peuple). *N.*

MOUCHIQUE A LA SECTION : Mal noté dans son quartier.

Quartier est synonyme de section, depuis la division des arrondissements en *sections* pour les votes (Argot du peuple). *N.*

MOULE A GAUFRE : Individu dont le visage a été ravagé par la petite vérole.

Allusion au moule employé par les *gaufriers* (Argot du peuple). *N.*

MOULE A PETS : Homme qui se lâche facilement.

Dans le peuple on dit :

— Avec un vent pareil, il va pleuvoir de la merde.

On dit également :

— Si on chante comme ça à ton enterrement, il y aura plus de cochons que de curés (Argot du peuple). *N.*

MOULE EST CASSÉ (Le) : Se dit d'un personnage exceptionnel, inimitable. *L.L.*

Cette expression n'est pas prise dans ce sens parmi le peuple ; elle est employée pour dire d'une femme qui a passé l'âge, qui ne *marque* plus, qu'elle ne peut plus faire d'enfants : le *moule est cassé* (Argot du peuple). *N.*

MOULIN : Boutique du recéleur.

C'est pour cette raison, sans doute, que l'on nomme le recéleur, le *meunier* (Argot des voleurs). *N.*

MOULIN A MERDE : La bouche.

En mangeant, elle travaille pour Richer (Argot du peuple).

MOULIN A PAROLES : Femme bavarde qui ne tarit pas, qui parle avec volubilité.

Elle broie les paroles comme le *moulin*, le café (Argot du peuple).

MOULIN A VENT : Le derrière.

Dans la *Chanson du Propriétaire* on trouve :

Moulin à eau par devant,
Moulin à vent par *derrière*.
(Argot du peuple). *N.*

MOUILLANTE : La soupe (Argot du peuple). V. *Laffe.*

MOUSCAILLE : La marchandise que l'on abandonne avec satisfaction dans les châlets de nécessité.

Mouscailler : faire ses besoins (Argot du peuple).

MOUSQUETAIRE GRIS : Pou.

Allusion à la couleur de cet horrible animal que pourtant certains adorent.

Un amateur marchande un pou à un chiffonnier ; il lui offre d'un pou magnifique un prix dérisoire. L'éleveur le remet délicatement dans sa chemise en lui chantant le refrain célèbre :

Tu n'en veux pas ! J'l'remets
    dans ma chemise.
Ça n'mange pas d'pain.

(Argot du peuple). *N.*

MOUSSANTE : Bière (Argot du peuple).

MOUSSERIE : Fosse d'aisance des prisons (Argot des voleurs).

MOUSTIQUE DANS LA BOITE AU SEL : V. *Asticot dans la noisette.*

MOUTON : Dénonciateur qui vend ses complices.

Prisonnier qu'on place dans une cellule avec un autre prévenu pour le *moutonner.*

C'est-à-dire le faire avouer dans la conversation (Argot des voleurs).

MOUTON : Matelas.

Quand il est plus que plat, on dit : *galette* (Argot du peuple).

MOUVETTE : Indicateur qui fournit des *indications* à la police.

C'est généralement un *camelot* ; il se *meut* d'un point à un autre, suivant les cas (Argot des voleurs). *N.*

MUETTE (Avoir une puce à la) : Condamné qui a des remords.

On dit aussi : jouer à la *muette* (ne pas parler) (Argot du peuple).

MUFFÉE (En avoir une) : S'être *empiffré* jusqu'à en étouffer.

Avoir une soulographie numéro un.

Muffée : n'en plus pouvoir (Argot du peuple). *N.*

MUFFLE : Communément, ce sont les *maçons* qu'on appelle ainsi.

La chanson dit :

Tous les muffles que nous
    connaissons
Ne sont pas à la grève.

En effet, il y a plusieurs genres de *muffles* :

Tout individu qui se conduit mal avec quelqu'un est un *muffle.*

Muffle est synonyme de *goujat* (Argot du peuple).

MURON : Sel.

Muronnière : la salière (Argot des voleurs).

MUSETTE (S'en faire jouer un air) : Expression employée dans les maisons de rendez-vous pour désigner un certain travail très estimé des écoliers (Argot des filles).

MUSETTE (Couper la) : Empêcher quelqu'un de parler.

On dit aussi : *lui couper la chique* (Argot du peuple).

MUSICIEN : V. *Mouton*.

N

NAZ : Nez.

On dit aussi *nase*.

C'est certainement une abréviation de *naseau* (Argot du peuple).

NE PAS ATTACHER SON CHIEN AVEC DES SAUCISSES : Avare.

C'est une expression très populaire, superlatif de *chien*, *grippe-sous*.

On ne peut rien dire plus d'un homme (Argot du peuple). *N*.

NE RIEN AVOIR DANS LE FUSIL : Avoir le ventre vide.

L'allusion est facile à saisir :

J'sens l'paquet d'tripes qui s'cavale.

(Argot du peuple).

NEG AU PETIT CROCH : Chiffonnier.

Neg est une abréviation de *négociant*, et *croch* de *crochet*, outil indispensable aux chiffonniers (Argot du peuple).

NÈGRE : Heure de minuit, à laquelle l'obscurité est la plus profonde (Argot des voleurs).

NÉGRESSE : Puce.

Allusion de couleur (Argot du peuple).

NÉGRESSE : Bouteille.

— Allons-nous *étouffer* une *négresse* de *ginglard* à Argenteuil? (Argot du peuple).

NEP : Rastaquouère vendant aux imbéciles des décorations exotiques (Argot des voleurs).

NETTOYÉ : N'avoir plus rien, être absolument à sec.

Nettoyé, être à l'agonie, se sentir mourir.

— Le médecin m'a dit que j'étais *nettoyé* (Argot du peuple).

NEZ CULOTTÉ : Nez d'ivrogne.

Dans le peuple on dit :

— Si on lui pressait le piton il en sortirait du vin.

Le *nez culotté* a été célébré par Ch. Colmance :

Un *nez culotté*,
Piquante parure,
Gracieuseté
De dame nature.
Heureux l'effronté doté
D'un *nez culotté*.

Il y a des *nez culottés* qui coûtent plus cher que s'ils étaient en or (Argot du peuple).

NEZ RETROUSSÉ : Nez à narines larges et ouvertes.

— Il va te pleuvoir dans le *nez*.

— Elle se pleure dans le *nez* quand elle a du chagrin (Argot du peuple).

NIB : Signifie rien.

Cette expression n'est pourtant pas toujours prise dans ce sens.

Quand on dit : *nib de blaire*, par exemple, pour qualifier un nez énorme, *nib* devient synonyme de *mince* qui veut dire beaucoup (Argot du peuple). *N*.

NIB DE BRAISE : Pas d'argent.

— Par un *bourguignon* pareil tu restes à la *piaule*, allons *décanille*.

— *Nib de braise*, les *valades* sont *dégraissées* (Argot des voleurs).

NICHE A SEINS : Corset.

Allusion à ce qu'il soutient les forts, augmente le volume des faibles, discipline les vagabonds et protège les égarés (Argot du peuple). *N*.

NICHONS : Les seins.

— Laissez-moi tâter vos jolis *nichons*.

— Combien qu'tu payes ? (Argot du peuple).

NIÈRE : Homme quelconque, lui.

— Le *gonce* a rudement le *trac* pour son *nière*.

On dit aussi : *mon nière bobéchon* pour *moi*.

Bobéchon, ici, fait double emploi (Argot des voleurs).

NIF : Non (Argot des voleurs).

NIPPÉ : Bien habillé.

— J'avais plus rien, les *requins* m'avaient *bazardée* pour payer mon *pro-*

bloque, j'ai dégotté un miché qui m'a renippée, à présent je suis rupine je peux trimarder (Argot du peuple)

NIQUE DE MÈCHE : N'avoir pas de complice.

— J'ai fait mon *coup de vogue sans nique de mèche* (Argot des voleurs).

NIQUE DE MÈCHE : Refus d'un complice de partager le produit d'un vol.

— *Nique de mèche, je ne fade pas le pognon* (Argot des voleurs).

NIORTE : Viande (Argot des voleurs). V. *Crigne*.

NOCE DE TAILLEUR : (Faire une) : Se promener le long des berges et faire des ronds dans l'eau avec des cailloux (Argot du peuple). *N*.

NOIX (En avoir) : Avoir beaucoup de bijoux (Argot des voleurs).

NONNE (Faire) : Faire la foule.

Rien de plus simple : les *nonneurs* (complices) se groupent autour de l'un d'eux, qui simule un mal subit, de préférence dans une rue barrée ; les badauds s'amassent, le *tireur* peut à l'aise explorer les poches, et souvent la moisson est féconde.

Quand l'un d'eux est pris et qu'il se *met à table*, on dit qu'il *mange sur ses nonneurs* (complices) (Argot des voleurs).

NONNEURS : Complices de voleurs, plus particulièrement des pick-pockets (Argot des voleurs).

NORD : Tête.

Dans le peuple, on dit souvent de quelqu'un qui devient fou :

— Il perd le *nord* (Argot du peuple).

NOZIÈRES : Qui ? (Argot des voleurs). *N*.

NOURISSEUR DE POUPARDS : Complice qui prépare les vols à accomplir.

Un bon *nourrisseur de poupards* est très recherché par les voleurs (Argot des voleurs).

NOUSAILLES : Nous.

Nosigues est beaucoup plus usité (Argot des voleurs).

NOUVELLE (La) : Le bagne.

Abréviation de *Nouvelle Calédonie*.

Autrefois, quand les bagnes étaient à Brest et à Toulon, on disait le *grand pré*.

— Il est *sapé à faucher le grand pré à perpète* (Argot des voleurs).

NOYEUSE D'ÉTRONS : Mère de famille qui va au lavoir public laver le linge de ses enfants.

Allusion aux déjections des bébés qui souillent les couches (Argot du peuple).

NUAGE : La tournure que portent les femmes ; ainsi nommé parce qu'il cache la *lune* (Argot du peuple). *N*.

O

OEIL A LA COQUE: Recevoir sur l'œil un formidable coup de poing qui le *poche* et en fait un *œil au beurre noir*.

La violence du coup fait extravaser le sang et le lendemain, l'œil est couvert par une large tache noire.

On appelle alors le blessé: *tape à l'œil* (Argot du peuple).

OEIL EN COULISSE: Regarder quelqu'un amoureusement, tendrement, avoir l'air de lui dire:
— Veux-tu?

Faire le genou à sa voisine sous la table, est aussi significatif et beaucoup moins visible, surtout si le mari est là (Argot du peuple).

OEIL QUI DIT MERDE A L'AUTRE: Deux yeux qui ne vivent pas en bonne intelligence, qui se regardent en *chiens de faïence* (Argot du peuple). V. *Guigne à gauche*.

OEIL (Faire de l'): Les filles font de l'œil aux passants qu'elles veulent raccrocher:

Ses deux beaux chasses vous
  rembroquaient
Puis à la piaule tous les gonces
  rappliquaient.

dit la *chanson du marlou* (Argot des filles).

OEIL (Faire l'): Avoir à crédit chez les fournisseurs.

Dans le peuple, quand on *oublie* de payer, le fournisseur refuse crédit ; alors on dit que l'œil est crevé (Argot du peuple).

OGRESSE : La procureuse ou la proxénète, bouquetière ou marchande à la toilette ; elle donne cent sous aux filles quand elle touche vingt francs, elle leur vend mille francs ce qui vaut cent francs.

Mot à mot : l'*ogresse* les mange toutes crues (Argot des filles).

OGRESSE : Femme friande de chair fraîche appartenant à son sexe (Argot des filles). V. *Accouplées*.

OIGNON (L') : Il s'appelle aussi *trou de balle* (Argot des souteneurs). V. *Figne*. N.

OIGNON : Montre énorme. Argot du peuple qui dit : *ognon*.

— Ton *ognon* marque-t-il l'heure et le linge ? (Argot du peuple).

OISEAU : Hélas ! quand il est envolé c'est pour longtemps et les regrets si amers qu'ils soient sont superflus.

Heureux encore s'il ne laisse pas un petit dans la cage.

— Elle a perdu son *oiseau* (Argot du peuple). N.

OLIVIER DE SAVETIER : Navet.

Comme ils sont économes pour la plupart, ils se servent de l'huile de *navette* qui se vend bon marché pour assaisonner leur salade.

C'est exactement la même chose que pour les pommes de terre ; on dit des *oranges de limousins* (Argot du peuple).

OMNIBUS : Femme à tous. On dit aussi : *wagons* et *omnibusardes*.

Fréquemment, ces *omnibus* là donnent une correspondance pour l'hôpital du Midi (Argot du peuple).

OMNIBUS A CONI : Voiture qui emporte le guillotiné du lieu d'exécution au cimetière (Argot des voleurs).

ONCLE : Le guichetier qui garde la première porte d'entrée d'une prison.

Je ne vois pas trop pourquoi on l'appelle mon *oncle* car il n'a guère de tendresse pour les visiteurs, à moins que ce ne soit un à peu près. Quand on va au *clou*, mon *oncle* prend soin des objets déposés (Argot des prisons).

ONGLES CROCHES (Les avoir) : Ce sont généralement les Normands qui ont cette spécialité, car on dit très souvent d'un *grippe-sous* que l'on pourrait le jeter au plafond qu'il ne retomberait pas.

Avoir les *ongles croches* est synonyme de *poser zéro* et de *retenir tout* (Argot du peuple).

ORANGER DE SAVETIER : Pied de *sarriette*, que les savetiers placent dans leur échoppe à côté d'eux (Argot du peuple.)

ORDINAIRE : La soupe et le bœuf que les ouvriers mangent le matin.

Comme presque toute l'année c'est la nourriture *ordinaire*, de là, le nom (Argot du peuple).

ORDINAIRE : Homme habitué à venir à heure et à jour fixe chez une fille.

C'est un protecteur intermittent (Argot des filles.

ORGUE : Homme.

Mon orgue, moi.
Ton orgue, toi.
Son orgue, lui.
Leur orgue, eux.
(Argot des voleurs).

ORGUE (Jouer de l') : Ronfler.

Il ronfle comme un tuyau d'*orgue*.

Il ronfle comme une *toupie d'Allemagne*.

Allusion au ronflement sonore que fait la toupie en tournant sur elle-même (Argot du peuple).

ORNICHON : Oie, volaille.

Les voleurs qui ont la spécialité de dévaliser les poulaillers dans les campagnes se nomment des *nettoyeurs d'ornichons* (Argot des voleurs). V. *Angluce*.

ORNIE DE BALLE : Dindon (Argot des voleurs).

ORPHELIN DE MURAILLE : Les étrons qui s'alignent le long des murs isolés.

Pourquoi *orphelins* ?

Ils sont parfois en nombreuse société et beaucoup ne peuvent être pris pour des vagabonds étant munis de papiers (Argot du peuple).

ORPHELIN : Bout de cigare ou de cigarette que le fumeur abandonne dédaigneusement.

Ils sont aussitôt recueillis par le ramasseur de *mégots* qui leur *fait un sort* (Argot du peuple).

ORPHELIN : Verre de vin à moitié bu que le buveur

abandonne sur le comptoir du mastroquet.

Quand un consommateur boit seul sans trinquer, il *étouffe un orphelin*.

Dans les *bars*, il ne manque pas de Saint-Vincent-de-Paul pour les recueillir (Argot du peuple).

OSEILLE : *La faire à l'oseille.*

Jouer un tour désagréable à quelqu'un. A. D.

Il attribue ce mot à un cabotin habitué d'une petite gargote de la rue de Malte où mangeaient les artistes des théâtres du boulevard et du Temple.

Selon lui, ce mot date de 1861 environ.

Comme cette locution : *la faire à l'oseille* est très répandue, il est bon de rétablir son origine.

Le petit père Vinet, mort il y a deux ans dans un taudis de la rue de Tourtille, à Belleville, était vers 1840 un chansonnier en vogue.

Il avait été *sauvage* au *Caveau des Aveugles*, au Palais-Royal, avant le père Blondelet ; il mangeait dans la gargote citée par Delvau.

La gargote était non rue de Malte, mais rue de la Tour. Un après-déjeuner, il composa une chanson intitulée : *Vous me la faites à l'oseille*. Bouvard, l'*homme à la vessie* la chantait encore en 1848, place de la Bastille.

Voici un couplet de cette chanson :

Comme papa j'suis resté garçon
Pour bonne j'ai pris Gervaise.
Elle est maîtresse à la maison
Je la *trouve mauvaise*
De la cave au grenier
La danse du panier
Que c'est une merveille.
Elle mange à son goût
Mes meilleurs ragoûts,
Vous me la faites à l'oseille.

Comme on le voit, il y a plus de cinquante ans que l'on connaît cette expression (Argot du peuple). N.

OS : Argent, or ou monnaie.

— J'ai de l'*os à moelle* dans ma poche (plusieurs pièces de cent sous) (Argot du peuple).

OSEILLE : Argent (Argot du peuple). V. *Aubert*.

OSEILLE (La faire à l') : Réussir un bon vol qui a été bien nourri.

Sûrement c'est la *faire à l'oseille* à celui qui a été dévalisé.

Les voleurs sont quelquefois facétieux (Argot des voleurs).

OSSELETS : Les cinq doigts.

Les gamins jouent un jeu

qui se nomme *osselet* avec des *os* de pied de mouton (Argot du peuple). V. *Apôtres*.

OURLER LE BEC : Besogne terminée

Quand un ouvrier graveur met sa signature au bas de sa planche ou de son bois, le *bec est ourlé* (Argot d'atelier).

OURS : Homme sombre, triste.

Dans les ateliers, on dit d'un ouvrier qui fuit ses camarades : c'est un *ours*.

En réalité, *ours mal léché* est synonyme de *mufle* (Argot du peuple).

OURS : Mauvais livre qui reste pour compte à l'éditeur.

Mauvais manuscrit de pièce qui dort dans les cartons du directeur.

En un mot, tout ce qui ne vaut rien, qui est raté, est un ours (Argot du peuple).

OURS (En poser un) : Quitter sa casse pour *raser* un *copain* ; la séance se prolongeant, les camarades crient :

— *Mince d'ours* (Argot d'imprimerie).

OURSER : Il est très difficile d'expliquer le sens brutal de ce mot autrement que comme ceci :

Mari qui remplit ses devoirs conjugaux comme un *ours* (Argot du peuple). *N*.

OUTIL : Vieille femme.

Objet de rebut qui ne peut servir à aucun usage.

Terme de mépris fréquemment employé :

— Sale *outil* (Argot du peuple).

OUTIL DE BESOIN : Femme ou fille.

Elles ne deviennent *outil* que par l'habitude de la cohabitation.

Un souteneur qui n'a pas de poigne pour défendre sa *marmite* est également un *outil de besoin*... jusqu'à temps qu'elle en trouve un autre (Argot du peuple).

OUVRIR SA SOUPAPE : Péter bruyamment.

Allusion à la *soupape* de la chaudière qui se soulève pour laisser échapper la vapeur quand la pression est trop haute.

On crie à celui qui s'oublie aussi fort :

— Ferme ta *soupape*, ça pue (Argot du peuple). *N*.

OUVRIR SA TABATIÈRE : Péter.

Par allusion à l'odeur, on dit : Quelle rude *prise* ! On en prend plus avec son nez qu'avec une pelle (Argot du peuple). *N*.

P

PAF : Cette expression désigne l'objet qui distingue l'homme de la femme.

Ce sont les voyous qui ont inventé le mot.

Quand un tenancier d'une maison de tolérance se retire des affaires et qu'il se fait construire une maison à la campagne, s'il éprouve, par vanité, le besoin de mettre au fronton de sa maison un écusson, il peut y ajouter cette devise qui explique le mot *paf* :

Pene erexit domum (Argot du peuple). *N.*

PAF (Être) : Être gris.
— Je me suis *paffé* hier soir que c'en est dégoutant.
— *Paf*, ça y est.

Chose accomplie. Synonyme de : J'en ai mon pied. (Argot du peuple).

PAFFS : Souliers.

C'est à peu près le meilleur mot d'argot pour désigner le bruit que fait le marcheur en frappant le sol du pied.

C'est une image : *paff ! paff !* (Argot du peuple).

PAGNE : Lit.

Allusion au *pagne* qui entoure la taille des sauvages ; les draps cachent également la nudité de l'homme et de la femme (Argot du peuple). *N.*

PAGNE : Provision.

On n'les but'plus, car c'est un mauvais flanche,
Y en a toujours qui sont paumés marrons,
Mais sans r'niffler, pour eux on fait la manche,
On leur envoie le *pagne* au violon.

(Argot des voleurs).

PAGNOTER (Se) : Se coucher.

Malgré le double emploi, on dit dans le peuple :

— Je vais me *pagnoter* dans mon *pieu* avec mes *dardants* (Argot du peuple).

PAILLASSE : Femme.

Un homme se promène, sa femme au bras ; il est rencontré par un ami :

— Tiens, tu déménages, Charlot ?

Pourquoi donc ?

— Puisque t'as ta *paillasse* sous le bras (Argot du peuple). V. *Boulet*.

PAILLASSE A SOLDAT : Femme sur laquelle tout un régiment couche.

Mot à mot : qui sert de *paillasse* (Argot du peuple). *N*.

PAILLASSE : Pitre qui fait le boniment devant les baraques de saltimbanques.

Paillasses : les hommes politiques qui servent tous les gouvernements, pourvu qu'ils paient.

Paillass', mon ami,
N'saut' pas à demi.
Saute pour tout le monde.

(Argot du peuple).

PAILLE (C'est une) : Signe d'étonnement qui veut dire beaucoup, trop gros fardeau à porter :

C'est une *paille* que de porter ça là bas (Argot du peuple). *N*.

PAILLE AU CUL (Avoir la) : Être mis à la réforme. *L. L*

S'en aller la *paille au cul*, c'est quitter le régiment en ayant encore de la salle de police ou de la prison à faire.

Allusion à la paille sur laquelle couchent les prisonniers (Argot des troupiers). *N*.

PALABRE : Discours ennuyeux, prudhommesque. *A. D*.

Palabra, en langue espagnole, signifie *parole*, il est vrai, mais ce n'est pas le sens dans le langage populaire.

Palabre trembleuse : figure de bourgeois qui tremble à propos de rien, qui a peur de son ombre, qui se cache au moindre bruit.

Palabre signifie *figure* :

— Le *biffard* a tellement la *frousse* que sa

— *palabre défargue* (Argot du peuple). *N.*

PALAIS : Pièce de cinq francs.

Allusion à la forme plate du *palais* qui sert pour jouer au tonneau (Argot du peuple). V. *Tune.*

PALLAS : Discours.

— Tu ne vas pas bientôt nous lâcher le coude avec ton *pallas* à dormir debout.

— Viens-tu entendre le *bénisseur*, il va *pallasser* sur la tombe de son ami (Argot des voleurs).

PALLASSEUR : Individu qui parle d'abondance, longuement, sur tout ce qu'il ne sait pas.

— Gare aux inondations ! le *pallasseur* a ouvert son robinet (Argot du peuple).

PALPEUR : Juge d'instruction.

Il *palpe* en effet les prisonniers pour les faire avouer.

Cette expression est plus jolie que l'ancienne : *curieux* (Argot des voleurs). *N.*

PALPITANT : Le cœur (Argot des voleurs). V. *Grand ressort. N.*

PAMPINE : Sœur de charité (Argot des voleurs).

PANAMISTE : Cette expression date de 1892.

Ce sont les dénonciations faites par M. Andrieux contre les 104 députés qui auraient touché des chèques à la caisse du *Panama* qui ont donné naissance à ce mot (Argot du peuple). *N.*

PANADE : Soupe de pain qui mijote lentement sur un feu doux.

Dans le peuple, être dans *la panade*, c'est être dans la misère.

Allusion à ce que *la panade* est généralement faite avec des croûtes de pain (Argot du peuple). *N.*

PANAIS : Pan de chemise.

Être en *panais*, être en chemise.

Dans le peuple, *panais* est employé comme négation.

— Veux-tu me prêter cent sous ?

— Des *panais*, tu te fouterais de ma *fiole* (Argot du peuple). *N.*

PANIER : Lit.

— Mon petit homme, veux-tu venir avec moi faire une séance de *panier*, tu verras comme je suis aimable (Argot des filles).

PANIER A SALADE : Voiture cellulaire pour conduire les prisonniers des postes de police au Dépôt de la préfecture, ainsi nommée parce qu'autrefois cette voiture était à claire-voie (Argot des voleurs).

PANIER A DEUX ANSES : Avoir une femme à chaque bras (Argot du peuple).

PANIER PERCÉ : Homme qui n'a rien à lui.

Allusion au panier sans fond que jamais on ne peut emplir (Argot du peuple).

PANSU : Terme de mépris employé par le peuple pour qualifier un bourgeois qui fait un dieu de son ventre et qui a une *panse* arrondie.

Pansu : égoïste qui ne songe qu'à lui (Argot du peuple). N.

PANTIN : Paris.

Quand on a bien *billanché* pour son compte,
On *defourage* et *renquille* à PANTIN.
L'long du *trimard*, *bequillant* son décompte,
De gueule en gueule on *pique* un gai refrain.

Pantin : Argot du peuple.

Pantruche : Argot des voleurs.

PANTE : Imbécile qui se laisse facilement duper.

Inutile, je pense, de dire que *pante* vient de *pantin* : gens de *Paris* (Argot des voleurs).

PANTRE ARGOTÉ : Imbécile de la pire espèce, plus bête que ses pieds ; être facile à tromper (Argot des voleurs).

PANTRE ARNAU : Mot à mot : individu qui *renaude*, qui marronne en s'apercevant qu'il vient d'être victime d'un vol (Argot des voleurs).

PANUCHE : Femme élégamment mise. L. L.

Panuche est la maîtresse d'une maison de tolérance (Argot des souteneurs). V. *Maman-maca*.

PAPILLON : Blanchisseur de campagne (Argot des voleurs).

PAPILLON : Vol à la *marque*.

Il se pratique dans les voitures de blanchisseuses qui viennent de la campagne et confient leurs voitures à la garde d'un enfant (Argot des voleurs).

PAQUET : Homme ou femme gros, court sur pattes, sans élégance, ressemblant à un *paquet* de chair (Argot du peuple).

PARANGONNER : Arranger au moyen d'interlignes des caractères de différents corps (Argot d'imprimerie).

PARAPHE (En détacher un) : Donner un soufflet à quelqu'un.

On dit aussi :

— Je vais te *poser un cachet*.

Détacher un paraphe est rarement employé, c'est trop long ; *bègne* vaut mieux (Argot du peuple).

PARC AUX HUITRES : Mouchoir.

L'allusion n'est pas tout ce qu'il y a de plus distingué, mais l'image est juste (Argot du peuple). N.

PARFAIT AMOUR DE CHIFFONNIER : Eau-de-vie vendue dans les assommoirs (Argot du peuple).

PARFUMEUR : Avocat.

Mot à mot : il couvre son client de fleurs (Argot du peuple). V. *Blanchisseur*.

PARISIEN A GROS BEC : Quand, dans les ateliers, un provincial fait de l'embarras, qu'il prend des airs casseurs, qu'il fait le crâne et dit : nous autres *Parisiens*, parce qu'il habite la capitale depuis six mois, on lui répond :

— Tu n'es qu'un *Parisien à gros bec* (Argot du peuple). N.

PARLOIR DES SINGES : Parloir des prisons.

Allusion aux trois grilles entre lesquelles sont enfermés les visiteurs et les prisonniers (Argot des voleurs).

PAROUFLE : La paroisse.

C'est un sale *parouflard* ; pour sale *paroissien* (Argot des voleurs). N.

PARRAIN : Avocat.

Il sert en effet de *parrain* à l'accusé, il le tient sur les fonds baptismaux en cour d'assises (Argot des voleurs). N.

PASCAILLER : Passer.

— Le *gonce* a *pascaillé* avant toi au *carré des petites gerbes*, il est *enflaqué* pour dix *berges*.

Pascailler veut dire également prendre le tour ou la place de quelqu'un.

— J'ai *pascaillé* la *Môme Livarot* au *Rouquin* (Argot des voleurs). N.

PAS CUIT : Un courtier demande à un libraire un livre ou une revue ; s'ils ne sont pas parus, on lui répond laconiquement : *pas cuit*.

Mot à mot : ils sont encore au four (en confection) (Argot des libraires). N.

PAS SI CHER : Silence, parlez plus bas, on nous écoute.

Expression employée dans les prisons pour signaler l'arrivée d'un gardien qui punirait les causeurs.

Synonyme de : *il pleut*, employé dans les imprimeries quand le *prote* ou le patron entre à l'atelier (Argot des voleurs).

PAS MÈCHE : Impossible de réussir.

Mèche pour *moyen*.

— J'ai beau la chauffer, pas *mèche* d'y arriver (Argot du peuple).

PASSE (Être gerbé à la) : Mauvaise affaire pour celui qui est dans ce cas-là.

Être gerbé à la passe, c'est être condamné à mort.

La *passe*, c'est la guillotine (Argot des voleurs).

PASSE (Faire une) : Fille qui raccroche sur la voie publique et conduit ses clients de hasard au premier hôtel venu.

Elle ne fait que *passer*.

Faire une *passe* vient aussi de faire *un passant* (Argot des filles).

PASSE-BOURGEOISE : Femme mariée, habituée des maisons de rendez-vous et qui, par ses *passes*, aide à faire bouillir la marmite (Argot du peuple).

PASSER A LA PIPE : Quand un individu est arrêté et conduit dans un poste, les agents le battent.

On le *passe à la pipe*.

Mot à mot : il est *fumé*.

Synonyme de *passer à tabac* (Argot du peuple).

PASSER DE BELLE (Se) : Ne pas recevoir sa part d'un vol ou d'une affaire.

Il s'en *passe de belles* : homme qui vit joyeusement.

Mot à mot : qui *passe de belles journées*.

Il s'en *passe de belles* pour exprimer que dans tel endroit il se *passe de vilaines choses*.

Il *en fait de belles* : commettre de mauvaises actions.

— Il *en fait de belles* ton vilain sujet, il crèvera sur l'échafaud (Argot du peuple et des voleurs). *N*.

PASSER DEVANT LE FOUR DU BOULANGER : Voilà une expression qui n'est pas banale et qui est très usitée.

Quand un gamin ou une gamine sont trop précoces, qu'ils ont l'esprit plus éveillé qu'il ne faudrait, on emploie ce mot.

Mais il est plus typique dans ce sens.

Quand une toute jeune fille *a avalé son pépin* et qu'elle pose quand même pour la vertu, on lui dit :

— Ne fais donc pas

tant ta gueule, tu as *passé-devant le four du boulanger*.

Mot à mot, elle a vu *enfourner* (Argot du peuple). N.

PASSER LE GOUT DU PAIN : Etrangler un individu, lui faire *passer le goût du pain* (Argot du peuple).

PASSER DEVANT LA GLACE : Payer.

Allusion à la *glace* qui est toujours derrière le comptoir, chez le marchand de vin (Argot du peuple).

PASSER L'ARME A GAUCHE : Mourir (Argot du peuple).

PASSER L'ÉPONGE : Oublier, pardonner.

Mot à mot : *laver le passé* (Argot du peuple).

PASSER A TABAC : Cette expression est toute récente.

Quand un individu est arrêté et conduit dans un poste de police, il est souvent frappé par la police, de là : *passer à tabac* (Argot du peuple).

PASSÉ-SINGE : Roué. A. D.

Singe ne doit pas ici être pris dans le sens de patron ; *singe* est l'animal de ce nom.

Passé-singe, passé maî-tre dans l'art de faire des grimaces et de se contorsionner.

Synonyme de souplesse et d'agilité.

— Il est donc *passé-singe* qu'il a pu *cromper la tante* malgré l'*oncle* et les *barbaulliers* (Argot des voleurs). N.

PASSE VANTERNE : Échelle.

Mot à mot : passer par la fenêtre (Argot des voleurs).

PASSIFS : Souliers.

Il en est peu, en effet, qui *résistent* au mauvais temps, surtout depuis l'invention des semelles en cuir factice (Argot du peuple).

PASSIF : Homme pour homme, celui qui subit.

Habitué des latrines de la berge du Pont-Neuf, des bains de la rue de Penthièvre ou des pissotières des Champs-Elysées.

Dans le peuple on dit :

— Il va ramasser des marrons dans l'allée des Veuves.

L'allusion est claire (Argot du peuple).

PATAPOUF : Homme gros et court sur jambes, qui peut à peine souffler en marchant.

Dans le peuple on dit :

— Ce *patapouf* souffle

comme un phoque (Argot du peuple).

PATELIN : Pays.

Corruption du vieux mot *pasquelin*, qui signifiait la même chose (Argot du peuple).

PATINER (Se) : Se sauver.

— Je me *patine* parce que je suis en retard.

Allusion aux *patineurs* qui avancent rapidement.

Patiner veut aussi dire se dépêcher de terminer une besogne.

— Je me *patine* de finir ma pièce, autrement samedi pas de *galette*.

Patiner du chiffon rouge, se *patiner* de la *langue* : parler vite (Argot du peuple). N.

PATOUILLER : Manier.

— Vous n'avez pas bientôt fini de me *patouiller* avec vos sales pattes ?

On *patouille* dans un coffre-fort.

On dit également *patrifouiller*.

— Ce cochon de *quart d'œil* a passé deux heures à *patrifouiller* dans mes *frusques* pour trouver de quoi me faire *sapé*, mais il est *grinchi*. C'était au moulin.

Patrifouiller est le superlatif de *fouiller* (Argot des voleurs). N.

PATRICOTAGE : Les danseurs *patricotent* des jambes.

On dit aussi :

— Il a *patricoté* dans la caisse.

Patricoter est ici pour *tricoter* (Argot du peuple). N.

PAUMER : Perdre.

— Tu fais une drôle de gueule.

— J'avais deux *sigues* d'*affure* et j'en *paume* quatre, y a de quoi.

— Fallait pas jouer (Argot des voleurs). N.

PAUMÉ : Être pris, empoigné.

Les agents arrêtent un voleur en lui mettant généralement la *paume* de la main sur l'épaule.

L'allusion est claire.

Être *empaumé* : être fourré en prison (Argot des voleurs).

PAUMÉ MARRON : *Paumé*, pris, *marron*, l'être.

Je suis *marron* signifie être *refait*.

Un gogo est *marron* dans une affaire qui rate.

— On m'a pris ma place, je suis *marron*.

Synonyme de *rester en panne* (Argot des voleurs). N.

PAVE (On) : Rue dans laquelle on ne peut passer à

12.

cause d'un créancier (Argot du peuple).

PAYER UN HOMME (Se) : Moyen que possèdent toutes les femmes sans débourser d'argent.

Cette expression est généralement employée par les femmes à caprices.

— Elle se *paye autant d'hommes* qu'elle change de chemises (Argot des filles). N.

PEAU COURTE (Avoir la) : Accident qui arrive à ceux qui mangent trop de haricots.

Mot à mot : *péter* (Argot du peuple).

PEAU DE LAPIN : Nom donné aux ouvrières cartonnières :

— Jamais mes *peaux de lapins ne turbinent* le lundi (Argot du peuple). N.

PÉDÉRASTE : Ce mot est trop connu pour avoir besoin de l'expliquer autrement que par ceci : homme qui commet volontairement des erreurs de grammaire et met au masculin ce qui devrait être au féminin (Argot du peuple).

PÉGOCE : Pou.

On dit aussi *gau*.

Abasourdir des gaux : tuer les poux qui *morganent* sur son cuir (Argot des voleurs).

PÈGRES : Voleurs.

Les *pègres* forment deux catégories : la *haute* et la *basse pègre* (Argot des voleurs).

PÉGRIOT : Petit voleur.

Diminutif de *pègre*.

Le *pégriot* est d'une très grande utilité pour les *ratiboiseurs de boutanches*, qui pratiquent le vol au *radin* (Argot des voleurs).

PEIGNER UN DIABLE QUI N'A PAS DE CHEVEUX : Réponse d'un débiteur malheureux à un créancier obstiné (Argot du peuple).

PEIGNE-CUL : Homme vil, bas, flatteur.

Mot à mot : homme de rien.

Terme de profond mépris, en usage dans les ateliers, pour qualifier un ouvrier qui donne toujours raison au patron (Argot du peuple).

PÉLAGO : La prison de Sainte-Pélagie.

Cette expression est une défiguration du mot *Pélagie* par l'emploi du suffixe *go*.

Ce fait se produit souvent en argot (Argot des voleurs).

PÉLO : Sou.

— Je suis dans une *dèche carabinée*, depuis une semaine je n'ai pas touché un *pélo* (Argot du peuple).

PELOTER LE CARME : On sait que les changeurs, pour attirer les regards, placent dans leurs vitrines des sebiles remplies d'or ; les pauvres diables s'arrêtent à contempler ces richesses comme le savoyard mange son pain à l'odeur des cuisines du Café Anglais.

Ils *pelotent le carme*... moralement (Argot du peuple).

PELURE : Paletot ou veston.

— *J'enquille* ma *pelure* à manger le rôti (Argot du peuple).

PENDARDS : Seins qui pendent comme de vieilles vessies.

Cette expression est attribuée à Talleyrand.

Il assistait à la toilette d'une grande dame. Il regardait une femme de chambre lui lacer son corset ; elle lui dit en minaudant :

— Vous regardez mes petits coquins ?

— Vous pourriez dire vos grands *pendards* (Argot du peuple).

PENDU (Se payer un) : On sait que les brocanteurs *pendent* à leur étalage les vêtements qu'ils ont à vendre.

Ils passent les manches dans un bâton, ce qui donne l'aspect des bras.

Vu d'un peu loin, on jurerait un *pendu*.

Se *payer un pendu*, c'est acheter ce vêtement (Argot du peuple).

PENDU GLACÉ : Le candélabre en forme de potence qui supporte le bec de gaz.

Les voleurs n'aiment pas beaucoup ces *pendus*-là.

— J'ai été *paumé* pour avoir *barbotté* un *pante*, sans ce chameau de *pendu glacé*, je me *cavalais* à la *frime* du *sergot* (Argot des voleurs). *N.*

PENDULARD : Voleur de pendules.

Les Allemands, en 1870, nous ont donné un joli échantillon de leur savoir faire dans ce genre de vol.

Ce sont les *bonjouriers* qui pratiquent ce vol, principalement dans les loges de concierges (Argot des voleurs). *N.*

PENDULE A PLUMES : Le coq qui chante chaque matin à heures fixes.

On dit également *réveil-matin*.

Ç'en est un très économique qui n'a pas besoin d'être remonté et qui a l'avantage de pouvoir être mangé quand il a cessé de plaire (Argot du peuple).

PÉNICHES : Souliers, lorsqu'ils sont d'une dimension démesurée (Argot du peuple).

PÉ-PÈTES : Sous.

— Ça commence à être rudement rasant, pas un *pé-pète* à la clé (Argot du peuple).

PÉPIN : Avoir un *pépin*, aimer quelqu'un.

Se dit aussi à la poule qui se joue au billard. Quand un joueur a derrière lui un adversaire maladroit, il est protégé par un *pépin*, il est couvert.

Pépin, par le même motif, signifie parapluie (Argot du peuple). *N.*

PERCHER : Loger au hasard, tantôt ici, tantôt là.

Allusion à l'oiseau qui *perche* tantôt sur une branche tantôt sur une autre (Argot du peuple).

PERDRE SES BAS : Oublier.

— Tu *perds* donc *tes bas*, que tu manques au rendez-vous que tu m'as donné ?

— Prêtez-moi mille francs.

— Vous *perdez* donc *vos bas*, mon vieux ?

Ici le sens est ironique.

On dit aussi :

— Tu *fais dans tes bas*.

Pour : Tu te moques de moi (Argot du peuple).

PÈRE PEINARD (En) : Y aller doucement, sans se presser, sans se faire de bile.

Les agents arrivent en *Père Peinard* pour surprendre un voleur en flagrant délit (Argot du peuple). *N.*

PERLOT : Tabac — dérivé de *semper*. *L. L.*

Semper s'écrit *Saint-Père* dans toutes les prisons.

A la *centrousse* de Melun, on chante depuis des années :

Pour du tabac, disait un pègre,
Et pour trois pouces de *Saint-Père*.

(Argot des voleurs).

PERSIL : Faire le *persil*, aller au *persil* : raccrocher.

On n'est pas fixé sur l'origine et la valeur de cette expression. Francisque Michel la fait venir de *pesciller*; Delvau dit qu'elle a pour motif que les filles raccrochent dans les terrains vagues où pousse le *persil*; le peuple, qui ne connaît ni l'un ni l'autre, applique cette expression aussi bien aux filles de la rue qu'à celles du boulevard, parce que la fille trotte dans la boue et qu'elle a les pieds sales; or, depuis plus de cinquante ans, on dit d'une fille qui a les pieds malpropres :

— Elle a du *persil dans les pieds*; de là : faire son *persil* (Argot des souteneurs).

PERROQUET : Absinthe.
Allusion à la couleur verte de la liqueur, qui ressemble à celle du perroquet (Argot du peuple). V. *Poileuse*.

PERRUQUE : Vieille *perruque*, vieux serin, homme qui n'est pas *fin-de-siècle*.
Perruque (En faire une) : Vendre des matériaux qui appartiennent à autrui (Argot des entrepreneurs).

PESCILLER D'ESBROUFFE : Prendre d'autorité.
Le voleur à l'*esbrouffe pescille* de cette façon le portefeuille ou le porte-monnaie du bourgeois (Argot des voleurs). V. *Vol à l'esbrouffe*.

PESSIGNER ou PESSIGUER : Ouvrir.
— J'ai une *carouble* qui *pessigne* toutes les *lourdes* sans *fric-frac* (Argot des voleurs).

PESTAILLES : Agents de la sûreté ou sergents de ville.

Pour les voleurs, ce sont des *pestes*; ils ont ajouté la finale de *railles*, l'ancien mot, et n'en ont fait qu'un (Argot des voleurs). N.

PET : Signal convenu pour prévenir ses complices qu'il y a du danger.
— *Pet, pet*, v'la les *pestailles*.
On dit également :
— Au bastringue du Pou Volant, il y aura du *pet* ce soir (Argot des voleurs).

PET A VINGT ONGLES : Enfant nouveau-né (Argot du peuple).

PÉTARD : Sou.
C'est une corruption du mot *patard*, expression employée par François Villon.
En Suisse, il y a des siècles, *patard* était une monnaie divisionnaire ; en terme de mépris, on disait : *un patard de vache* (Argot du peuple). N.

PÉTARD : Le derrière.
— Crois-tu qu'elle est bien en viande? Quel riche *pétard* ! On en mangerait une tranche.
L'allusion se devine ; souvent il tire des feux d'artifice (Argot du peuple). N.

PÉTARDIER, PÉTARDIÈRE : Faire du tapage, du bruit.

— Ah ! tu sais, il ne faut pas l'emmener quand il a le *nez sale*, c'est un *pétardier* (Argot du peuple).

PÉTASE : Chapeau ridicule comme en portent les paysans les jours de fête.

Ce chapeau se transmet de père en fils, tant pis si la tête est plus ou moins forte.

Il en est qui datent du siècle dernier (Argot du peuple).

PÉTASSE : Vieille femme avachie qui perd ses *vestiges* en marchant.

Putain et soularde (Argot des souteneurs).

PÈTE-SEC (Monsieur) : Individu qui ne rit jamais et paraît toujours en colère.

Surnom donné au régiment aux officiers dont la rigueur est proverbiale (Argot du peuple).

PÉTER : Se plaindre.

— Ah ! mon vieil *aminche*, comme ta *frime* est *toquarde*, tu as les *douilles savonnées*, d'où que tu sors ?

— De la *boîte aux cailloux*. A cause d'un *mec* qui a *pété* au *moissonneur*, j'ai passé à la *planche à pain*.

Péter, mot à mot : faire du *pet*, se *plaindre à la justice* (Argot des voleurs). N.

PÉTER LA SOUS-VENTRIÈRE (S'en faire) : Terme ironique employé pour dire à quelqu'un qui vous fait une demande saugrenue :

— Tu t'en *ferais péter la sous-ventrière*.

Synonyme de : *Tu n'en voudrais pas*.

Avoir mangé à s'en *faire péter la sous-ventrière* (Argot du peuple). N.

PÉTER PLUS HAUT QUE LE CUL : Faire de l'embarras, de l'esbrouffe, vouloir prouver que l'on est riche lorsque l'on n'a pas le sou.

Homme ou femme qui s'habille élégamment en se privant sur la nourriture :

— Ils veulent *péter plus haut qu'ils n'ont le cul*.

C'est le cas des filles de boutique et des commis de magasins.

Dans le peuple, par ironie, on les appelle :

Tout sur le dos, rien dans l'estomac (Argot du peuple). N.

PÉTEUR : Dénonciateur.

Comme pour *dénoncer* il faut parler, le mot *péteur* doit être pris dans le sens de *péter du bec* (Argot des voleurs).

PETIT MONDE : Lentille.

On dit aussi par allusion de forme et presque de couleur : *punaise* (Argot des voleurs).

PÉTILLARDS : Diamants.

Pétiller est dit pour *briller*. C'en est le superlatif.

— Les *durailles* de la *gonzesse* sont *pétillants* aux *pendus glacés* (Argot des voleurs). *N.*

PETIT SALÉ : Petit enfant.

— Tu ne vas pas faire taire ton *salé* ; fous-y donc sa *gamelle* pour qu'il ne *chialle* plus (Argot du peuple).

PETITE FILLE : Demi-bouteille.

— Viens-tu boire une bouteille ?

— Non, une *petite fille* suffira (Argot du peuple).

PÉTROLE : Mauvaise eau-de-vie servie dans les *assommoirs*.

Elle brûle l'estomac (Argot du peuple). *N.*

PÉTROUSQUIN : La partie du corps sur laquelle on tombe le plus souvent. *A. D.*

Pétrousquin, paysan.

Malgré la croyance populaire, le paysan n'est pas aussi *cul* qu'il le paraît.

Ce n'est donc pas de là, que vient l'expression.

Pétrousquin, ne viendrait-il pas de *Pétrus*, avec une finale ajoutée (Argot du peuple).

PETSOUILLE : Cette expression est suffisamment claire.

Elle désigne un jardinier habitué à travailler la terre ; elle est un terme de mépris lorsqu'elle est employée vis-à-vis d'un bourgeois (Argot du peuple).

PÈRE LA TUILE (Le) : Dieu.

Il n'est pourtant jamais tombé sur personne.

Cette expression est en usage dans le monde des prisons.

— As-tu entendu le *ratichon balancer* sa *jasante* au *Père la Tuile* (Argot des voleurs).

PÈZE ou PÈSE : Argent.

L'expression est due à Frédérick-Lemaître.

Il jouait avec Clarisse Miroy à la Porte-Saint-Martin sous la direction Harel. Ce dernier n'aimait pas payer ; un soir qu'il était en retard avec les appointements du grand artiste, celui-ci ne voulut pas entrer en scène avant d'être réglé. Il envoya Clarisse à la caisse ; elle en revint peu après avec un énorme sac de pièces de cent sous. Elle le tendit à Frédérick.

— Tiens, *pèse?*

Depuis ce temps, on dit dans le peuple :

— As-tu du *pèse?* (Argot du peuple).

PHILÉMON - BAUCIS : Quand deux bourgeois jouent aux dominos, et que l'un d'eux se débarrasse du double-six, il s'écrie en riant :

— *Filez mon beau six* (Argot des bourgeois).

PIANO DU PAUVRE (Le) : Des haricots.

Allusion au bruit du lendemain (Argot du peuple).

PIAU : Cette expression est employée dans les ateliers de composition en réponse à une question indiscrète ou ridicule. *Piau,* c'est tout dire.

Quand on ne veut pas répondre, on se contente de dire :

— Il est *derrière le poêle chez Cosson.* C'est tout.

Si l'insistance est trop grande, on dit :

— Va donc *chier dans le casselin aux apostrophes.*

Cette dernière expression est également employée quand un camarade devient riche :

— Il a chié dans le *casselin aux apostrophes.*

En ce cas, elle ne sert pas souvent, car nos camarades, les typos, nous ressemblent, le travail ne les enrichit guère (Argot d'imprimerie). *N.*

PIAULE : La maison.

— Y a pas, faut *rappliquer* à la *piaule* de la *dabe,* sans ça pas de *boulottage* à la clé.

Pourquoi *piaule?*

Delvau dit que c'est une allusion aux nombreux enfants qui *piaillent* dans la maison. Ne serait-ce pas plutôt à cause du *pieu* (lit) dont par déformation on a fait *piaule?*

C'est plus que probable (Argot du peuple).

PICHENET : Petit vin aigre que l'on boit à Argenteuil (Argot du peuple).

PICOREUR : Voleur de grands chemins.

Le *picorage* est le vol commis au hasard sur le passant qui est *picoré,* ou dans les fermes isolées.

Le voleur *picore* comme la poule, dans les armoires; il y trouve plus de butin que sur le fumier (Argot des voleurs).

PIED DE BICHE : Pince (Argot des voleurs). V. *Monseigneur.*

PIEDS FUNICULÉS (Avoir les) : Refuser de marcher.

Allusion au *funiculaire* de Belleville qui *marche* quand il veut (Argot du peuple). *N.*

PIERRE A AFFUTER : Le pain.

En le coupant, cela n'*affûte* pourtant pas le couteau, mais c'est une allusion au va et vient du couteau sur la *pierre à repasser*, quand le rémouleur lui donne le *fil*, ou quand le boucher l'aiguise sur son *fusil* (Argot du peuple).

PIERREUSE : Fille publique qui bat son quart dans les terrains vagues, où il se trouve plus de *cailloux* que d'herbe (Argot des souteneurs).

PIEU : Le lit.

Se fourrer au *pieu*.

Se coller dans le *pieu*.

Allusion à ce que l'on s'y enfonce comme le *pieu* s'enfonce dans la terre (Argot du peuple).

PIÈCE DE DIX SOUS : Monnaie affectionnée par les pédérastes.

Ils la préfèrent particulièrement quand elle est neuve (Argot du peuple). *N.*

PIGE : Année.

Synonyme de *berge* (Argot des voleurs).

PIGE : Expression employée dans les imprimeries pour constater quel est celui des compositeurs qui *lève* le plus de lignes à l'heure (Argot des imprimeurs).

PIGE : Employé par les enfants quand ils jouent aux billes; à l'aide d'une paille ou d'un petit morceau de bois, ils mesurent la distance de la bille la plus près du but pour trancher le différend (Argot du peuple).

PIGEON : Homme facile à *plumer*.

Plumer un pigeon, c'est *plumer* un individu qui a un *béguin* pour une fille.

— Je tiens mon *pigeon*, il laissera sa dernière *plume* dans mon alcove (Argot des filles).

PIGNOCHER : Terme employé dans les ateliers de peintres pour désigner un artiste qui peint à petits coups de pinceau.

Il *pignoche* sa toile.

Meissonier était le roi des *pignocheurs* (Argot des artistes).

PIGNOUF : Un *miché* qui pose un lapin à une fille est un *pignouf* (Argot des filles).

PILE (En recevoir une) : Être battu à plate couture (Argot du peuple).

PILE (Une) : Cent francs (Argot des voleurs).

PILER DU POIVRE : Individu qui a des chaussures neuves qui lui font mal ; il marche sur la pointe des pieds.

Il *pile du poivre*.

On dit également :

— Il est dans la *prison de Saint-Crépin*.

Quand une personne est absente et que l'on médit d'elle, on *pile du poivre* sur son compte.

On connaît cette anecdote de Tortoni :

Il y avait une vingtaine de journalistes réunis. Chaque fois que l'un s'en allait, aussitôt il était arrangé de belle façon, et ainsi de suite jusqu'au dernier.

Celui-là, en partant, se dit : au moins on ne *pilera pas de poivre* sur mon compte ; je reste seul.

Le garçon l'accompagna et dit en fermant la porte :

— Quel crétin que ce coco-là, il se croit l'égal de Victor Hugo et il est plus bête que trente-six cochons.

Le garçon *pilait du poivre*.

Faire piler du poivre à quelqu'un : lui casser la tête sur le pavé (Argot du peuple). *N.*

PILIER DE CABARET : Soulard qui ne quitte pas le *mastroquet*.

C'est, en effet, une des *colonnes* de la boutique.

Les ménagères emploient souvent cette expression quand leur mari rentre par trop *imbibé* (Argot du peuple).

PILIER DE COUR D'ASSISES : Récidiviste qui a subi plusieurs condamnations.

Cheval de retour (Argot du peuple).

PINCEAU : Balai.

— Quel riche coup de pinceau (Argot du peuple).

PINCE-CUL : Bal de bas étage où l'on pelote la marchandise avant de l'emmener *bacher* (Argot des souteneurs).

PINCÉ : Être *pincé*, être pris.

Être pincé : être amoureux.

— Je suis *pincé* pour Nana. Je n'en dors plus.

En *pincer* pour quelqu'un, c'est avoir un ardent désir (Argot du peuple). *N.*

PINCER DE LA GUITARE : Toutes les fenêtres des cellules des prisonniers sont garnies de barreaux de fer.

Ils *pincent de la guitare* avec les barreaux.

Allusion aux cordes de la *guitare* (Argot des voleurs).

PINCE-LOQUES : Aiguille.

L'aiguille, en effet, sert à repriser les *loques*, à les raccommoder. Elle rapproche les trous, elle les *pince* (Argot des voleurs).

PINCER DES FRÉTILLANTES : Danser.

L'image est jolie, les jambes *frétillent*.

Quand la *Goulue pince des frétillantes* dans un cavalier seul distingué, elle *pince le pas du hareng saur en détresse* (Argot du peuple).

PINCETTES : Jambes, quand elles sont minces.

— Tu fais sécher les bas sur des *pincettes* (Argot du peuple).

PINGAUD (Il est) : Il est joli, bien élevé.

— Ah ! Madame, le joli enfant que vous avez là.

— Fais voir à Madame que tu es *pingaud* ; souhaite-lui le bonjour.

— Est-ce que je la connais, c'te vache-là.

— Oh ! c'est y Dieu possible, un enfant que j'ai porté neuf mois dans mon sein...

— Fous-moi le cul dans ta hotte, tu me porteras trois mois de plus ; ça sera un an (Argot du peuple).

PINGRE : Avare qui rapine sur tout.

Le roi des *pingres* était un nommé Crétin, un des plus riches propriétaires de Lyon ; il déchirait les marges blanches des affiches apposées sur les murs, pour en faire des quittances pour toucher ses loyers.

Quand il pleuvait, il lâchait ses poules dans les champs ; elles lui rapportaient à leurs pattes la terre du voisin ! (Argot du peuple).

PIOCHER : Travailler dur et ferme.

— Je *pioche* mon examen.

Piocher est synonyme de fouiller.

Allusion à l'ouvrier qui *fouille* la terre en la *piochant* (Argot du peuple).

PIONCER : Dormir à poings fermés (Argot du peuple).

PIPE (Tête de) : La tête.

Allusion à ce que la plupart de nos grands hommes ont eu l'honneur d'être moulés en terre de pipe et fumés par le peuple, culottés quelquefois.

Il existe une chanson sur ce sujet :

Ils dis'nt en le voyant picter
Sa pipe enfin commence à
  s'culotter.

On dit d'un individu grotesque qu'il a une *tête de pipe* (Argot du peuple).

PIPÉ : Château.

Il est presque impossible de trouver le pourquoi des principales expressions employées par les voleurs pour désigner des choses spéciales, telles que *bergerie*, *grange*, *ferme*, etc., etc.

J'en ai questionné un certain nombre, tous m'ont répondu :

— Ça s'appelle comme ça, voilà tout (Argot des voleurs).

PIQUE-PRUNE : Ouvrier tailleur. Allusion à la marche de l'aiguille.

On dit aussi : *Pique-puce* et *pique-poux*.

C'est un terme de métier (Argot du peuple).

PIQUER UNE ROMANCE : Dormir.

Allusion au ronflement du dormeur qui est une sorte de chanson en faux-bourdon (Argot du peuple).

PIQUER LE NEZ (Se) : Se payer une belle soulographie (Argot du peuple).

PIQUER SON MOULIN : Salade trop épicée.

Elle vous *pique le moulin* (la bouche) (Argot du peuple). N.

PIQUER SON FARD : Rougir en entendant un propos grossier (Argot du peuple).

PIQUE-VERT : Petite scie fabriquée avec un ressort de montre (Argot des voleurs).

PIQUETTE : Fourchette.

L'allusion est claire (Argot des voleurs). N.

PISSER DE L'OEIL : Pleurer.

— Depuis que mon homme a foutu le camp, je *pisse de l'œil* comme une fontaine Wallace (Argot du peuple). N.

PISSE-FROID : Homme guindé, raide, froid, dont l'aspect vous glace.

Homme qui, en parlant, laisse tomber ses mots avec une lenteur monotone.

Se dit de tout homme à l'aspect peu sympathique (Argot du peuple).

PISSER COMME LES POULES : Aller au cabinet.

Pour qualifier un individu très niais, on dit :

— Il a une gueule à mener *les poules pisser* (Argot du peuple).

PISSER DES LAMES DE RASOIR EN TRAVERS : Celui qui est dans ce cas-là n'est pas heureux.

L'image est juste pour indiquer les douleurs cuisantes qu'éprouvent les pauvres diables qui ont reçu *un coup de pied de Vénus*.

Pour témoigner à une personne qu'elle vous impatiente, on lui dit : *Vous me faites pisser des lames de rasoir en travers* (Argot du peuple).

PISSER UNE COTELETTE : Accoucher.

On dit aussi :

— Elle *pisse des os*.

Pisser une côtelette est une allusion à la légende biblique d'Adam et Eve (Argot du peuple).

PISSER A L'ANGLAISE : S'en aller subrepticement sans payer son écot.

Pisser à l'anglaise : quitter un salon sans saluer les maîtres de la maison pour ne pas jeter le trouble dans la réunion… ou parce que l'on s'embête à quarante francs par tête (Argot du peuple).

PISTOLE : Pièce de dix francs dans l'argot des maquignons et des bouchers.

La *pistole*, dans les prisons, est une chambre à part où les détenus, par faveur et moyennant une redevance quotidienne, jouissent de quelques douceurs. Sous la Révolution, pour être à la *pistole*, à la Conciergerie, les prisonniers payaient pour un lit 27 livres 12 sous le premier mois, et 22 livres 10 sous les mois suivants.

Sous la Terreur, les prisonniers payaient 15 livres par nuit. Chaque lit rapportait 22,000 livres par mois.

Alboize et A. Maquet qui me donnent ces chiffres dans leur *Histoire des prisons de l'Europe*, ajoutent que la Conciergerie était le premier hôtel garni de Paris.

Les détenus qui sont à la *pistole* s'appellent des *pistoliers* (Argot des voleurs).

PITON : Nez extraordinaire qui se rapproche de la trompe de l'éléphant.

— Monsieur, ôtez votre nez de là, dit Gavroche à un homme affligé d'un *piton* phénoménal, pour que je voie l'heure à Notre-Dame (Argot du peuple).

PIVE : Vin (Argot des voleurs). V. *Pivois*.

PIVOIS : Vin rouge.

Je ne vois guère qu'une raison à cette expression : c'est une allusion de couleur.

Pivois vient certainement de *pivoine* (Argot du peuple).

PIVOIS DE BLANCHIMONT : Vin blanc (Argot des voleurs).

PLACARDE : La place.

Non pas seulement comme le dit A. Delvau *la place* où se font les exécutions, mais bien n'importe laquelle.

La *placarde du fourmillon* : la place du marché (Argot des voleurs).

PLACE D'ARMES : La poitrine (Argot du peuple).

PLAN DE COUILLÉ : Faire de la prison pour un autre.

Faire de la prison sans avoir joui du produit de son vol.

Couillé est le diminutif de *couillon*.

Dialogue au *Dépôt* :

— Pourquoi que t'es ici ?

— J'ai pas de *piaule* pour *pagnoter*.

— Je *file la comète* ; j'ai été *fabriqué* par un sale *sergot*.

— Et ton *nière* ?

— Mon *orgue* ? J'étais *méquard* de la bande à Bibi.

— Alors tu vas aller *au carré des petites gerbes*.

— Veux-tu me *désenflaquer* et m'aider à *casser la ficelle* ?

— Pour aller à la *boîte aux cailloux*, où y a pas *mèche* de faire *chibis* ; où on ne *boulotte* que des *bourres-coquins* et où on ne *lampe* que du *sirop de macchabée* ? y a pas de *pet*.

— Je te donne la *paire de sigues*, mais tu ne *bonniras que peau*.

— Tes *sigues*, c'est du *carme à l'estorgue*.

— Non, c'est du *bath*.

— C'est pas assez, car si les *palpeurs* me foutent *deux berges de Centrousse*, ça serait du *plan de couillé*.

Mot à mot : de la prison pour rien (Argot des voleurs).

PLAN : Le Mont-de-Piété.

Allusion à la *planche* sur laquelle on emmagasine les effets engagés (Argot du peuple).

PLAN : Prison.

— Je tire dix *berges* de *plan*.

Tomber en plan : se faire arrêter.

Être en plan : rester en gage pour un écot.

Laisser sa femme en plan c'est synonyme de la *lâcher* (Argot du peuple).

PLANTEUSE DE BOIS : Femme qui fait son mari cocu.

Mot à mot : elle *lui plante du bois* sur la tête (Argot du peuple). *N*.

PLANCHE A PAIN : Cour d'assises.

Se dit aussi d'une femme maigre (Argot des voleurs). *N.*

PLANCHE A LAVEMENT : Le confessionnal.

On y lave sa conscience; pour certains, il faudrait une rude lessive (Argot des voleurs).

PLANQUE (En faire une) : Agent qui se *planque* pour surveiller des individus.

Être en *planque*, être *filé*.

Mot à mot : *planque*, attendre.

La chanson des *mecs* dit :

Jadis pour une fille, la plus | chouette des catins
Tous les *mecs* se mettaient en | *planque*
C'qui lui valait le *flac* dont cas- | quaient les *rupins*
Sans les *grinchir* ni d'*truc* ni | ni d'*banque*.

(Argot des voleurs).

PLANQUE A LARBIN : Bureau de placement spécial pour les domestiques (Argot des voleurs). V. *Suce-larbin*.

PLANQUER : Cacher.

— Pour dépister la *rousse*, je vais me *planquer* un *marqué* chez un *garnaffier* de mes *aminches* (Argot des voleurs).

PLANTER UN DRAPEAU : Autrefois on disait faire un *puff*.

Les ouvriers et les petits employés ont l'habitude de manger à la semaine ou au mois chez leur restaurateur; fréquemment quand ils quittent leur place, ils ne payent pas le gargotier.

— Pourquoi ne passes-tu pas par-là ?

— J'ai *planté un drapeau*.

Allusion au *drapeau* planté par les cantonniers sur la voie publique qu'ils réparent pour avertir qu'il ne faut pas passer là (Argot du peuple). *N.*

PLATRE (En avoir) : Posséder beaucoup d'argent.

Allusion au propriétaire qui fait construire une maison : il a du *plâtre* (Argot du peuple).

PLAT-CUL : Tomber sur le côté pile.

Les typographes disent sur le *côté de deux*.

Allusion à l'envers de la page (Argot du peuple).

PLATS A BARBE : Oreilles démesurées, se détachant du visage.

— Faudrait un balai pour nettoyer tes *plats à barbe* (Argot du peuple).

PLAT DU JOUR : Femme

nouvelle servie aux habitués des maisons de rendez-vous avant qu'elle ne serve au public (Argot des filles). *N.*

PLAT DE CHAT : Il ne s'agit pas de la *gibelotte de gouttière* servie chez les Borgias à vingt-trois sous (Argot des filles). V. *Accouplées.*

PLAT-GUEUX : Homme lâche (Argot du peuple). V. *Plat-ventre.*

PLAT-VENTRE (Se mettre à) : Se dit de quelqu'un qui *rampe* devant un supérieur.

Se mettre à *plat ventre*, c'est le comble de l'humiliation et de l'abaissement (Argot du peuple).

PLEIN COMME UN BOUDIN (Être) : Être repu de nourriture et de boisson.

Mot à mot : avoir mangé comme un cochon (Argot du peuple).

PLOMB (Avoir une carotte dans le) : Puer de la bouche.

Plomb est une expression déjà ancienne.

Théophile Gautier faisant goûter à Alexandre Dumas père de la fine champagne excessivement rare, celui-ci avala son petit verre d'un seul coup.

— Ah ! dit Théophile Gautier, tu jettes ça dans le *plomb* (Argot du peuple). *N.*

PLOMBÉ : Ivre ; l'homme ivre est lourd comme du plomb. *L. L.*

Plombé veut dire atteint d'une maladie qui a fait la fortune de Charles Albert.

— Elle m'a *plombé* jusqu'à la moelle (Argot du peuple). *N.*

PLOMBES : Heures.

— Voilà dix *plombes* qui se *décrochent* au *tintamarre* de l'*antonne* ; le *ratichon* va *grimper* à son *zinc* pour *débagouler* sa *jasante* au *père la Tuile.*

Plombes, allusion au marteau qui tombe *d'aplomb* sur la cloche (Argot des voleurs).

PLOMBER DE LA CARGUE : Sentir mauvais de la bouche. Tuer les mouches au vol (Argot du peuple).

PLUMARD : Lit de plumes.

C'est un simple changement de finale, comme pour *épicemar* et *frimard* (Argot du peuple).

PLUMES : Cheveux.

— Tu veux toujours paraître jeune, mais tu te *déplumes.*

—Tu as rudement grandi; ta tête dépasse tes cheveux (Argot du peuple).

PLUMES DE BEAUCE : Bottes de paille.

On sait que les plaines de la Beauce sont fertiles en graminées ; le blé, le seigle et l'avoine y sont cultivés avec soin.

Dans les prisons où les détenus n'ont pour literie qu'une simple paillasse, ils disent, par ironie, qu'ils couchent sur de la *plume de Beauce* (Argot des prisons).

PLUMER : Dépouiller.

Allusion à l'oiseau que la cuisinière *plume* pour le faire rôtir.

Ruiner un individu, lui prendre jusqu'à sa dernière *plume*.

— Il faut à tout prix que vous sortiez de cette affaire, vous y laisseriez vos *plumes* (Argot du peuple).

POCHETTES : Les joues.

Comme les poches, elles se gonflent (Argot du peuple).

POCHETÉE (Avoir une) :

Avoir une forte dose de bêtise.

— Il en a une rude *pochetée*.

Synonyme de *gourde* (Argot du peuple).

POÊLE A MARRONS : Homme grêlé.

Allusion à la poêle percée de trous (Argot du peuple). N.

POGNON : Argent, monnaie.

Allusion à l'argent mis à même la poche et que l'on prend à *poignée*.

Une *poignée* d'argent ; de là, *pognon* (Argot des souteneurs).

POIGNE (Avoir de la) : Raide, dur comme une barre de fer.

Diriger une affaire avec énergie, commander avec rudesse.

Cette expression date de l'Empire, qui inventa les *préfets à poigne* (Argot du peuple).

POIL DE BRIQUE : Femme ou homme à cheveux rouges, *roujuin*.

On dit dans le peuple, par allusion à la couleur :

— Trois jours de plus dans le ventre de sa mère, elle était rôtie (Argot du peuple). N.

POIL (En avoir quelque part) : Homme courageux qui ne redoute rien.

Dans le peuple, on dit le mot carrément (Argot du peuple).

POIL (En recevoir un) : Être fortement grondé.

13.

On dit aussi recevoir un *galop* ou un *gras*.

Ce mot remplace *suif* (Argot du peuple).

POILS (Être à) : Être dans un costume primitif, comme Geneviève de Brabant, avoir ses cheveux pour vêtement, ou, comme au bal des *Quatr'z'Arts*, avoir laissé sa chemise au vestiaire (Argot du peuple).

POIL DANS LA MAIN (En avoir un) : Paresseux qui ne veut pas travailler, qui fête tous les jours la Sainte-Flemme.

— Il faudrait une rude paire de ciseaux pour lui couper le *poil* qu'il a dans la main (Argot du peuple).

POILEUSE : Absinthe.

Dans les assommoirs où l'on débite de l'absinthe commune à la mesure, on emploie cette expression.

Elle vient de ce que l'homme, abruti par cette boisson, ne peut plus travailler ; il est *poileux*.

Mot à mot : il a un *poil* (Argot du peuple). *N*.

POINCELETS : Clés fabriquées d'une certaine manière.

Au lieu d'avoir un anneau à son extrémité comme les clés ordinaires, le *poincelet* se termine en *pointe* et peut servir à deux usages : à *caroubler* les portes ou à pratiquer une pesée pour faire sauter les gâches des serrures (Argot des voleurs).

POINT DE CÔTÉ : Créancier.

Maître-chanteur exploitant les hommes qui ont un certain vice.

Allusion à la gêne causée par le mal de ce nom. *L. L.*

Point de côté : tiers gêneur. Celui qui, par exemple, vous empêche, par sa présence, de *lever* une femme et de l'emmener après l'avoir *levée*. *A. D.*

Point de côté, mari gênant, ombrageux, jaloux, qui surveille sa femme comme Bartholo sa nièce :

— Je ne peux pas sortir, mon *point de côté* est à la maison, il ne me lâche pas d'une semelle (Argot du peuple). *N*.

POIRE : Tête.

On dit d'un homme naïf et simple :

— Il a une bonne *poire*, il est facile à *acheter*.

— Vous n'allez pas longtemps vous moquer de ma *poire*, je suppose ?

Se *payer la tête* de quelqu'un est synonyme de se *payer sa poire* (Argot du peuple).

POIROTER: V. *Faire le poireau.*

POISSE: Voleur. A. D.

C'est absolument tout le contraire ; un *poisse* est un agent de la sûreté.

La *poix* du cordonnier s'attache aux mains en *poissant* le fil; l'agent s'attache au voleur, il le *poisse*.

Il le fait bon pour *Poissy*.

Nous sommes *poissés* : nous sommes pris (Argot des voleurs). N.

POISSÉ SUR LE TAS: Être pris en flagrant délit de vol.

Poissé de *poisse*, agent; *tas*, terrain (Argot des voleurs). N.

POISSER DES PHILIPPES: *Poisser*, voler; *philippes*, pièces de cinq francs.

Mot à mot : voler des pièces de cinq francs (Argot du peuple).

POISSON SOUFFLEUR: Rendre par les narines, comme le font certains fumeurs de cigarettes, ce qui est aspiré par la bouche.

Se prend dans deux sens (Argot du peuple).

POITOU: Non. A. D.

Poilou : Public. A. D.

Poitou : Nulle chose. L. L.

C'est assez difficile à accorder. Qui a raison des deux auteurs?

Moi, je crois que *poitou* veut dire *silence*, prenez garde, car ce mot est employé dans les prisons à l'arrivée d'un surveillant (Argot des voleurs). N.

POIVRE ET SEL: Cheveux qui commencent à grisonner.

L'allusion est claire (Argot du peuple).

POIVRER: Quand la cuisinière *poivre* trop ses mets, elle met le *feu* au palais des convives.

Quand une femme *poivre* un homme, le *poivré* maudit Christophe Colomb comme François Ier la belle Ferronnière (Argot du peuple).

POIVRIER: Voleur qui dévalise les ivrognes qui s'endorment sur les bancs ou sur l'herbe des fortifications.

Ce vol est connu sous le nom de *vol au poivrier* (Argot des voleurs).

POIVROT: Ivrogne qui se colle des *bitures* à tout casser.

Poivrot vient sûrement de ce que dans les *assommoirs*, on débite de l'eau-de-vie qui ressemble à une décoction de *poivre long*.

Il est saoûl, il est *poivré*, de là *poivrot* (Argot du peuple).

POLOCHON : Le traversin qui complète la fourniture du troupier à la caserne.

Quand on a bu un coup de trop, on a reçu un *coup de polochon*.

Allusion à la farce qui se fait dans les chambrées aux jeunes conscrits : on les *étourdit* à *coups de polochon* (Argot des troupiers).

POMMADEUR : Réparateur de vieux meubles à qui il donne l'apparence du neuf en les *truquant* avec de la cire et de la gomme laque (Argot du peuple).

POMMADEUR : Flatteur.

Passer de la *pommade* à quelqu'un, lui trouver toutes les qualités possibles.

Dire à un bossu, par exemple, qu'il est droit comme un cierge. On en a fait ce calembour : la louange comme le tonnerre *fout droit* (Argot du peuple). *N.*

POMMADIN : Individu infatué de lui-même, qui ne songe qu'à soigner sa tête.

Mot à mot : qui ressemble à une poupée de coiffeur (Argot du peuple).

POMPER : Boire comme un trou.

Dialogue devant le comptoir d'un marchand de vins :
— Voulez-vous, en buvant, ressembler à deux empereurs romains ?
— Comment ?
— Soyez César et *pompez* (Argot des bourgeois facétieux). *N.*

POMPER : Travailler ferme.

Quand le travail se ralentit, le metteur en pages dit :
— Allons, les amis, encore un petit *coup de pompe* (Argot des typographes).

POMPEZ, SEIGNEUR, POUR LES BIENS DE LA TERRE ET LE REPOS DU PAUVRE MILITAIRE.

Pomper signifie *pleuvoir*; alors le soldat *coupe* à la corvée ou à la revue (Argot des troupiers).

POMPON (Vieux) : Se dit d'un vieux soldat :

Le soldat est comme son
    | pompon
Plus il devient vieux, plus
    | il devient... melon.

(Argot des troupiers).

POMPON (En avoir un) : Être abominablement gris.

Avoir la face rouge comme une pivoine.

Allusion à la couleur

rouge du *pompon* des grenadiers (Argot du peuple).

PONTES POUR L'AFF : *Ponte* doit être pris dans le sens de *bailleur de fonds* assemblés pour lancer une *affaire* plus ou moins véreuse.

On sait que le *ponte* (joueur) est généralement peu scrupuleux (Argot des boursiers).

PONANTE : Fille publique.

On dit également *ponette* quand elle est jeune (Argot des voleurs). *N*.

PONIFLE : Raccrocheuse de bas étage.

Ponifle est le diminutif de *ponifler*, aimer (Argot des souteneurs).

PORC-ÉPIC : L'ostensoir.

Allusion aux rayons qui l'entourent (Argot des voleurs).

PORTE-BONHEUR : Le cabriolet que les agents passent aux poignets des prisonniers.

Allusion de forme (Argot des voleurs). *N*.

PORTE-EFFETS, PORTE-TURBIN

Porte-turbin est une expression heureuse ; elle désigne à merveille les *épaules* du coltineur (Argot des voleurs). V. *Bascules*. *N*.

PORTEFEUILLE : Le lit.

— Je vais me fourrer dans mon portefeuille.

Allusion de forme (Argot du peuple).

PORTER LE BÉGUIN : Pâlir, perdre sa fraîcheur.

Celui des deux jeunes mariés qui est le moins robuste ou le plus gourmand, *porte le béguin* le premier (Argot du peuple).

PORTER LES CULOTTES : Virago qui traite son mari comme un petit garçon (Argot du peuple). V. *Déculotté*.

PORTE-MORNIFLE : Porte-monnaie (Argot des voleurs). V. *Morlingue*.

PORTION : Fille publique.

Allusion à l'heure de la soupe.

Quand le soldat a faim, il tombe sur la *bidoche* (Argot des troupiers).

POSE TA CHIQUE ET FAIS LE MORT : Reste tranquille et ne parle pas (Argot du peuple).

POSER UN GLUAU : Ce ne sont pas les oiseaux qui se prennent dans ce *gluau*-là, mais le plus souvent les pieds (Argot du peuple).

POSTICHE : Quand, dans un atelier de composition, un compagnon raconte une histoire à dormir debout, on lui crie :

— A Chaillot le *posticheur*.

Postiche : faire un boniment sur la voie publique pour amasser le *trèpe* (la foule).

Les saltimbanques qui font des tours de cartes ou jonglent avec des poids sur les places publiques, font une *postiche*.

Postiche : travail (Argots divers). *N*.

POSTILLON : Baver en parlant, c'est lancer des *postillons* (Argot du peuple).

POSTILLON : Boulette de mie de pain dans laquelle est un billet laconique.

Cette boulette est lancée dans la cour où se trouve le prisonnier que l'on veut prévenir qu'un de ses complices s'est *mis à table*.

Le *postillon* est aussitôt ramassé, et ouvert ; le billet est collé sur la muraille ; quand les gardiens s'aperçoivent du coup, il est trop tard (Argot des voleurs).

POSTILLON D'EAU CHAUDE : Infirmier (Argot du peuple). V. *Canonnier de la pièce humide*.

POT A COLLE : Ouvrier menuisier (Argot du peuple).

POT A TABAC : Homme énormément gros et court, par analogie avec le cochon gras.

On dit aussi dans le peuple : bon à tuer (Argot du peuple).

POT DE VIN : Argent donné pour obtenir un privilège, un monopole, une adjudication en dehors des voies légales.

Un maître maçon donne un *pot de vin* à un architecte pour obtenir des travaux (Argot du peuple).

POT DE VINARD : Qui accepte le *pot de vin*.

Nous en avons eu un triste exemple dans l'affaire du Panama (Argot du peuple).

POTEAU : Ami.

La figure en juste ; un *poteau* soutient.

Poteau veut dire aussi complice (Argot des voleurs).

POTEAUX : Jambes énormes, comme disent les voyous : grosses du bas et énormes du haut (Argot du peuple).

POUBELLE (La) : Boîte à ordures qui tire son nom du préfet de la Seine qui en a ordonné l'usage.

Avant, les ordures étaient jetées en tas dans la rue (Argot du peuple). *N*.

POUFFIACE : Fille publique avariée.

On dit aussi : *chameau, chiasse, camelotte* (Argot des souteneurs).

POULE D'EAU : Blanchisseuse.

Elle est bien nommée, puisqu'elle passe sa vie à l'eau (Argot du peuple).

POULET DE CARÊME : Hareng saur.

C'est un triste poulet qui pourtant fait le bonheur d'un tas de pauvres gens. Le *hareng* se nomme aussi un *gendarme* (Argot du peuple).

POUSSAH : Homme gros, ventripotent, qui a peine à traîner son corps difforme sur ses jambes courtes (Argot du peuple).

POUSSE-MOULIN : Eau.

Allusion à ce que l'eau sert de moteur pour faire tourner la roue du moulin (Argot du peuple).

POUSSE-FAUTEUIL : Valet (Argot du peuple).

POUSSE-MOU : Homme mou qui travaille avec mollesse, sans courage (Argot du peuple).

POUSSER SA MOULURE : Faire ses besoins.

Allusion à la *moulure* ronde qu'il faut *pousser* avec effort sous le fer du rabot (Argot du peuple).

POUSSER A LA PEAU : Femme de feu, amoureuse, chaude comme braise dont l'ensemble parle aux sens.

Elle pousse à la peau (Argot du peuple).

POUSSIER : Lit malpropre.

Poussier, chambre pauvre, en désordre.

— Comment peux-tu vivre dans un pareil *poussier*?

Synonyme de *taudis* (Argot du peuple).

PRÉ AU DAB COURT TOUJOURS : Prison de Mazas (Argot des voleurs).

PRÉFECTANCE : La Préfecture.

Quelques-uns écrivent : *Préfectanche* (Argot du peuple).

PRENDRE LE COLLIER DE MISÈRE : Aller travailler.

L'établi est bien un *collier de misère*, c'est même un *collier de force*, car l'ouvrier ne peut le lâcher; il subit ce *carcan* jusqu'à la tombe.

Ce qui fait dire quand l'un d'eux meurt :

— Il a quitté le *collier de misère* (Argot du peuple).

PRENDRE LA VACHE PAR LES ..... (ce que porte le taureau entier) : Prendre les choses au rebours, commencer quelque chose par la fin (Argot du peuple).

PRENDRE UN PLAT : V. *Rouscailler*.

PRÊTER LOCHE : Prête moi ton oreille.

Écoute bien ce que je vais te dire (Argot des voleurs).

PRINCESSE : Vivre pour rien. Vivre aux frais de la *princesse* (Argot du peuple).

PROBLOQUE : Propriétaire (Argot du peuple). N.

PROCUREUSE : Ancienne fille publique qui fait métier de *procurer* sur commande des jeunes filles aux vieux cochons.

Elle alimente les maisons clandestines.

Souvent, c'est une marchande à la toilette qui masque sa honteuse profession sous les apparences de son commerce (Argot du peuple).

PRODUISANTE : La terre.

L'allusion est juste : la terre *produit* (Argot des voleurs).

PROFONDES : Poches.

Elles sont, hélas ! parfois si *profondes*, que l'on ne peut parvenir à y trouver le moindre maravédis (Argot du peuple).

PROLO : Abréviation de *prolétaire*.

Travailleur de n'importe quel métier qui n'a d'autres ressources que ses dix doigts pour vivre (Argot du peuple). N.

PROPRIO : Abréviation de propriétaire (Argot du peuple).

PROUTER : Marronner, ne pas être content (Argot du peuple). V. *A cran*.

PROXÉNÈTE : Ou maquerelle ; c'est la même chose.

La *proxénète* est à l'affût de toutes les misères pour livrer les malheureuses à la prostitution.

Celle-là ne connaît pas la grève des *mineures*.

Elle revêt toutes les formes, depuis la grande dame qui a « eu des malheurs », qui tient une *agence dramatique*, jusqu'à l'ancienne cuisinière qui tient un *bureau de placement* (Argot du peuple).

PRUNEAU : Tabac en carotte qui se nomme grosse ou petite ficelle ; il se chique. Comme le morceau, une fois mâché, est noir et juteux, on le nomme un *pruneau* (Argot du peuple).

PRUSSIEN : Le derrière.

— Je vais te fourrer un coup de pied dans le *prussien* (Argot du peuple).

PUCE DE MEUNIER : V. *Pégoce*.

PUCE TRAVAILLEUSE : C'est l'ancienne expression pour désigner les femmes pour femmes.

C'est dans les maisons de rendez-vous, où il y a des *voyeurs* (voyez ce mot), que ce travail s'accomplit, à la grande satisfaction des vieux érotomanes qui viennent là, chercher par les yeux un spectacle écœurant pour émoustiller ce qui leur reste de sens.

Les femmes qui opèrent dans ces maisons sont payées à la séance (Argot du peuple).

PUCELAGE : Petit oiseau qui s'envole quand il lui pousse une queue.

On sait que les petits sortent du nid quand cet appendice caudal arrive à point (Argot du peuple). N.

PUNAISE : Cette expression date de 1862 ; elle est due à un voyou. Sur le boulevard Montmartre, une fille hèle un cocher.

— Au Bois, lui dit-elle.
— Au *bois de lit*, *punaise*, fait le gamin.

Le mot est resté (Argot du peuple).

PURÉE (Être dans la) : V. *Mélasse*.

PURÉE : Absinthe.

Quand elle est forte, la liqueur épaisse ressemble, en effet, à une *purée* de pois cassés (Argot du peuple).

PURGATION : Quand un avocat plaide en cour d'assises ou en police correctionnelle, les voleurs de profession appellent sa plaidoirie une *purgation*.

— As-tu entendu mon *blanchisseur* ; ce qu'il a *assis l'avocat béchour* et les *nonneurs*. Quelle *purgation*! (Argot des voleurs).

PUROTAIN : Qui est dans la purée (Argot du peuple) V. *Mélasse*.

PUTAIN : Femme qui va à tous, soit à l'œil, soit par métier.

La *putain* est vieille comme le monde ; depuis le *lupanar* antique elle existe.

Malgré la brutalité de cette expression, on la retrouve chez tous les poètes anciens.

Le *Dict des rues de Paris*, par Guillot (1270), publié en 1754 par l'abbé Fleury.

. . . .

Y entrai dans la maison Luce
Qui maint en la rue Tyron.
Des Dames hymnes vous diron,
Une femme vi destrecié
Pour toi pignier qui me donna
Au bon vin ma voix a donné
Où l'on trouve bien por denier
Femmes, par son cors solacier
Où il a maintes tencheresses
Qui ont maint homme pris au brai.

(Argot du peuple).

Q

QUANTÈS ? : Bienvenue que paie un ouvrier nouvellement embauché dans un atelier.

Tant qu'il n'a pas satisfait à cette vieille coutume, qui date du compagnonnage, les camarades lui crient : *quantès ?* (Argot du peuple). *N.*

QUART D'OEIL : Commissaire de police (Argot du peuple). V. *Moissonneur*.

QUART DE MARQUÉ : Semaine.

(Le *quart* du mois (*marqué*) (Argot des voleurs).

QUATRE-VINGT-DIX : Truc, secret de métier.

Vendre le quatre-vingt-dix : révéler le secret. A. D.

Le *quatre-vingt-dix* est une loterie composée de *quatre-vingt-dix billets* qui sont contenus dans un sac ; le 90 gagne le gros lot. Les 90 numéros sont divisés par 30 cartons qui sont placés dans le public, deux compères (engayeurs) prennent deux cartons ; le tenancier du jeu s'arrange de façon à les faire gagner par un truc ingénieux ; le public volé n'y voit que du feu (Argot des saltimbanques). *N.*

QUATRE-COINS : Mouchoir.

La figure coule de source. Il y a aussi un jeu qui

se nomme les *quatre-coins*, il faut être cinq pour le jouer.

Chaque joueur se place à l'angle du carré, le cinquième au milieu fait le pot de chambre, et essaye de prendre un des coins ; s'il y arrive, celui qui a perdu sa place prend la sienne (Argot du peuple).

QUELPOIQUE : Rien (Argot des voleurs).

QUEUE : Faire une *queue* à sa femme : la tromper avec une autre et réciproquement.

On fait également une *queue* à un fournisseur, en achetant chez son concurrent.

Laisser une *queue* : ne donner qu'un acompte sur une dette.

Se tirer la *queue*, se... battre (Argot du peuple).

QUEUE DE CERVELAS (Faire la) : Promenade dans les promenoirs des prisons (Argot des voleurs). V. *Dévidage*.

QUI A DU ONZE CORPS-BEAU ? : Quand un curé entre dans un atelier de composition, cette question salue son apparition.

On répond en chœur :
— *Ache* (Argot d'imprimerie).

QUIMPER : Tomber (Argot des voleurs).

QUINTE ET QUATORZE ET LE POINT : V. *Plombé*.

QUIQUI : Rognures de viandes ramassées par les chiffonniers dans les ordures.

Ils les revendent aux Borgias à 1 fr. 15 qui en font des potages (Argot du peuple).

QUI-QUI : Le col.
— Si tu *rebiffes*, je vais te serrer le *qui-qui*. (Argot du peuple).

QUINQUET : Les yeux. La *marmotte allume* le *pante* du *quinquet* (Argot des souteneurs). V. *Chasses*.

QUOQUANTE : Armoire à glace (Argot des voleurs). *N*.

QUOQUARD : Arbre.
— J'ai *planqué* la *galtouze* sous le premier *quoquard* à gauche de la *garnaffe* (Argot des voleurs). *N*.

QUOQUERET : Rideau (Argot des voleurs). V. *Gueusard*.

R

RABATTEURS : Individus qui font le métier de *rabattre* les filles pour les hommes et les hommes pour les filles.

On peut lire la monographie curieuse de cette catégorie d'individus dans *Trottoirs et Lupanars* (Argot des souteneurs). N.

RABATTEURS A LA SORGUE : Voleurs qui opèrent la nuit.

C'est un redoublement de syllabe; ils ne *rabattent* pas, ils s'*abattent* sur les maisons à dévaliser.

Les *rabatteurs* sont les complices qui *nourrissent le poupard* (Argot des voleurs).

RABIAGE : En avoir, c'est posséder des rentes (Argot des voleurs).

RABIBOCHER : Quand un ménage est en désaccord et qu'un raccomodage a lieu, il est *rabiboché*.

Le *rabibochage* n'est le plus souvent qu'un *replâtrage*.

Quand les enfants jouent aux billes, ceux qui ont perdu disent au gagnant :

— Veux-tu nous *rabibocher* ?

C'est-à-dire nous rendre quelques billes (Argot du peuple).

RABIOT : Faire plus de temps qu'il n'a été convenu.

Au régiment, un homme puni fait autant de jours de présence en plus qu'il a eu de jours de punition.

Avoir du rabiot : avoir du bon, toucher un reliquat sur lequel on ne comptait pas (Argot du peuple).

RABOTÉ : Synonyme de *nettoyé*, plus rien.

On dit aussi d'une femme mince :

— Elle a été *rabotée* (Argot du peuple)

RABOTER LE SIFFLET (Se) : Boire un verre d'eau-de-vie qui gratte si fort le *gosier* qu'il semble en emporter des lambeaux.

L'eau-de-vie, qui joue le rôle du fer du *rabot*, enlève des copeaux dans le *sifflet* du buveur (Argot du peuple). *N*.

RABOUIN : Le diable (Argot des voleurs).

RACINE DE BUIS : Dents.

Ainsi nommées lorsqu'elles sont sales et noires.

Vesinier, membre de la Commune en 1871, fut surnommé par Henri Rochefort : *racine de buis*, par allusion à la *racine* de cet arbuste qui est noueuse avec des protubérances qui ressemblent à des verrues difformes.

Racine de buis caracté-

rise la *tête* des individus qui ressemblent à cette racine (Argot du peuple). *N*.

RACAILLE : Moins que rien.

Terme suprême de mépris plus fort que *crapule* ; résidu de tout ce qu'il y a de plus abject.

— Tu n'es qu'une sale *racaille* (Argot du peuple).

RACOLER : Fille qui *racole* les passants (Argot des souteneurs).

RACCROCHER A LA FLAN : Fille qui n'a pas de poste fixe ; elle part de chez elle à l'aventure.

Elle *raccroche à la flan*, au hasard (Argot des souteneurs).

RACCOURCIR : Se dit d'un condamné à mort à qui on coupe la tête. Il est en effet *raccourci* d'autant.

Le mot est vieux ; il date de Martinville.

Il était devant le tribunal révolutionnaire. Fouquier-Tinville lui dit :

— Citoyen *de* Martinville, qu'as-tu à répondre.

— Je ne suis pas ici pour qu'on m'*allonge*, mais pour qu'on me *raccourcisse* (Argot des voleurs).

RACLETTE : Agent de police de la Sûreté ou sergent de ville.

Allusion à la *raclette* du

ramoneur qui enlève la suie des cheminées.

Les agents *raclent* les malfaiteurs qui sont la suie de la société (Argot des voleurs). N.

RADE ou RADEAU : Tiroir de comptoir où sont les *radis*.

Signifie aussi boutique. A. D.

Ce n'est ni *rade* ni *radeau*, c'est *radin*.

Le vol au *radin* est célèbre ; ceux qui le pratiquent se nomment le *radineur* et le *raton* (Argot des voleurs). N.

RADICAILLE : Ceux qui professent des opinions *radicales* (Argot du peuple).

RADIS : V. *Fricadier*.

RADIS NOIR : Prêtre.

Allusion à la robe noire.

Cette expression date du temps où l'on jouait à l'Ambigu la pièce des *Mystères de Paris*.

Rodin, célèbre type de canaille, mangeait pour son dîner un plat de *radis noir* (Argot du peuple). N.

RADINER : Revenir.

— Je *radine* à la *piaule*.

Radiner : faire le *radin*, voler le tiroir-caisse d'un comptoir.

Ce tiroir est nommé *radin* parce qu'il renferme des *radis* (sous) (Argot des voleurs).

RADURER : Repasser son couteau sur une meule.

— Je *radure* mon *lingre* afin que le *pante* soit *fait* d'un coup et qu'il n'ait pas le temps de *cribler* à *la grive* (Argot des voleurs).

RAFFALE (Je suis dans la) : Etre au plus mal, près de mourir (Argot des voleurs).

RAFFALÉS : Etre dans la misère, emporté par la *raffale* de la *dèche* (Argot des voleurs).

RAFLE, RAFLER : Prendre.

Quand un crime est commis et que les auteurs sont introuvables, la police organise des *rafles* dans les lieux suspects et dans les endroits où se réunissent les vagabonds.

On nomme ces *rafles* un *coup d'épervier*, parce que l'on y prend généralement beaucoup de *poissons*.

Quand les filles publiques deviennent par trop encombrantes, on les *rafle* en masse.

Le croupier *rafle* l'argent des joueurs.

Le voleur *rafle* l'argent

des passants (Argot des souteneurs).

RAFFURER : Regagner.

C'est le redoublement d'*affure* (gagner).

— J'ai *raffuré* du terrain sur les *pescailles* qui voulaient me *paumer* (Argot des voleurs).

RAGOUT : Soupçon.

— J'ai du *ragout* sur *sézières*, il s'est *mis à table* sur *mon orgue*.

— Fais attention de ne pas *faire de ragout*, le quart nous a au *chasse* (Argot des voleurs).

RAGOUT DE POITRINE : Femme *ragoutante* qui a sur la *poitrine* des tétons volumineux (Argot du peuple). V. *Capitonnée*.

RAIDIR : Mourir (Argot des voleurs).

RAILLE : Cette expression est ancienne, elle se trouve dans les *Mystères de Paris* (Argot des voleurs). V. *Arnaque*.

RAIGUISÉ : Avoir tout perdu.

Mot à mot : il est *réguisé*, il va mourir (Argot du peuple).

RAISINÉ : Sang.

— J'ai *lingré* le *gonce*, il a répandu son *raisiné*

sur le *trimard* (Argot des voleurs).

RAMASSER : Se faire *ramasser*, c'est se faire arrêter.

Quand un individu tient un langage imprudent ou qu'il dit des bêtises, il se fait *ramasser* (rappeler à l'ordre).

Dans le peuple, on dit :
— Nous l'avons *relevé du péché de paresse*.

On dit également à une femme qui vous embête :
— Allons, *ramasse* tes *cliques* et tes *claques* et fous le camp (Argot du peuple). N.

RAMASSEUR DE MÉGOTS : Ramasseur de bouts de cigares et de débris de cigarettes.

Ces *mégots* sont séchés, triés, hachés, puis vendus par paquets aux ouvriers.

La bourse aux *mégots* se tient place Maubert, au pied de la statue d'Étienne Dolet (Argot du peuple).

RAMASSER UNE PELLE : Être certain de réussir une affaire et la rater.

Faire la cour six mois à une femme au bout desquels elle vous envoie promener.

Ramasser une pelle, se dit de tout ce qui manque (Argot du peuple). N.

RAMASTIQUEUR : Désigne le genre de vol qui consiste à *ramasser* à terre un bijou faux qu'un compère a préalablement laissé tomber (Argot des voleurs). V. *Trouveurs*.

RAMENEUR : Homme qui n'a que quelques cheveux et les ramène en avant sur son front pour faire croire à une chevelure abondante (Argot du peuple).

RAMENEUSE : Fille publique qui *ramène* les hommes qu'elle raccroche à son garni.

— J'ai une *chouette gosse*, hier elle a *ramené* dix fois (Argot des souteneurs).

RAMOLLOT : Homme *ramolli*, sans consistance, qui *rabâche* vingt fois la même chose.

Le capitaine *Ramollot* a fait rire tout Paris.

L'expression est récente (Argot du peuple). N.

RANCARD ou RANCART. Mettre quelque chose ou quelqu'un dont on ne veut plus au *rancart* de côté.

Un coup de *rancart* est aussi une chose imprévue, comme le fait par exemple de raccrocher une femme dans un lieu public (Argot des souteneurs).

RANCARD : Renseignements.

— J'ai besoin d'un *rancard* sur un tel.

— Le *rancard* du *probloque* est tout ce qu'il y a de plus *mouche*.

Le *rancard* est un terme convenu pour la correspondance des tenanciers de *claquedents* avec les placiers qui les alimentent de *camelottes* (Argot des souteneurs).

RAPAPILLOTER : Un ménage désuni se *rapapillotte*.

Mot à mot : se *raccommode*.

La chanson populaire dit :

Je me *rapapillote*
Avec Charlotte.

(Argot du peuple). N.

RAPE : Le dos.

Rape, avare.

— Il est dur comme la *rape* du menuisier.

C'est de *rape* qu'on a fait *rapiat* pour désigner les auvergnats, qui, comme on le sait, n'attachent pas leur chien avec des saucisses (Argot des voleurs et du peuple). N.

RAPER : Chanter.

Vieille expression de goguette pour qualifier un chanteur qui écorchait les oreilles de ses auditeurs.

Mot à mot : il *rapait* sa chanson (Argot du peuple). *N.*

RAPPLIQUER : Revenir.

— Depuis huit *jornes* que je suis en *bordée*, je *rapplique* à la *piaule*, *mince* de *suif* à la clé (Argot du peuple).

RAPIOTER : Fouiller dans les poches de quelqu'un.

Ce devrait être *dépioter* puisque l'on le fouille dans l'intention de le *dévaliser*.

Cette expression est néanmoins employée par les voleurs.

Les ouvriers tailleurs sont plus logiques. Pour *rapiécer* (mettre une pièce), ils disent *rapioter* (Argot des voleurs et des tailleurs).

RAPPOINTIS : Morceau de fer pointu, forgé par un apprenti.

On appelle ainsi les *chétifs* (Argot du peuple). V. *Avorton*. *N.*

RASEUR : Être ennuyeux, qui vous raconte des riens pendant des heures entières (Argot du boulevard) V. *Crampon*.

RAT (Courir le) : Voler la nuit.

Allusion au *chat* qui ne sort que la nuit pour *chasser le rat*, excepté qu'ici il faut retourner le fait, c'est le *rat* qui chasse le *chat* — le passant (Argot des voleurs). *N.*

RAT DE PRISON : Avocat.

Allusion à ce que ces messieurs *grignottent* à belles dents l'argent des prisonniers qui ont besoin de leurs services.

Sangsue serait plus juste que *rat* (Argot des voleurs).

RAT DE PALAIS : Clerc d'huissier qui attend les malheureux avant l'audience des référés pour accrocher une pièce de cent sous.

Hommes d'affaires véreux qui passent leur existence dans la salle des Pas-Perdus à la recherche d'un imbécile.

Rat de palais, en un mot tous les *rongeurs* qui *rongent* les plaideurs (Argot du peuple). *N.*

RATATOUILLE (En recevoir une) : Être battu.

— Je vais te foutre une *ratatouille*, numéro un.

On dit également :

— Je vais te *tremper une soupe* (Argot du peuple). *N.*

RATÉ : Manquer une affaire, *rater* un coup... de fusil, un examen.

D'un homme petit, on dit : il est *raté*.

En littérature, en musique, en peinture, une œuvre est *ratée* lorsqu'elle est incomplète.

Un homme qui donnait de belles espérances et qui n'arrive à rien est un *raté*.

En un mot, *raté* se dit de tout ce qui n'est pas bien (Argot du peuple).

RATEAU : Agents de police.

Ils *ratissent* les voleurs (Argot des voleurs).

RATIBOISÉ : Plus le sou.

— Je n'ai plus le sou, je n'ai plus de crédit et pas envie de bien faire, je suis *ratiboisé* (Argot du peuple).

RATIBOISEUR DE CABOT : Voleur de chiens.

C'est une industrie toute spéciale, elle est florissante au printemps quand les chiennes sont amoureuses.

Les chiens une fois volés, sont tondus, maquillés pour les rendre méconnaissables, puis expédiés en Angleterre à une association affiliée aux voleurs parisiens.

Ce vol est des plus simples, il faut être deux pour l'accomplir. Pendant que l'un fait la cour à la bonne qui promène Tom ou Mirza, le complice profite de son inattention, il enlève le *cabot* (Argot des voleurs). N.

RATIBOISEUR DE LANDAU A BALEINES : Voleur de parapluies.

On les nomme aussi des *ratiboiseurs à l'échange*.

Le voleur entre dans un grand café, il a un mauvais parapluie à la main, il le place au porte-parapluie, au milieu des autres. Il s'assied à côté pour guigner de l'œil le plus beau, il paye sa consommation, se lève sans affectation en emportant le parapluie sur qui il a jeté son dévolu.

Si l'on s'aperçoit de l'échange, il s'excuse de s'être trompé, puis s'en va tranquillement.

Il est rare que ce vol ne réussisse pas (Argot du peuple). N.

RATICHON : Curé.

Ratichon est un mot ancien. On le trouve dans Olivier Chéreau à propos des *Arche-Suppots* chargés de réformer le langage, mais là, il n'est pas pris dans le sens de prêtre (Argot des voleurs).

RATISSER : Voler, retourner la poche d'un individu, le *ratisser* avec autant de soin que le jardinier en met à *ratisser* ses allées (Argot du peuple).

RATISSER LE BAS DES

REINS AVEC UNE BRIQUE : Ce n'est guère récréatif, c'est pourtant ce que l'on dit aux personnes qui s'ennuient.

— Ah ! comme je m'ennuie.

— *Ratissez-vous le bas des reins avec une brique.*

Ou bien encore :

— *Râclez-vous les os des jambes avec un tesson de bouteille* (Argot du peuple).

RATON : Apprenti voleur qui s'introduit par l'imposte dans une boutique et se cache dans un coin. Quand tout bruit a cessé, il ouvre la porte à son complice (Argot des voleurs).

RAVAGEUR : Individu qui, aux bords de la Seine, recherche les débris de ferrailles et d'os.

Autrefois les *ravageurs* formaient une puissante corporation : ils opéraient dans les ruisseaux qui coulaient au milieu des rues de Paris (Argot du peuple).

RAVIGNOLE : Récidiviste.

Ce doit être une corruption de *revignole*.

Gnole veut dire imbécile, de *revient* on a fait *revi* on y a soudé *gnole*, de là l'expression.

Mot à mot :

— Tu *reviens imbécile* (Argot des voleurs).

RAVIGNOLET (Se payer un) : V. *Bataille des jésuites*.

REBIFFE (Il y a de la) : Revenir à la charge, retomber sur un adversaire plus fort que soi.

Se *rebiffer* contre une autorité quelconque (Argot du peuple).

REBONNETER : Amadouer un individu pour le fourrer dans une affaire.

Cacher ses griffes sous un gant de velours, faire le *patelin* pour mieux tromper.

— As-tu *rebonneté* le *pante* pour *l'aff* ?

— Oui, il est *bon* !

Rebonneter dans le peuple veut dire *raccommoder* (Argot du peuple). *N.*

REBONNETEUR : Le confesseur.

Il *rebonnète* le pécheur avec Dieu.

Mot à mot : il le *réconcilie* dans la *planche à lavement* (Argot des voleurs).

REBOUISER DU CORRIDOR : Sentir affreusement mauvais de la bouche.

— Ce cochon-là pue tellement qu'il fait tourner le

bouillon (Argot du peuple). N.

REBROUSSE-POIL (A) : Prendre les choses de travers, à l'envers, du côté où ça n'est pas vrai.

Ne pas savoir prendre les gens par leur côté faible

Mot à mot : *les prendre à rebrousse-poil* (Argot du peuple).

REBUTER : Ne plus vouloir.

Synonyme de *refouler* et de *renifler*.

On *rebute* sur un ouvrage qui déplaît ou qui dure trop longtemps (Argot du peuple).

RÉCALCITRANT : Coffre-fort.

Les voleurs éprouvent souvent de la *résistance* à l'ouvrir ; de là l'expression (Argot des voleurs). N.

RECEVOIR UN SAVON OU EN DONNER UN : Gronder quelqu'un, être grondé.

— Quand un ouvrage est mal fait, on reçoit un *savon*.

— Attends un peu mon neveu, je vais te *savonner* la tête (Argot du peuple).

RECHASSER : Regarder quelqu'un ou quelque chose.

— As-tu vu ce coup de *chasse* ?

Les filles *rechassent* les passants pour les *allumer*.

Cela se nomme : *distribuer son prospectus*. (Argot des filles).

RÉCHAUFFANTE : Perruque.

Elle tient chaud à la tête et ceux qui en portent ne craignent pas de se prendre aux *cheveux*.

Un coiffeur de la rue de Bondy avait pris cette enseigne :

D'Absalon pendu par la
| nuque,
Passants, contemplez la
| douleur !
S'il avait porté perruque.
Il eût évité ce malheur.
(Argot du peuple).

RÉCHAUFFÉ (C'est du) : Quand un individu fait un discours émaillé de lieux communs, ou raconte une histoire à dormir debout, c'est du *réchauffé*.

Allusion aux mets *réchauffés* qui ne valent plus rien.

On dit également :

— *Lâche*-nous avec tes *boniments* ; c'est de la vingtième *resucée* (Argot du peuple).

RÈCHE : Sou

— Pas un *rèche* dans mes *profondes* ; je ne suis pas *réchard*.

Rèche veut aussi dire : femme qui a un caractère cassant.

— Elle est tellement mauvaise que l'on ne peut pas la toucher avec des pincettes (Argot du peuple).

RECONOBRER : Reconnaître.

Quelques-uns écrivent *conobrer*. Ce n'est pas exact. *Conobrer* veut dire *connaître* et non *reconnaître* (Argot des voleurs).

RECORDER : Réconcilier. L. L.

Recorder veut dire prévenir, remonter le moral à un désespéré ; lui apprendre ce qu'il doit faire (Argot du peuple). *N.*

RECOURIR A L'ÉMÉTIQUE : Escompter de faux billets (Argot du peuple).

RÉDAM : Grâce.

Comme le dit A. Delvau, *redam* ne peut venir de *redemption*.

C'est une corruption de *retam*.

Allusion à la casserole qui est *neuve* lorsqu'elle est *étamée*.

Dans le peuple on dit *rétamé* pour *étamé* : le voleur *gracié* est *rétamé*, il est remis à *neuf* (Argot des voleurs). *N.*

REDINGUE : Abréviation de *redingote* (Argot du peuple).

REDOUBLEMENT DE FIÈVRE : Fièvre, révélation.

Quand un voleur a été dénoncé, il a la *fièvre*.

Une nouvelle révélation à sa charge lui occasionne un *redoublement de fièvre* (Argot des voleurs).

REDRESSE (Être à la).

— Il est à la *redresse le mec*, pas moyen de lui *monter le verre en fleur*; il la connaît, c'est lui qui a inventé les queues de billard cintrées pour faire les effets dans les coins.

Être à la redresse, rusé, malin.

On dit aussi : *être à la hauteur* (Argot du peuple).

REFILER : Veut dire : donne-moi.

Le souteneur dit à sa *marmite* :

— *Refile*-moi le *pognon*.

Refiler quelqu'un : c'est le suivre ou le rechercher.

— J'ai eu beau le *refiler*, c'est comme si j'avais cherché une aiguille dans une botte de foin (Argot des voleurs). *N.*

REFROIDIR : Tuer un individu.

Refroidi : Allusion au

cadavre qui, aussitôt la mort, devient *froid* comme le marbre (Argot des voleurs).

REFUGES : Les croyants disent au pécheur : *refugiez*-vous dans le sein de Dieu.

C'est un *refuge* qui est bougrement haut.

Les *giverneurs* préfèrent de beaucoup les *refuges* municipaux et d'autres, inconnus de la masse des Parisiens : rue Galande, rue Julien-le-Pauvre, rue St-Denis et rue St-Séverin, où l'on couche pour quatre sous, sur un banc, avec une soupe par dessus le marché.

Ces *refuges* ont pour enseigne : *Crémerie*. Je ne conseille pas aux lecteurs de s'y aventurer, s'ils ne veulent pas être *saignés* (Argot du peuple). *N*.

RÉGLER SON TRIMESTRE : Battre quelqu'un.

Synonyme de *régler son compte*.

Quand une *marmite* ne rend pas, le souteneur dit :

— Je vais lui *régler son trimestre*.

Pour certaines de ces malheureuses, le *trimestre* est tous les jours (Argot des souteneurs). *N*.

REGON : Dette.

Regon est une corruption de *regout* (rancune).

Quand un voleur a été *donné* par un *nonneur*, il a du *regout*, de la rancune, il a contracté une *dette* de haine qu'il lui paiera tôt ou tard (Argot des voleurs). *N*.

REGOUT : Rancune.

Avoir du *regout* contre quelqu'un, lui vouloir du mal.

Les voleurs ont du *regout* contre un complice qui les a dénoncés.

— Je *renquille* dans *Pantin* sans *regout* ni *morace*.

Mot à mot : Je rentre à Paris sans colère, sans rancune et sans cri (Argot des voleurs). *N*.

RÉJOUISSANCE : Qui ne réjouit pas du tout la ménagère, lorsque le boucher lui donne plus d'os que de viande (Argot des bouchers).

RELEVEUR DE CHANDELIER : Quand un *miché* monte avec une fille, il ne lui donne pas toujours l'argent de la main à la main; discrètement, avant de se mettre en chantier, il fait sa *mise* sous le *chandelier*; aussitôt partis, le souteneur arrive et *relève* la monnaie qui est sous le *chandelier* (Argot des souteneurs).

RELEVEUR DE PESOCHE : Garçon de banque qui la relève les 1er, 15 et 30 de chaque mois.

La *pesoche* est le *sac* où il enferme la monnaie (Argot des voleurs).

RELUQUER : Regarder.

— Qu'avez-vous donc à me *reluquer* comme ça, est-ce que je vous ai vendu des pois qui n'ont pas voulu cuire?

— *Reluque*-moi un peu ce *canard*, en a-t-il une *trompette* (Argot du peuple).

RELICHER SON MORVIAU : Voilà une image qui n'est pas propre.

Dans le peuple on dit à un enfant qui ne se mouche pas et qui de son nez laisse pendre deux chandelles :

— *Reliche ton morviau* (Argot du peuple). *N.*

RELUIT : L'œil (Argot des voleurs). V. *Abat-reluit*.

REMBINER : Quand on a bien *débiné* un individu, on le *rembine*.

Rembiner est synonyme de *rebonneter* (Argot du peuple).

REMBROCABLE (Elle est) : Beau visage que l'on peut regarder.

— Tu n'en perdras pas la vue ni le poil de dessus, la *môme* est *rembrocable*.

Mot à mot : tu peux la *regarder*, elle vaut la *secousse* (Argot des voleurs).

REMBROQUAGE DE PARRAIN : Confrontation avec le *parrain fargueur* (témoin à charge).

Le *parrain rembroque* (regarde) le détenu pour voir s'il le reconnaît (Argot du peuple).

REMBROQUER : Regarder.

Ses deux beaux *chasses* vous
    rembroquaient,
Puis à la *piaule* tous les *gonces*
    la *reflaient*,
Elle fit mince *casquer* les *marlous*,

dit la chanson du *mac* de Grenelle (Argot des souteneurs).

REMÈDE A L'AMOUR : Femme laide à faire reculer même le plus intrépide.

— Quelle *bouillotte*, mon vieux, s'il n'y avait qu'elle et moi sur terre nous ne ferions pas de petits.

Elle *guérirait de l'amour* pour la vie (Argot du peuple).

REMONTER SA PENDULE : Battre sa femme, mot à mot : la faire marcher. *L. L.*

Remonter sa pendule se dit d'une personne qui renifle pour *remonter* sa morve et éviter de se moucher.

Remonter le moral d'une personne désespérée (Argot du peuple). N.

REMOUCHER : Regarder.

— *Remouche* moi cette petite gueule-là, elle ferait relever un mort.

On dit aussi :

— Je vais te *remoucher* pour : te battre (Argot du peuple).

REMPARDEUSE : Fille qui *fait* les soldats autour des casernes, sur les glacis ou dans les fossés des fortifications (Argot des troupiers).

RENACHÉ : Fromage (Argot des voleurs).

RENARD (Le lâcher) : Dégueuler.

Expression ancienne; dans les ateliers, quand un ouvrier a trop bu, il *lâche son renard;* un camarade charitable dit alors quand il est copieux : il en a une de queue.

Une vieille chanson de compagnon dit :

Quand je sens que ça me gar- | gouille,
Je lâche le *renard*.

(Argot du peuple).

RENAUD : Faire des reproches à quelqu'un, c'est lui pousser un *renaud*.

— Y m'en a foutu un de *renaud* à l'instruction, y m'a dit que je *crapserai* d'une *fièvre cérébrale* soignée par *Charlot* (Argot des voleurs).

RENAUDER : Ne pas être content.

Ce mot vient du verbe *arnauder*.

Avoir du *renaud* contre quelqu'un veut également dire : avoir de la rancune.

Synonyme de l'expression *être à feu* (Argot du peuple).

RENDEZ-MOI (Le vol au) : C'est très simple. L'un des complices jette un louis sur le comptoir; pendant que le marchand rend la monnaie, l'autre ramasse pièce et monnaie et se sauve.

Cette manière de procéder se nomme par abréviation : *le rendem* (Argot des voleurs).

RENDOUBLÉE : Signifie plusieurs choses.

Dans le peuple on dit :

Rendoublée de putain, pour exprimer qu'il est impossible de l'être davantage.

On dit d'une femme enceinte :

— Elle est *rendoublée* pour *doublée* (Argot du peuple).

RENDRE L'AME : Mourir.

Rendre son *âme* à Dieu ou au diable.

On dit aussi d'un pochard qui a le *renard* facile :

— Il a *rendu* tripes et boyaux jusqu'à son *âme*.

Là, il n'en meurt pas, il recommence le lendemain (Argot du peuple).

RENCARD : A l'écart.

On met un objet au *rencard* quand on en a assez.

La faire au rencard : lever une femme qui est seule sur un banc, dans un square, ou sur une promenade publique.

Les courtiers qui *lèvent* les bonnes pour les placer dans les maisons de tolérance disent :

— *J'ai fait la môme au rencard* (Argot des souteneurs). *N.*

RENCOEUR : En avoir gros sur le cœur contre quelqu'un.

Ne pouvoir avaler ou digérer une affaire.

Synonyme de la locution très populaire :

— Je travaille à *contre-cœur*.

— Je n'y vais pas de *bon cœur*, je n'y vais pas avec courage.

Epouser un homme malgré soi, c'est avoir un *rencœur* (Argot du peuple).

RENFONCEMENT : Vigoureux coup de poing appliqué sur un chapeau haut de forme.

Quand les voyous se battent, le *coup du renfoncement*, c'est un coup de tête donné en pleine poitrine (Argot du peuple).

RENGAINER SON COMPLIMENT : Faire du *plat* à une femme, elle vous envoie à l'*ours*, il faut *rengainer son compliment*.

Être en tête-à-tête avec une femme mariée pour la première fois ; au moment psychologique, le mari arrive... il faut *rengainer son compliment* (Argot du peuple). *N.*

RENIFLANTES : Des bottes.

L'image est heureuse : quand un pauvre diable a des bottes éculées et percées, elles *reniflent* l'eau des ruisseaux (Argot du peuple).

RENIFLER : Ne rien vouloir faire.

— Tu *renifles* sur le *truc*.

Mot à mot : *rebuter* (Argot des voleurs).

RENIFLEURS : Agents de la sûreté.

Il faut avoir un certain nez, un certain flair, pour faire ce métier.

Quand les agents arrêtent un voleur, ils le *reniflent* (Argot des voleurs).

RENIFLEUR DE CAMELOTTE A LA FLANC : Voleur qui *flâne* au hasard pour dévaliser le premier étalage qui se présente à lui (Argot des voleurs).

RENQUILLER : Rentrer.
— Je *renquille* à la *piaule*.
Renquiller veut dire aussi *retourner*.
— Je *renquille* au *patelin* (Argot du peuple).

RENQUILLER : Faire fortune, devenir gros et gras (Argot d'imprimerie).

RENVERSER SA CHAUFFERETTE : Mourir.
Synonyme d'*éteindre sa braise* (Argot du peuple).

RENVERSER SA MARMITE : Mourir.
Renverser la marmite : ne plus tenir table ouverte, évincer les parasites.
Renverser la marmite : refuser le service.
Allusion aux Janissaires qui *renversaient la marmite* pour indiquer qu'ils se mettaient en état d'insurrection.

Nous avons, c'est le progrès, la *marmite à renversement* des anarchistes (Argot du peuple). N.

REPASSÉ : N'avoir plus rien.

Quand un créancier tenace importune son débiteur, ce dernier par ironie lui dit :
— Vous *repasserez*.
C'est le créancier qui est *repassé* quand on ne le paye pas (Argot du peuple).

REPÉSIGNÉ : Arrêté de nouveau. A. D.
Pesigner veut dire *ouvrir*.
Il faut donc prendre le mot *repésigner* dans le sens de voir *ouvrir* à nouveau la porte de la prison et non dans celui *d'arrêter* (Argot des voleurs).

REPIGER : Je vais te *repiger* au demi-cercle.
On dit de quelqu'un qui a été *pigé* — pris une première fois :
— Je vais te *repiger* une seconde (Argot du peuple).

REPIQUER : Deux joueurs font une partie ; l'un joue

pique, l'autre répond : *repique*.

Repiquer de riffe : rappliquer d'autorité (Argot du peuple).

REPIQUER AU TRUC : Revenir à la charge.

Avoir été chassé par la porte et rentrer par la fenêtre.

Demander à crédit et se le voir refuser, le redemander à nouveau, c'est *repiquer au truc* (Argot du peuple). *N.*

REPORTER SON OUVRAGE : Dans le peuple, quand un médecin suit le convoi d'un malade qu'il a soigné, les voyous disent :

— Tiens, le docteur qui *reporte son ouvrage* (Argot du peuple).

REPOUSSER DU GOULOT : Puer de la bouche.

L'image est typique ; ceux qui sont affligés de cette infirmité *repoussent* en effet tous ceux qui les approchent (Argot du peuple).

REPOUSSER LES URINES : Il est, je pense, inutile d'expliquer cette expression ; sa brutalité la rend très compréhensible.

Allusion au *piston* qui *repousse* la vapeur dans le cylindre (Argot des voyous). *N.*

REPOUSSER DU PARLEMENT : V. *Trouilloter de la hurlette*.

REQUIN DE TERRE : Huissier.

Voilà un nom qui n'est pas volé. En effet, comme le *requin* dont on trouva dans le ventre une paire de bottes, une armoire à glace et un poêle de faïence, l'*huissier* dévore tout (Argot du peuple). *N.*

RESSAUT (Avoir du) : Être surpris à en *ressauter*.

Une proposition saugrenue fait *ressauter* d'étonnement celui à qui elle est faite.

On *ressaute* à la pensée de faire une chose qui ne plaît pas (Argot des souteneurs). *N.*

RESTANT DE SOUPER : Terme de mépris employé dans le peuple à l'égard d'une fille qui a *roulé* pendant vingt ans les restaurants de nuit.

Restant de souper, mot à mot : tout le monde a mangé sur son *cuir*.

On dit également pour exprimer une idée plus basse: *rognures d'abattoir*; c'est le suprême dégoût (Argot du peuple). *N.*

RÉSURRECTION (La) : Prison de Saint-Lazare.

Allusion biblique à Lazare le ressuscité. *L. L.*

En quoi cette prison d'où les femmes sortent plus pourries moralement qu'à leur entrée peut-elle être une *résurrection*?

Ce n'est une *résurrection* que pour celles qui sortent guéries de l'infirmerie, parce qu'elles peuvent recommencer leur commerce (Argot du peuple).

RETAPE : On *retape* un vieux chapeau pour lui donner l'aspect d'un neuf.

On *retape* une seconde fois un ami déjà *tapé* une première.

Les filles du trottoir *retapent* les hommes, mais pas pour les rendre neufs, car quelquefois elles laissent des souvenirs qui ne sont pas *tapés*.

Mot à mot : *retaper*, *raccrocher* (Argot des souteneurs).

RETIRATION (Être en) : Ouvrier typographe qui commence à vieillir et qui trouve difficilement de l'ouvrage. Le progrès n'a pas encore inventé la machine à tuer ceux qui ne peuvent plus travailler après avoir fait la fortune des patrons (Argot d'imprimerie).

RETOURNER LA MOULE : V. *Avaler le pépin*.

RETOURNER SA VESTE : Changer d'opinion.

Reproche fait souvent à la plupart de nos hommes politiques par le peuple qui ne connaît pas le mot de Thiers :

— Il n'y a que l'homme absurde qui ne change jamais (Argot du peuple). *N.*

RETOURNER (Savoir se) : Se tirer d'embarras. *L. L.*

S'en *retourner*, c'est vieillir.

Dans le peuple, cette expression n'est pas prise dans ce sens; ceux qui font métier de se *retourner*, ont pour atelier les Champs-Élysées.

On les appelle plus communément des *ramasseurs de marrons* (Argot du peuple).

REVENDRE : Révéler un secret confié.

Commerson disait à ce sujet que les *secrets* c'est le contraire des *fruits*, que ce n'est pas ceux qu'on veut garder qu'on *confie*.

Revendre : commettre une indiscrétion qui amène l'arrestation de quelqu'un.

— Il est *revendu* à la police (Argot des voleurs). *N.*

REVIDAGE : *Revision* des marchandises achetées par les brocanteurs dans les ventes publiques.

La *revision* consiste en ceci :

— Pour ne pas faire monter les enchères et acheter bon marché, un ou deux de la *bande noire* poussent les enchères. Les objets en vente sont, par ce système, généralement adjugés à vil prix.

La vente terminée, ils se réunissent dans le cabinet d'un marchand de vin voisin et ils procèdent au *revidage*, c'est-à-dire à de nouvelles enchères.

Chacun prend alors le lot de marchandises qu'il peut écouler dans sa boutique, et la différence entre le total de la vente publique et l'opération du *revidage* est partagée également.

Cette opération illicite est défendue, c'est pourquoi elle se pratique au grand jour (Argot des brocanteurs).

REVISER : V. *Revidage*.

REVOLVER : Femme légitime.

Les voleurs qui emploient cette expression estiment qu'elle *suicide* son mari quand elle est par trop acariâtre (Argot des voleurs). N.

RIBOUIS : Souliers.

Au carreau du Temple, c'est une spécialité.

Les *ribouiseurs* achètent toutes les vieilles chaussures ; ils ont des ouvriers qu'on nomme des *passifleurs*, ils les *ribouisent* si bien que souvent on les prend pour du neuf, pas les jours de pluie par exemple, car les malheureux qui les chaussent rentrent chez eux sans semelles (Argot du peuple).

RIC-A-RAC : Avoir du *ressaut* pour payer.

Payer *ric-à-rac* : par acomptes, prolonger la dette le plus longtemps possible (Argot du peuple).

RICHONNER : Rire.

— Tu *richonnes* à te mordre l'œil, ce n'est pourtant pas *richonnant* (Argot des voleurs).

RIFFAUDER : Brûler.

Riffaudante : flamme.

Une vieille chanson qui date au moins de cinquante ans, bien connue des voleurs, dit :

L'autre jour, fumant ma *bayadaise*,
Je *rifflaudais*, la fumant dans un coin.

Rifflauder voudrait donc

dire sommeiller (Argot des voleurs).

RIF ou **RIFLE** : Feu.
— Passe-moi un peu de *rif* que j'allume *Joséphine* (Argot du peuple).

RIFFE : Prendre de force, d'autorité.
— Il a pris une fille de *riffe*.
Synonyme de *violer* (Argot des voleurs).

RIFFLARD : Parapluie.
Le mot date de Picard et de la *Petite Ville*, comédie dans laquelle il y a un personnage nommé *Rifflard*, qui ne marche qu'escorté d'un parapluie. A. D.
Au quinzième siècle, on trouve déjà ce mot employé dans des comédies ou mystères avec un sens satirique et bouffon. *Rifflard, bouffard, narinard, dentard* étaient des épithètes burlesques que les acteurs se renvoyaient constamment — même quand elles n'étaient pas dans leur rôle.
Le personnage le plus important de *la Passion*, mystère d'Arnould Gresban, bachelier en théologie, qui fut joué avec un immense succès au quinzième siècle, est un berger nommé *Rifflard*, qui se plaint amèrement et impudemment des impôts excessifs dont le peuple était accablé. Il faudrait pouvoir citer la scène où *Rifflard* est amené devant un magistrat qu'il appelle Machefoin :

Comment te nomme-t-on ?
  Rifflard,
Tout norry de pois et de lard.

Plus tard, le mot *rifflard* fut appliqué aux sergents, ainsi que nous le voyons par une charte citée par Ducange.
Picard, en appelant, dans sa comédie de la *Petite Ville*, un de ses personnages *François Rifflard*, n'a fait qu'emprunter, ce qu'ignorait sans doute Delvau, ce nom au *mystère* d'Arnould Gresban (Argot du peuple).

RIFLER : Brûler (Argot du peuple).

RIFFLER : Veut également dire *brûler*.
Riffler est aussi le synonyme de *souffler* : prendre.
En ce cas, c'est une corruption de *rafler* (Argot du peuple).

RIGODON (En pincer un) : Vieux mot qui veut dire danser (Argot du peuple).

RIGODONS : Souliers.
Dans le peuple, on dit d'un homme qui a ses souliers percés et éculés :

— Ses *rigolons* engueulent le pavé.

On dit également des *rigadins* (Argot du peuple).

RIGOLARD : Chose très amusante (Argot du peuple).

RIGOLBOCHE : Quelque chose de supérieurement amusant, beaucoup plus fort que *rigolo*.

Rigolboche était connue à Bullier sous le nom de *Marie la Huguenote* ; ce nom lui venait de ce qu'elle *protestait* sans cesse quand le municipal la rappelait à l'ordre ou plutôt à la décence.

Elle débuta aux Délassements-Comiques en 1860 sous le nom de *Rigolboche*.

On la nommait aussi *Boboche*.

Ce n'est pas elle l'inventeur de ce mot ; il était connu dans les ateliers depuis 1840.

On dit également, pour affirmer que l'on s'est bien amusé :

— Nous avons rudement *rigolboché* (Argot du peuple).

RIGOLETTE : Nom donné par Eugène Sue à un des personnages des *Mystères de Paris*

Ce nom est resté pour désigner une jeune fille joyeuse.

— Elle est *rigolotte* (Argot du peuple). *N.*

RIGOLO : Attaque nocturne. *L. L.*

Rigolo : terme employé dans les ateliers pour qualifier un camarade qui *rigole* sans cesse, qui amuse les autres.

Il y eut, en 1866, un mulet qui portait ce nom au Cirque-Napoléon ; il fit courir tout Paris, tant il était amusant, *rigolo* (Argot du peuple). *N.*

RIGOLO : Sinapisme de farine de moutarde.

Rigolo, c'est le nom de l'inventeur.

Autrement, cette appellation serait une amère ironie, car un sinapisme n'est pas plus *rigolo* que d'avoir un clou planté dans les fesses (Argot du peuple). *N.*

RIGOLO : Pince.

Si elle fait *rigoler* quelqu'un, ce n'est certainement pas la victime du vol avec effraction.

Elle est *rigolo* pour le voleur, car avec l'argent volé il peut se payer de la *rigolade* (Argot des voleurs). V. *Monseigneur*.

RIGOUILLARD : Chose drôle, c'est plus fort que *rigolo*.

C'est tellement *rigouillard* qu'il y a de quoi s'en *tamponner le coquillard*, c'est à se tordre, c'est crevant (Argot du peuple). N.

RINCÉ : Être *rincé* comme un verre à bière, n'avoir plus rien.

Recevoir une *rincée* : être battu comme des œufs à la neige.

Rincer quelqu'un : le voler jusqu'à son dernier sou (Argot du peuple). V. *Raboté*.

RINCER LA DALLE (Se faire) : Se faire régaler par un camarade.

— Je lui ai tellement *rincé la dalle* qu'il n'a pas une dent dans la gueule qui ne me coûte au moins vingt francs (Argot du peuple).

RIOLE : Ruisseau ou rivière dans l'argot des voleurs.

Riole se dit aussi dans le peuple de quelqu'un qui est pochard :

— Il est en *riole*.

Ce n'est pourtant pas dans la rivière que le vin a été puisé (Argot du peuple).

RIPATINS : Brodequins (Argot des voleurs).

RIPATONS : Souliers (Argot du peuple).

RIPATONNER : Le *passifleur* qui racommode les vieux souliers, *ripatonne* (Argot du peuple).

RIPER : Embrasser tendrement. A. D.

C'est une singulière façon d'embrasser tendrement les gens que de les voler car *riper* dans le peuple signifie : *prendre*.

— Je lui ai *ripé* sa *galette* (Argot du peuple). N.

RIPOPÉE : Quelque chose qui ne vaut rien.

Synonyme de *ratatouille*.

On dit aussi :

— Ton *Borgia* à 23 sous ne nous fait *boulotter* que de la *ragougnace* (Argot du peuple). N.

RIQUET : Tout petit.

Sobriquet donné dans les ateliers aux apprentis mal formés.

— Viens ici, mon petit *riquet*.

C'est un pléonasme d'accoupler ces deux mots identiques, mais dans le peuple, on n'y regarde pas de si près (Argot du peuple). N.

RIQUIQUI : Mauvaise eau-de-vie.

Riquiqui est généralement employé pour peindre quelque chose de mesquin, de petit, d'étroit.

— Son esprit est comme sa taille, c'est *riquiqui*.

— Ah ! regardez-moi

cette toilette, est-elle assez *riquiqui ?*

Il existait jadis une liqueur appelée *riquiqui* ; on ne la connaît plus (Argot du peuple).

RIRE COMME UN CUL : Rire sans desserrer les dents.

Veut dire aussi rire comme un imbécile, sans savoir pourquoi.

Être *cul*, dit M. Lorédan Larchey, c'est être bête et grossier.

Ce pauvre *cul* n'a vraiment pas de chance, car, non content d'en faire le synonyme de tout ce qui est sale, on en fait le synonyme de tout ce qui est bête et ridicule.

S'il pouvait répondre autrement qu'en pétant! (Argot du peuple). N.

RIRE JAUNE : N'être pas content et être forcé de rire quand même ; avoir les larmes dans les yeux et le cœur gros et être forcé de paraître joyeux.

On dit aussi :
— Son *rire est jonquille.* Allusion au cocu qui rit *jaune* quand la sage-femme lui présente son dernier en lui disant :

C'est tout le portrait d'son père,
Quel cochon d'enfant !
(Argot du peuple).

RISETTE : Surnom donné à une jeune fille rieuse et aimable qui a toujours le sourire sur les lèvres.

C'est un vieux boniment employé dans les foires :
— Entrez, mesdames et messieurs, vous verrez la femme colosse ; cent kilos sur l'estomac et le sourire sur les lèvres.

Quand une *amie* est fâchée, qu'elle boude, on l'embrasse et on lui dit :
— Allons, fais une petite *risette* à papa, il revient d'Afrique.

Quand une femme vous fait des *risettes*, on peut y aller carrément (Argot du peuple). N.

RISQUER LE PAQUET : Synonyme de tout *risquer*, c'est-à-dire de tenter l'aventure.
— Tu n'oses pas ! *risque donc le paquet* (Argot du peuple).

RIVANCHER : Aimer (Argot des voleurs).

RIVER SON CLOU : Quand un bavard intarissable ennuie quelqu'un par un discours filandreux, on lui *rive son clou* en lui disant carrément :
— Tais ta gueule ou je chie dedans.

Mot à mot : *river le clou*, c'est empêcher d'aller

plus loin (Argot du peuple). N.

RIVETTE : Prostituée, du verbe *rivancher*, se livrer à l'amour. L. L.

Cette expression ne s'applique pas aux femmes (Argot des pédérastes). V. *Passif*.

ROBE DE CHAMBRE : Cercueil.

Ce n'est pas un vêtement bien ouaté, surtout quand c'est la bière des pauvres (Argot du peuple).

ROBIGNOLE : Mot employé comme superlatif d'admiration pour une chose extraordinaire « qui dépasse l'imagination. »

— Une évasion audacieuse, c'est *robignol*.

— La *môme* est *robignol*, elle *gouale* sans cesse.

Robignol, en ce cas, est pour joyeux et joyeuse (Argot des voleurs).

ROCAMBOLE : Moins que rien.

— Finis-donc avec tes *rocamboles*, nous ne coupons pas dans le pont.

Rocambole, synonyme de *blague*, en souvenir de Ponson du Terrail et de son célèbre roman qui porte ce titre (Argot du peuple).

ROCHET : Évêque.

Allusion au *rochet* que porte ce dignitaire de l'église (Argot des voleurs).

RODEUSE : Fille publique qui n'a pas de poste fixe, qui fait son *persil* dans les terrains *vagues*.

On l'appelle ainsi pour cette raison (Argot des souteneurs).

ROGNOLER : Marronner.

Ne jamais trouver rien de bien (Argot du peuple). V. *Ronchonner*.

ROGNURE DE SOUFFRICE : Terme employé dans le peuple, pour qualifier une vieille fille publique.

L'usine Souffrice a le monopole de faire des graisses avec les rognures pourries des animaux noyés qui viennent s'échouer sur les bords de la Seine (Argot du peuple). N.

ROGUE : Se dit de quelqu'un qui a des allures hautaines, cassantes : il a l'air *rogue*.

On trouve cette expression en Normandie. Les marchandes de harengs vous disent : il est *rogué* pour *œuvé* (Argot du peuple). N.

ROMAGNOL ou ROMAGNON :

Trésor caché (Argot des voleurs).

ROMAINS : Individus qui, moyennant un faible salaire, applaudissent les acteurs (Argot des coulisses).

ROMPEZ : Allez-vous en, foutez-moi le camp.

Allusion au commandement de *rompez* les rangs (Argot du peuple).

RONCHONNER : Père *ronchon* qui trouve à redire à tout.

Le colonel *Ronchonot* est célèbre depuis quelques années (Argot du peuple).

ROND-DE-CUIR : Employé de bureau.

Allusion au *rond de cuir* ou de caoutchouc que les employés mettent sur leurs chaises pour économiser leur fond de culotte (Argot du peuple).

ROND COMME UNE BOULE : Être pochard à *rouler* par terre (Argot du peuple). *N.*

RONDINS : Les seins... quand ils sont *ronds* (Argot du peuple) V. *Capitonnée*.

RONDIN JAUNE : Pièce de vingt francs.

Allusion à la forme ronde (Argot des voleurs).

RONDOUILLARD : Plus que beau.

Dans le peuple on dit d'une femme qui possède des qualités surprenantes :

— Elle est *rondouillarde*.

Quand elle est *boulotte*, *ronde*, on dit également par allusion à la forme :

— Elle est *rondouillarde* (Argot du peuple). *N.*

RONFLAN : C'est *ronflan*, beau, bien, chouette, tapé (Argot du peuple). *N.*

RONFLER DU BOURRELET : Péter longuement.

Le *Pétomane* célèbre *chantait du bourrelet* (Argot du peuple).

ROSSARD : De *rosse*, dur, cruel (Argot du troupier).

ROSSIGNANTE : Flûte (Argot des voleurs).

ROSSIGNOL : Marchandises défraîchies ou hors de saison.

Dans les magasins, les commis qui écoulent les *rossignols* touchent une prime qui se nomme *la guelte* (Argot des bourgeois).

ROSSIGNOL : Fausse clef (Argot des voleurs).

ROSSIGNOL A GLAND : Un cochon.

Quand un individu a la manie, dans une société, de

vouloir toujours chanter, et qu'il le fait comme une crécelle, on lui dit :

— Ah! ferme ta *boîte*, tu chantes comme un *rossignol à gland* (Argot du peuple). N.

ROTIN : Sou.

— Je suis à fond de cale, pas un *rotin* (Argot du peuple).

ROUBIGNOLE : Petite boule de liège dont les *roubignoleurs* se servent pour le jeu de *cocange*, jeu qui vole les paysans dans les foires (Argot des voleurs).

ROUBIGNOLLES : V. *Sœurs*.

ROUBION : Fille publique laide comme les sept péchés capitaux (Argot des souteneurs).

ROUBLARD : Les voleurs disent d'un homme affreusement laid qu'il est un *roublard*. A. D.

Ce n'est pas le vrai sens aujourd'hui.

Roublard veut dire malin, fin comme un renard.

Un homme qui sait habilement se tirer d'un mauvais pas est un *roublard*.

Roublard : homme qui cache soigneusement sa pensée, qui est pétri de *roublardise* (Argot du peuple). N.

ROUCHI : Homme sans conscience, pour qui le Code est un bréviaire.

Terme méprisant très en usage (Argot du peuple).

ROUCHIE : Femme avachie, usée.

Vient de mauvais cheval : *rouchi*.

Quand une fille est trop vieille, qu'elle a rendu trop de services à l'humanité souffrante, qu'elle ne rue plus dans les brancards, c'est une *rouchie* (Argot des souteneurs).

ROUE DE DERRIÈRE : Pièce de cinq francs en argent.

Quand on n'en possède qu'une, la voiture va cahin-caha, mais, quand il y en a plusieurs, on *roule* vivement (Argot du peuple).

ROUE (Être à la) : Malin, roublard (Argot du peuple). N.

ROUFFLÉ : Battre un individu à coups de pieds et à coups de poings.

— Je vais te foutre une *bath roufflé* (Argot des voleurs).

ROUGET : Cuivre (Argot des voleurs).

ROULANCE : Quand une équipe de compositeurs ty-

15.

pographes est mécontente, ses membres le manifestent en frappant tous à la fois la casse avec un outil quelconque; le bruit produit une sorte de *roulement*, de là, *roulance* (Argot d'imprimerie).

ROUILLARDE : Blouse.

On sait que la *blouse* est le vêtement favori des *rouliers*, de là l'expression *rouillarde*.

Les voleurs disent *souillaude* (Argot des voleurs). N.

ROULER SA BOSSE : Ouvrier *trimardeur*, qui n'a pas de domicile fixe, qui *roule sa bosse* de ville en ville.

C'est un mendiant déguisé qui cherche de l'ouvrage et prie le bon Dieu de n'en pas trouver (Argot du peuple).

ROULER SA VIANDE DANS LE TORCHON : Se coucher.

On dit plus communément :

— Je vais *remiser ma viande* (Argot du peuple).

ROULEUSE : Fille publique.

Elle *roule* partout pour trouver pratique.

Elle *roule* ses clients de hasard, car elle promet mais ne tient jamais (Argot du peuple).

ROULOTTE : Voiture.

Les voleurs qui pratiquent le vol à la roulotte disent :

— *Grinchir une roulotte en salade* (Argot des voleurs).

ROULOTTIERS : Vol à la *roulotte*.

Quand un camionneur décharge une livraison, le *roulottier*, vêtu comme un employé des messageries, prend un ballot ; un complice est à quelques pas plus loin, avec une voiture à bras, toujours au détour d'une rue ; il charge le ballot sur sa voiture, et en route (Argot des voleurs). V. *Fusilleurs*.

ROUPIE DE SINGE : Mauvais café qui a la couleur de la *roupie* qui pend au nez du priseur (Argot du peuple).

ROUPILLER : Dormir.

Quand on ne dort que quelques instants, on fait un petit *roupillon*.

— Il est tellement *gouapeur* qu'il *roupille* sur son ouvrage (Argot du peuple).

ROUSCAILLER : Voulait dire autrefois *parler*.

Les voleurs en ont fait

le synonyme d'*aimer*, mais pas dans le sens platonique (Argot des voleurs).

ROUSSELETTE : Moins que rien (Argot des souteneurs). V. *Camelotte*.

ROUSSIN : Tous ceux qui appartiennent, de près ou de loin, à la police, sont des *roussins*.

Autrefois, les agents en bourgeois étaient vêtus de la redingote sombre, d'un ton *roussâtre*. De là est née l'expression :

— Voilà les *rousses* ! (Argot des voleurs).

ROUSSINER : Faire arrêter par la police. *L. L.*

Roussiner veut dire *péter* mollement et puer fortement.

— Il *roussine* à faire roter un vidangeur (Argot du peuple). *N*.

ROUSPANT : Homme qui fournit des sujets aux *tantes*.

C'est le *procureur* des pédérastes (Argot des souteneurs).

ROUSTENPANNE : Moins que rien (Argot du peuple). *N*.

ROUSTIR : Prendre, s'approprier le bien d'autrui.

Être *rousti* : être pris (Argot des voleurs).

ROUSTISSURE : Mauvaise plaisanterie. *A. D.*

Roustissure, dont par corruption on a fait *roustenpanne*, veut dire moins que rien (Argot du peuple). V. *Rousselette*.

ROUSPÉTANCE (Faire de la). V. *Rouspéter*.

ROUSPÉTER : Récriminer, faire du *pet*, du bruit (Argot des voleurs).

ROYAUME DES TAUPES. V. *Les pissenlits pousser par la racine*.

RUBIS SUR L'ONGLE : Être régulier, payer *recta* ses dettes à l'échéance.

Boire son verre jusqu'à la dernière goutte.

— Il a *séché* son *glacis rubis sur l'ongle* (Argot du peuple). *N*.

RUER DANS LES BRANCARDS : Femme amoureuse qui, au moment psychologique, se démène furieusement, comme le cheval emballé.

La figure peut se passer de commentaires (Argot du peuple). *N*.

RUE AU PAIN (La) : Le gosier.

Le pain y passe.

Mauvaise affaire quand la rue est barrée (Argot du peuple).

RUE DU BEC DÉPAVÉ : La bouche, quand elle n'a plus de dents.

Elle ne peut guère alimenter sa voisine, la *rue au pain* (Argot du peuple).

RUPIN : Homme riche, calé, cossu.

Au superlatif *rupinskoff*, alors c'est un homme *pourri de chic*.

Les souteneurs disent à leur *marmite* :

— *Lève* donc le *gonce*, il est *rupin*, il doit être au *sac* (Argot des souteneurs).

RUTIÈRE : Voleuse ou fille publique, souvent les deux à la fois (Argot des voleurs).

RUTILANT, RUTILANTE : Il est *rutilant* (joyeux).

Elle est *rutilante*, resplendissante de fraîcheur et de beauté.

Une chose est *rutilante* (éclatante).

Ce mot est très français, mais il est employé par le peuple dans un tout autre sens que celui indiqué par les dictionnaires classiques (Argot du peuple). *N.*

S

SABIR : Bois, forêt.

Quelques-uns écrivent : *sabri*.

C'est la finale retournée (Argot des voleurs).

SABLER : Il est des voleurs qui se servent d'un *os de mouton*, arme dangereuse, pour *estourbir le pante*.

Cela laisse des traces très faciles à constater.

Un autre moyen a été imaginé.

On remplit de sable fin, ou de grès pulvérisé, un sac en peau, et on *assomme* le client avec.

Quand on le relève, on le déclare mort d'une congestion ou d'une attaque d'apoplexie (Argot des voleurs). N.

SABOT : Barque.

— Nous allons embarquer dans le *sabot* pour *la Nouvelle*, disent les voleurs.

Dans le peuple on dit d'un homme qu'un coup de canon ne réveillerait pas :

— Il dort comme un *sabot*.

Allusion à la toupie que les enfants nomment *sabot*, laquelle ronfle comme un tuyau d'orgue (Argot des voleurs et du peuple).

SABOTER : Ouvrage mal fait, gâché.

Allusion au *sabotier*, qui travaille son bois à grands coups de sabre pour l'équarrir.

Un ouvrage *saboté* est

bien près d'être un *loup* (Argot du peuple).

SABOULER : Décrotter. *A. D.*

Sabouler veut dire chasser.

— Je l'ai *saboulé* de la *piaule* avec perte et fracas.

On *saboule* un ouvrier qui ne fait pas l'affaire (ne sait pas travailler) (Argot du peuple). *N.*

SABOULETTE : Table de toilette.

Elle supporte le savon et les brosses qui *saboulent* la crasse.

C'est ainsi que les voleurs nomment les *lavabos* communs qui leur servent dans les prisons (Argot des voleurs). *N.*

SABRE : Bâton.

Sabre : être gris. *A. D.*

C'est *sas* qu'il faudrait dire.

Être *sas*, être *blindé*, saoûl, est un vieux mot normand très fréquemment employé dans le peuple.

— *Quille*-nous le *coude*, t'es *sas* comme une bourrique (Argot du peuple).

SAC : L'affaire est dans le *sac*, elle est conclue.

Être pris en flagrant délit de vol, c'est avoir son affaire dans le *sac*.

Être laide ou jolie, c'est être ou n'être pas dans le *sac*.

Il y a une vieille chanson là-dessus :

Ell' n'est pas mal
Pour foutre dans l'canal.
Elle est encore mieux
Pour foutr' dans les lieux.

(Argot du peuple).

SAC (Avoir le) : Posséder beaucoup d'argent.

— Il a un fort *sac*.
— Il est au *sac*.

Avoir un *sac* dans lequel il y a une mauvaise pierre, c'est être condamné par les médecins (Argot du peuple).

SAC A OS : Femme maigre.

On dit dans le peuple :

— On peut lire son journal au travers.

Il y eut longtemps, il y a une trentaine d'années, une femme *diaphane* qui se faisait voir dans une baraque à la foire aux pains d'épices.

Le pitre pour exciter la foule à entrer, disait :

— Avec une chandelle, on peut lui compter les côtes (Argot du peuple).

SAC A MERDE : Le ventre.

L'image n'est pas propre, mais elle exprime bien le fait.

On se souvient de ce général du premier Empire à

qui Napoléon avait recommandé le plus grand silence à un grand dîner.

Le général se tint coi, comme il l'avait promis, mais au dessert il ne put résister, il frappa sur le ventre de son voisin, un archiduc, en lui disant :

— Eh bien ! mon vieux, maintenant que t'as bien mangé, y en a beaucoup là-dedans ? (Argot du peuple).

SAC PLEIN (Avoir le) : Être ivre. *A. D.*

Avoir le sac plein se dit d'une femme sur le point d'accoucher (Argot du peuple). *N.*

SAC A VIN : Ivrogne pour qui toutes les boissons sont bonnes.

Mot à mot : il engloutit tous les liquides dans son *sac* (Argot du peuple).

SACRISTAIN : Maître d'une maison de tolérance.

Mot à mot : il est le *sacristain* de l'*abbaye* dont sa femme est l'abbesse, puisque c'est elle qui, d'après le règlement, est la propriétaire du *livre* (Argot des souteneurs).

SAFRAN : Mari trompé, voué au *jonquille* comme on voue les enfants *au bleu*.

On dit aussi d'un mari dans ce cas :

— Il a la *jaunisse* toute l'année (Argot du peuple).

SAIGNER : Synonyme de *buter*.

Cette expression est généralement employée par les bouchers qui conservent dans la vie les habitudes de l'abattoir (Argot des bouchers).

SAIGNER : Emprunter de l'argent à quelqu'un.

Mot à mot : faire une *saignée* à son porte-monnaie ou à son coffre-fort.

Faire une saignée blanche : ce n'est pas un médecin qui est chargé de faire cette opération à moins que ce ne soit une *doctoresse* (Argot du peuple). *N.*

SAINT-DOMINGUE : Tabac.

Dans les prisons, par abréviation, on dit : *Saint-Dome.*

Saint-Domingue, allusion au pays où prospèrent les plantations de tabac (Argot des voleurs). *N.*

SAINT-FRUSQUIN : Lot d'objets ou de mobilier (Argot du peuple).

SAINT-LAGO : Abréviation de Saint-Lazare ; les filles disent également *Saint-Laz.*

Quand elles sont dans cette prison, elles disent qu'elles sont à la *campagne.*

— Tiens, voilà six mois que l'on ne te voit plus?
— J'étais en villégiature, je sors de ma *campagne*.

On sait ce que cela veut dire (Argot des filles).

SAINT-PÈRE : Tabac à fumer (Argot des voleurs).

SAINT-VINCENT-DE-PAUL : Les *ramasseurs de mégots*.

Ils sont les *Saint-Vincent-de-Paul* des *orphelins* qui traînent devant les terrasses des cafés (Argot du peuple).

SAINTE-TOUCHE (Le jour de la) : La paye de chaque semaine ou de fin du mois.

La *Sainte Espérance* est la veille de la *Sainte-Touche*.

C'est une sainte bien fêtée par les ouvriers (Argot du peuple).

SAINT-JEAN : Signal convenu entre les voleurs pour avertir un complice.

Ce signal consiste à lever l'index et le médium. On dit aussi d'un individu qui n'est pas à la *hauteur* pour faire quelque chose :
— Il est de la *Saint-Jean* (Argot du peuple). N.

SAISISSEMENT : Terme employé par les voleurs pour désigner les liens qui servent pour ligotter le condamné à mort au moment de la toilette.

Il y a de quoi en effet être *saisi* (Argot des voleurs).

SALÉE (La) : La mer (Argot des voleurs).

SALÉ A LA BANQUE (En demander) : Demander au metteur en pages ou au prote une avance sur la semaine.

Salé : travail payé d'avance.

Saler une note : additionner le numéro du cabinet avec la carte (Argot d'imprimerie).

SALIÈRES : Une femme qui a la poitrine creuse, a des *salières*, c'est-à-dire des trous en guise de seins.

On dit également qu'elle a les tétons dans le dos (Argot du peuple).

SALIVERNE : Gamelle ou écuelle qui sert dans les hôpitaux aux malades pour cracher.

Ils *salivent* dedans (Argot des voleurs).

SALLE A MANGER : La bouche.

Pour indiquer qu'un individu n'a pas de dents, on dit dans le peuple :

— Il n'a plus de tabourets dans la *salle à manger* (Argot du peuple).

SALSIFITS : Doigts.
Les voyous disent :
— Je vais te coller une poignée de *salsifits* sur la hure (Argot du peuple).

SANG DE NAVET : Homme sans courage, qui n'a pas de sang dans les veines.
On dit également :
— Il a les foies blancs (Argot du peuple). N.

SANS BLAGUE : C'est vrai, je ne mens pas (Argot du peuple).

SANS-FEUILLE : La potence (Argot des voleurs).

SANS-GÊNE : Indiscret, mal élevé.
Cracher par terre dans un salon, ôter ses bottes dans un wagon, se moucher avec ses doigts (Argot du peuple).

SAPÉ : Condamné.
Allusion au bûcheron qui, de sa cognée, *sape* un arbre (Argot des voleurs).

SAPEMENT : Jugement (Argot des voleurs). V. *Sapé*.

SAPEUR. V. *As de pique*.

SAPIN : Sentir le *sapin*.
Être sur le point de mourir.

Sapin : cercueil.
Sapin : plancher (Argot du peuple et argot des voleurs).

SAQUÉ : On m'a dit de passer au bureau pour y régler mon compte.
L'expression vient des corporations où les ouvriers fournissent leurs outils ; ils les mettent généralement dans un *sac* ; quand ils quittent l'atelier, ils les remportent ; ils reprennent leur *sac* ; de là, *saqué* (Argot du peuple).

SARRAZIN : Les ouvriers typographes qui travaillent au-dessous du tarif réglé par la Société et qui sont souvent la proie du syndicat, lequel les considère misérablement (Argot d'imprimerie).

SARRAZINEUR : Ouvrier qui va d'un atelier à un autre, suivant sa fantaisie ou les exigences du travail (Argot d'imprimerie).

SATOU : Bâton (Argot des voleurs).

SAUMON : Homme riche.
— Emballons le *saumon* avec précaution ; il y a du *pèze* (Argot des croque-morts).

SAUT DE COU : Foulard (Argot des voleurs).

SAUTE-AU-KRACK : Surnom donné aux filles publiques audacieuses (Argot des souteneurs).

SAUTE-MOUTON (Le coup du) : Ce sont les *remisiers pour dames* (les *tripoteuses du marché des pieds humides*) qui le pratiquent.

La joueuse vend mille francs de rente. Le *remisier pour dames* exécute cet ordre ; il vend immédiatement, mais il attend la fermeture de la Bourse pour en informer sa cliente. S'il y a baisse, comme il a vendu ferme, il encaisse tranquillement la différence ; si la rente reste au même taux, il lui raconte qu'il y a écart de deux ou trois centimes ; dans tous les cas elle est volée (Argot des boursiers). *N.*

SAUTE-RONDELLES. V. *Fafioteur.*

SAUTE-RUISSEAU : Petit clerc d'huissier ou de notaire qui porte à domicile les pièces de l'étude (Argot du peuple).

SAUTER A LA CAPAHUT : Tuer un complice pour ne pas lui donner sa part de vol.

C'est un fait assez rare, car chez les voleurs il existe une sorte de probité que l'on ne trouve pas chez certains qui se disent honnêtes gens (Argot des voleurs).

SAUTER LA CERVELLE (Se faire). V. *Bataille des jésuites.*

SAUTER A LA PERCHE : Avoir très faim.

En ce cas on est plus léger que de coutume et on peut *sauter* facilement.

Synonyme de : *je m'enlève* (Argot du peuple). *N.*

SAUTEUSE : Puce.

Elle saute, en effet, sans cesse (Argot du peuple).

SAUVAGE (S'habiller en) : Etre dans un costume primitif, n'avoir pas même la feuille de vigne si chère à M. Bérenger, le Caton moderne (Argot du peuple).

SAVOIR LIRE : Etre au courant de toutes les ruses du métier.

Connaître tous les trucs pour voler (Argot des voleurs).

SAVOYARDE : Malle.

Allusion aux commissionnaires, tous *savoyards* pour la plupart, qui transportent les *malles* sur leur dos (Argot des voleurs).

SCHNOC : Quand on ne veut pas dire à un individu *c-o-n* pantoufle, on emploie cette expression qui est un terme de mépris : *vieux schnoc* (Argot du peuple). N.

SCHNOFFE (Deux ronds de) : Deux sous de tabac à priser (Argot du peuple). N.

SCHPROMME : Faire du tapage dans un endroit public (Argot du peuple).

SCHTIGNER : Puer (Argot du peuple). N.

SCIE : Femme légitime.
Quand un ouvrier menuisier porte sa scie, les voyous lui disent :
— Tu trimballes ta *légitime*.
Scier quelqu'un : l'ennuyer, le raser (Argot du peuple).

SCION : V. *Lingre*.

SCIONNER : Tuer quelqu'un avec un couteau (Argot des voleurs).

SÉCHÉ : Au lendemain d'une forte soulographie, l'ivrogne est *séché* (Argot du peuple).

SECOUER LES PUCES : Stimuler un endormi, le *secouer* du péché de paresse (Argot du peuple).

SECOUER SON PANIER A CROTTES : Se dit dans le peuple d'une danseuse déhanchée qui fait le contraire de la danse du ventre, et remue les fesses agréablement (Argot du peuple).

SECOUSSE : Dans le peuple, on dit d'une jolie fille pour indiquer qu'on coucherait volontiers avec elle : elle vaut la *secousse*. C'est suffisamment clair (Argot du peuple). N.

SEIGNEUR A MUSIQUE : Assassin (Argot des voleurs).

SE METTRE A TABLE : Dénoncer, *manger* sur le dos d'un complice (Argot des voleurs). V. *Mouton*.

SE METTRE LA CORDE AU COU : Se marier.
Le peuple se souvient de la vieille chanson :

Pan, pan, mariez-vous,
Mettez-vous dans la misère;
Pan, pan, mariez-vous,
Mettez-vous *la corde* au
| cou.

(Argot du peuple).

S'EMBROCHINER : Se coller avec une femme.
Synonyme de s'*acoquiner* (Argot du peuple).

SENTIR MAUVAIS : Quand un voleur est sur le point d'être pris, quand on éveille un condamné à mort pour *sauter le pas*, quand on est embarqué dans une sale affaire, cela *sent mauvais* (Argot du peuple). N.

SENTIR LE LAPIN : Après avoir dansé toute une nuit, une femme sue des aisselles et d'ailleurs ; elle *sent le lapin*.

On sait que lorsqu'on ouvre le ventre de cet animal, une odeur chaude et nauséabonde vous prend au nez et à la gorge (Argot du peuple).

S'EN FOUTRE COMME UN POISSON D'UNE POMME : Se moquer de tout et de tous.

Mettre l'opinion et le quand dira-t-on sous ses pieds (Argot du peuple).

S'EN FOUTRE COMME D'UNE GUIGNE : Se moquer de tout.

On dit également : *Je m'en moque comme de ma première chemise.*

C'est une nouvelle secte créée par les indifférents : les *j'men foutistes* (Argot du peuple). N.

SENTINELLES : Étrons déposés le long des murs par des passants pressés (Argot du peuple).

SENTIR LE ROUSSI : Synonyme de *sentir mauvais* (Argot du peuple). N.

SERINGUE : Machine à vapeur qui fonctionne mal ; allusion au bruit du piston (Argot des ouvriers).

SERINER : Divulguer. L. L.

Seriner : Apprendre quelque chose à quelqu'un qui a la tête dure, en lui *serinant* sans cesse.

Vient d'un petit instrument qui n'a qu'un air : *la serinette*.

On *serine* un merle, un geai, un chanteur ignorant la musique, une leçon, un discours ; en un mot *seriner* veut dire apprendre (Argot du peuple). N.

SERINETTE : Jouer un air de *serinette* à quelqu'un (Argot des voleurs). V. *Maîtres chanteurs*.

SERRÉ : V. *Gerbé*.

SERRER SA CEINTURE D'UN CRAN : Compression du ventre, afin d'empêcher les intestins de crier famine (Argot du peuple).

SERRER LA CUILLÈRE (Se) : Poignée de main. Par abréviation, on dit : je te la *serre*, ou bien encore : *serre*-moi la *pince* Argot du peuple).

SERRER LA VIS : Étrangler quelqu'un (Argot du peuple).

SERGOT : V. *Bec de gaz.*

SERPILLÈRE : Soutane du curé (Argot des voleurs).

SERPILLIÈRE : Tablier des carabins.
(Argot des voleurs).

SERVIR DE BELLE : Dénoncer un complice faussement (Argot des voleurs).

SERVIR (Faire) : Faire arrêter quelqu'un (Argot des voleurs).

SEZIÈRES : Lui (Argot des voleurs).

SIFFLER AU DISQUE : Demander de l'argent à quelqu'un ; le solliciter d'ouvrir son porte-monnaie.
Allusion au mécanicien qui *siffle au disque* pour demander l'ouverture de la voie (Argot du peuple).

SIFFLET D'ÉBÈNE : V. *Habit à queue de morue.*

SIGNER DES ORTEILS : Le pendu, dans ses derniers tressaillements, agite les pieds (Argot du peuple).

SIGUE : Pièce de vingt francs (Argot des voleurs).

SIGUE (Un demi) : Pièce de dix francs (Argot des voleurs).

SIME : Patrouille.
J'ai cherché en vain la raison de cette expression, elle n'a pu m'être expliquée, même par des récédivistes ; comme elle est usuelle, je la donne (Argot des voleurs).

SIMONE (La) : Vol à la tirelire.
Ce vol est pratiqué par de faux vidangeurs On nomme ces voleurs des *simonneurs* parce que ce truc fut inventé par un nommé Simon (Argot des voleurs).

SINGE : Patron.
Presque tous les corps de métiers, à l'exception des chapeliers, nomment leur patron un *singe*.
Singe, ouvrier compositeur.
Ce n'est pourtant pas dans un atelier de typographie qu'il faut chercher des *grimaces* (Argot du peuple).

SINGLEURS : Les doigts (Argot du peuple). V. *Salsifits.*

SINVE : Bonne tête, bon à *fabriquer*.
Synonyme de *pante argoté*.
Affranchir un sinve : rendre un imbécile, canaille et voleur.
Il n'y a souvent pas grande besogne à faire (Argot des voleurs).

SIROP DE MACCHABÉE :
Allusion aux gens qui se noient.
Ils *sirotent* bien malgré eux l'*eau* de la rivière (Argot des voleurs).

SKATING A MOUCHE : La tête.
Les mouches, quand l'homme est chauve, y patinent à leur aise (Argot du peuple). *N.*

SOIFFARD : Homme qui a toujours *soif*.
Dans le peuple, comme superlatif, on dit : Il boirait la mer et les poissons (Argot du peuple).

SOIFFER : Boire comme une éponge (Argot du peuple).

SOISSONNAIS : Des haricots (Argot des voleurs).

SOLDE : Quand un négociant veut liquider, il *solde* le restant de ses marchandises.
Elles sont généralement achetées par des juifs qui, à leur tour les *soldent*, partout où ils peuvent en y joignant souvent des marchandises volées (Argot du peuple).

SOLIR : Vendre.
Ce mot a donné naissance à une expression des plus pittoresques. Pour dire que l'on achète sur *parole*, on emploie cette phrase :
Solir sur le verbe (Argot des voleurs).

SOLLICEUR DE ZIF : Commis-voyageur marron qui vend sur faux échantillons.
C'est une variété du *goureur*.
Zif veut dire marchandise imaginaire.
Le *solliceur à la pogne* est le frère du *solliceur de zif* (Argot des voleurs).

SONDEUR : Avocat. *L. L.*
Sondeur, sonder quelqu'un pour savoir ce qu'il a dans le ventre.
Allusion au *sondage* d'un terrain pour en reconnaître la nature (Argot du peuple). *N.*

SONNER : Quand un client fait du tapage dans une maison de tolérance, le garçon le jette à la porte, et s'il se rebiffe, il lui casse la tête sur l'angle du trottoir; la tête a *sonné* (Argot des souteneurs). *N.*

SONNETTES : Pièce de cent sous.
Allusion au tintement que produisent en se heurtant les pièces, dans la poche du pantalon (Argot du peuple).

SONNETTES : Grignenaudes de boue qui pendent aux poils des chiens. A. D.

Sonnette s'applique à toutes les grignenaudes qu'elles soient de boue ou d'autres matières.

Inutile d'insister (Argot du peuple).

SORBONNE : Tête.

Vieille expression; on lit en effet, dans la chanson du Canstel :

Des réflexions m'trottaient dans
| la Sorbonne.

(Argot des voleurs).

SORGUE : La nuit (Argot des voleurs).

SORGUER : Dormir.

C'est une très vieille expression.

D'autres écrivent sorgne; c'est une erreur (Argot des voleurs).

SORGUER A LA PAIRE : Coucher à deux (Argot des voleurs).

SORGUEUR : Voleur de nuit (Argot des voleurs).

SORTE : Quand un camarade quitte son rang pour aller raconter à un copain une histoire de brigand inventée de toutes pièces, l'autre lui répond :

— Laisse-moi avec ta sorte.

Pour une mauvaise plaisanterie faite à un camarade, la réponse est la même.

L'expression sorte vient de ce que, lorsqu'il manque des caractères dans une casse, la sorte est absente.

Sortier, celui qui fait des sortes (Argot d'imprimerie).

SORLOTS : Souliers (Argot du peuple). V. Ripatons.

STRAPONTIN : Femme qui a l'estomac bien garni.

Elle possède un strapontin supérieurement rembourré — ce n'est pourtant pas une place pour s'asseoir.

On appelle aussi strapontin la tournure que les femmes mettent sous leurs jupons, pour paraître avoir un postérieur engageant (Argot du peuple). N.

SOUBASSEMENT : Les pieds.

Ils supportent le corps comme le soubassement d'un piédestal supporte la statue (Argot du peuple).

SOUFFLET (Le vol au) : Ce genre de vol est très original, il est à la portée de tous et ne demande ni instrument ni apprentissage. Il s'agit simplement d'entrer dans un magasin au moment où une femme tire son porte-monnaie de sa poche pour solder une emplète, de se précipiter en lui flanquant un *soufflet* à en voir trente-six chandelles, en lui disant à voix haute :

— Ah ! coquine, voilà où passe l'argent du ménage.

Pendant que la femme revient de sa surprise, le faux mari est loin (Argot des voleurs).

SOUFFLET : Le derrière.

Il ne fait guère bon être sous le vent qu'il produit (Argot du peuple).

SOUFFLEUR DE BOUDIN : Individu à visage boursouflé, joufflu.

Allusion au compagnon charcutier dont les joues gonflent quand il *souffle* dans le boyau.

Cette expression est également employée d'une autre manière, sous forme de proposition..... (Argot du peuple). *N.*

SOUFFRANTES PERLÉES : Allumettes (Argot des voleurs).

SOULOGRAPHE : Pochard qui prend trop souvent la *barbe*.

Soulographie (en avoir une belle) : être pochard (Argot d'imprimerie).

SOULOIR : Un verre.

L'allusion est claire; plus le pochard boit de *verres*, plus il est *saoul* (Argot du peuple). *N.*

SOULOIR DES RATICHONS : Autel sur lequel le prêtre dit la messe.

La figure est fausse; c'est le *ciboire* qui contient le vin qui est le *souloir* (Argot des voleurs).

SOUPAPE : Casquette (Argot des souteneurs).

SOUPE A L'HERBE (En manger une) : Aller gouaper dans les champs sans avoir le sou et s'allonger sur l'herbe pour dormir :

— Qui dort dîne (Argot du peuple). *N.*

SOUPE ET LE BOEUF : La femme dit cela du mari et, naturellement, le mari de sa femme.

Synonyme de *pot-au-feu*.

Cette expression a donné naissance à un dicton qui est très ancien :

— Toujours du *bouilli*, jamais de *rôti* (Argot du peuple). *N.*

SOUPÉ DE TA FIOLE : J'ai assez de ta figure (Argot du peuple). *N.*

SOUS PRESSE : Femme très occupée sur sa chaise longue à écouter le récit d'un explorateur (Argot des filles). *N.*

SOURICIÈRE (La) : Est une annexe du Dépôt de la Préfecture de Police ; les prévenus passent là avant de comparaître devant les chambres correctionnelles ; ils y repassent après jugement pour monter en panier à salade et être dirigés sur les prisons où ils doivent subir leur peine.

La *souricière* est aussi appelée *les trente-six carreaux*, parce que chaque fenêtre a ce nombre de vitres.

On dit aussi : *établir une souricière* pour pincer les complices qui viennent au gîte (Argot des voleurs).

SOURICIÈRE : Cabaret connu de la police, tenu par un patron qui *nonne* sur *l'orgue* de ses clients dont la plupart sont des voleurs.

La pêche se fait là sans hameçon (Argot des voleurs).

SOURDOCHE : Lanterne sourde (Argot des voleurs).

SOUTENEUR : Individu qui vit des filles qui se livrent à la prostitution, fainéant, voleur et assassin si l'occasion se présente ; on le trouve en haut comme en bas de l'échelle sociale (Argot du peuple).

SOUS-VENTRIÈRE : Écharpe.

— As-tu vu le *quart-d'œil* avec sa *sous-ventrière*, y la *dégotte* mal ?

Allusion à la *sous-ventrière* du cheval (Argot du peuple).

STORES : Paupières qui s'abaissent et se relèvent à volonté (Argot des voleurs).

STUC : Part de vol.

Synonyme de *fade*, comme *stuquer* (partager) l'est de *fader*.

Stuquer est encore pris dans le sens d'*étrenner* : recevoir des coups.

— La *gosse* a *stuqué* (Argot du peuple). N.

SUBLIMER : Travailler alors que les autres dorment.

Il faut, en effet, être *sublime* de courage.

Cela ne se voit guère de nos jours, où huit heures de travail c'est encore de trop, ce qui n'empêche pas les poètes de chanter le *sublime* ouvrier (Argot du peuple).

SUCE-CANELLE : Ivrogne invétéré qui *suce* jusqu'à la dernière goutte.

Une vieille chanson que le pitre de Moreau, le tireur de cartes, récitait sur la place de la Bastille, vers 1848-1849, dit :

Si je meurs que l'on m'enterre
Dans la cave où est le vin,

Le nez contre la muraille
Et la tête sous le robin,
S'il en reste une goutte encore,
Ce sera pour me rafraîchir,
Et si le tonneau défonce,
J'en boirai à mon loisir.

(Argot du peuple).

SUCE-LARBIN : Bureau de placement (Argot des voleurs).

SUCER LA PRALINE : Il est absolument impossible d'expliquer cette expression (Argot des filles). V. *Accouplées*.

SUCER LA POMME (Se) : S'embrasser.

Allusion au moutard qui *suce une pomme* avant de la manger (Argot du peuple). *N*.

SUCER UNE PÊCHE : Boire un coup (Argot du peuple).

SUÇON : Faire une consommation fantastique de sucres d'orge. *L. L.*

Suçon : en faire un sur l'épaule ou sur la gorge d'une jolie femme, ce n'est pas précisément *sucer* du sucre d'orge, c'est lui faire venir le sang à la peau. Ce qui a donné naissance à cette expression : ce n'est pas de l'amour, c'est de la rage, pour ceux qui embrassent de cette manière (Argot du peuple). *N*.

SUCRE DE POMME : Pince qui sert à fracturer les portes.

— Avant de *cavaler* assure-toi que ton *sucre de pomme* pourra *pessigner* la *lourde* (Argot des voleurs). *N*.

SUCRÉ : Se dit d'une femme mijaurée : elle fait sa *sucrée*.

Se croire plus *sucré* qu'un autre : s'imaginer lui être supérieur.

Il a été *sucré* pour *salé*.

Les joueurs ont adopté cette expression pour marquer les points avec des jetons : il faut *sucrer* monsieur (Argot du peuple). *N*.

SUIFFART : Grec habile à corriger le hasard, voleur cosmopolite qu'on rencontre dans tous les endroits où l'on joue.

Il est connu sous différents noms : *graisseur*, *bédouin*, *philosophe* (Argot des joueurs).

SUIVEUR : Homme tenace qui *suit* les femmes dans la rue ; quand il tombe sur une vierge il la *suit* jusqu'à temps qu'il *la perde* (Argot du peuple). *N*.

SURBINE : Surveillance. Être en *surbine* : être surveillé.

Rompre sa *surbine* : quitter la ville où l'on était

en surveillance pour aller dans une autre ville.

Autrefois on disait : *rompre son banc* ; c'est vieux jeu (Argot des voleurs).

SURFINE : Sœur de charité (Argot des voleurs). *N.*

SURGERBER : Être condamné en appel (Argot des voleurs).

SURIN : Couteau.

Surin muet : canne plombée ; elle *surine* sans bruit.

SURINER : Assassiner à coups de couteau.

Cette expression remplace celle de *chouriner* (Argot des voleurs).

SOEURS (Les deux) : Nattes de cheveux que les femmes portent tressées sur leurs épaules.

Mes *deux sœurs*, pour : testicules (Argot des voyous).

SYDONIE : La tête de carton, ou le mannequin sur lesquels la modiste et la couturière essayent leurs chapeaux et leurs robes (Argot du peuple). *N.*

SYSTÈME : Portion servie aux prisonniers dans les maisons centrales (Argot des voleurs). V. *Bonde.*

T

TABAC : Misère.

— Je suis dans le *tabac mistoufle* (Argot du peuple).

TABAR : Manteau.

Cette expression est connue depuis le XV° siècle (Argot des voleurs).

TABLE RASE : Faire un nettoyage complet dans une maison, liquider un arriéré, renouveler un personnel après avoir fait *table rase* (Argot du peuple).

TAF : Individu qui a peur de son ombre.

Qui a le *trac*, qui serre les fesses à la moindre alerte (Argot du peuple).

TAFFEUR : Poltron.

— Il est tellement *taffeur* que l'on ne lui fourrerait pas une feuille de papier à cigarette entre les fesses (Argot du peuple). *N*.

TAILLER UNE PLUME : Il est des employés qui se servent encore de plumes d'oie; à la fin du mois, ils vont s'en faire *tailler* chez des spécialistes (Argot du peuple). *N*.

TALBIN : Billet.

Talbin d'altèque, billet de banque.

Un billet de faveur pour un théâtre quelconque, se nomme un *talbin d'encarade*.

Mot à mot : billet d'entrée.

Les voleurs disent aussi de l'ordre du Parquet, de l'ordre de les écrouer à Mazas ou au Dépôt :
— *Mince* de *biffeton d'encarade* (Argot des voleurs). *N.*

TALBIN : Huissier.
Allusion ce à qu'il *talbine* un prévenu ou un témoin pour l'assigner en police correctionnelle.
Talbiner, synonyme d'assigner (Argot des voleurs) *N.*

TALONS COURTS (Avoir les) : Fille ou femme qui succombe sans résistance.
L'image n'est pas exacte ; ce fait ne se produit généralement que lorsqu'une femme porte des *talons hauts* ; elle perd alors l'équilibre facilement (Argot du peuple).

TAMBOUILLE : Ragoût, *fricot*.
Faire la tambouille, faire sa cuisine. *A. D.*
Tambouille : battre.
— Je vais te foutre une *tambouille* que le tonnerre de Dieu en prendra les armes (Argot du peuple). *N.*

TAMPONNER : Donner ou recevoir un coup de *tampon* — un coup de poing.
Allusion au choc de deux trains qui se *tamponnent* (Argot du peuple). *N.*

TANNANT : Assommant, ennuyeux.
A Corbeil, on devait un dimanche jouer les *Mousquetaires* ; la troupe y donnait des représentations depuis environ un mois.
L'actrice chargée des grands premiers rôles, était mauvaise à faire ronfler un bec de gaz. Au moment du lever du rideau, le régisseur dut faire une annonce. L'actrice avait dû partir précipitamment pour enterrer son père.
Il annonça son départ ainsi :
Madame X..., ne pourra jouer ce soir, elle *est à Nantes* pour les obsèques de son père.
Un loustic du parterre s'écria :
— Il y a longtemps qu'elle *est tannante.*
Ouf ! (Argot du peuple). *N.*

TANNER LE CUIR : Battre quelqu'un.
Allusion au *tanneur* qui bat la peau pour la rendre souple (Argot du peuple).

TANTE : Pédéraste, homme à double face qui retourne volontiers la tête du côté du mur (Argot du peuple). *N.*

TANTE : Le Mont-de-Piété
— Je porte ma *toquant*

chez ma *tante*, mon oncle en aura soin (Argot du peuple).

TAP : Se disait autrefois des condamnés à être exposés publiquement et marqués au fer rouge.

Travaux forcés à temps, T. F. T.

Travaux forcés à perpétuité T. F. P.

Faire le tapin c'était être exposé (Argot des voleurs). N.

TAPANCE : Maîtresse ou femme légitime.

Les typographes nomment ainsi la femme parce qu'elle *tape* souvent à la poche ou... autrement.

La tapance du mec, c'est la femme du patron.

— Elle est *rien râleuse la tapance* du *mec*, elle *boufferait des cadratins* à la sauce blanche (Argot d'imprimerie). N.

TAPE (En recevoir une) : Recevoir un coup ou le donner.

Voir ses espérances s'effondrer.

Recevoir une *tape* moralement (Argot du peuple).

TAPE A L'OEIL : V. *Œil au beurre noir*.

TAPÉE : Foule, grande réunion de personnes. A. D.

Tapée veut dire beaucoup, il est vrai, mais ce n'est pas le sens que lui donne le peuple.

Tapée se dit d'une jolie femme :

— Elle est *tapée*.

Une phrase bien écrite ou bien dite :

— C'est *tapé* (Argot du peuple). N.

TAPER : *Taper* quelqu'un, lui emprunter de l'argent.

On lui refuse en lui disant également :

— Tu peux te *taper*.

Synonyme de : Tu peux te *fouiller* (Argot du peuple).

TAPER A TOUR DE BRAS : Cogner vigoureusement.

— J'ai beau *taper* ma femme *à tour de bras*, quand elle me fait un *impair*, elle me *gobe* tout de même (Argot du peuple).

TAPER DANS LE TAS : Prendre une femme au hasard.

Taper dans le tas : attaquer un ouvrage avec vigueur.

Taper dans le tas : frapper dans le *tas* d'une bande de rôdeurs qui vous attaquent (Argot du peuple).

TAPETTE : Pédéraste *passif*,

il se fait *taper* dans le tas (Argot du peuple). *N.*

TAPETTE : Homme qui parle sans cesse.

— Il en a une rude *tapette*.

On dit aussi : forte *platine* (Argot du peuple).

TAPIQUER : Habiter (Argot des voleurs).

TAPIS DE MALADES : Cantines des prisons (Argot des voleurs). V. *Cargots*.

TAQUINER LE GOUJON : Le pêcheur à la ligne *taquine le goujon*.

Il est en effet *taquiné* d'être pris à l'hameçon (Argot du peuple).

TAQUINER LE CARTON : Jouer aux cartes.

Je ne sais pas si les cartes sont *taquinées* d'être *battues*, mais le joueur l'est rudement quand il perd (Argot du peuple). *N.*

TARAUDÉE : En mécanique, *tarauder* un écrou ou un boulon, c'est faire un pas de vis.

On a appliqué cette expression pour dire que l'on bat quelqu'un.

— Je lui ai foutu une rude *taraudée*.

— Je vais te *tarauder* les côtes (Argot du peuple). *N.*

TAROQUAGE : Piquer les cartes d'un signe imperceptible.

Ce *truc* fut employé pour la première fois, par le fameux grec Garcia (Argot des grecs).

TAROQUE : La marque du linge.

Quand les voleurs ont dévalisé la voiture d'un *papillon*, ils *détaroquent* le linge pour le revendre aux *meuniers* (Argot des voleurs). *N.*

TARTINES : Souliers avachis et éculés.

— Ah ! mon vieux, quelles sales *tartines* (Argot du peuple).

TARTIR : Vider ses intestins.

Quand la marchandise est molle, elle s'aplatit en rond, comme une *tarte*, dont, d'ailleurs. elle a la couleur.

Dans le peuple, on dit :

— Je viens de faire une *tarte bourbonnaise*.

Encore un emprunt à Rabelais (Argot des voleurs).

TAS (Être sur le) : Être à l'ouvrage.

— Nous avons un *tas* de besogne pour *beaucoup*.

— J'ai un *tas* de choses à vous écrire, pour quantité.

— Ma *marmite* est sur le *tas*.

Pour indiquer qu'elle est couchée avec un *miché* (Argot du peuple et des souteneurs). *N.*

TASSO : Nez.

— Je vais te *bouffer* le *tasso* (Argot du peuple). V. *Biaire*.

TATA : Les enfants, les petites filles disent de l'une d'elles qui fait des manières :

— Elle fait sa *tata*.

Dans le mondes des *équivoques* une *tata*, c'est le *passif*.

Il existe un chanson sur ce sujet :

C'est nous qui sommes les *tatas*

(Argot du peuple).

TATE-MINETTE : Sage-femme (Argot du peuple).

TATEUSE : Fausse clé.

Ce nom indique bien l'action ; avec une fausse clé, si bien faite soit elle, il faut que le voleur *tâte* la serrure avant de l'ouvrir (Argot des voleurs).

TAUDION : Chambre malpropre, infecte.

— N'entrez pas dans mon *taudion*, un chat n'y trouverait pas ses petits.

— Sa chambre est un *taudis*.

On dit aussi un *chenil* (Argot du peuple).

TAULE ou **TOLE** : La maison.

Les maîtres de maisons de tolérance sont appelés des *toliers*.

C'est une allusion à la *tôle* qui barde les portes de ces maisons dans quelques villes de province, pour les défendre contre les tapageurs.

C'est *tôle* qui est le vrai mot (Argot des souteneurs). *N.*

TAUPER : Travailler. *L. L.*

Tauper veut dire *accoster*.

Quand les compagnons faisaient le tour de France, et que deux marchaient en sens inverse sur la grande route, ils s'interpellaient :

— *Tope*, pays, quelle vocation ?

— Serrurier.

— Passe au large.

S'ils étaient du même métier, ou de la même société, ils fraternisaient, autrement ils se battaient.

Cela s'écrit *toper* et non *tauper*. *Toper* veut aussi dire : conclure.

— Affaire faite, *tope*-là (Argot du peuple).

TENDEUR : Homme qui est toujours prêt à satisfaire une femme gourmande et passionnée (Argot du peuple).

TERRER : Tuer.

Mot à mot : préparer les gens pour la terre.

C'est cette expression qui a donné naissance au mot *enfouissage* pour les libre-penseurs qui ne passent pas par l'église (Argot des voleurs et du peuple). *N.*

TERREUR : Nom donné aux maquereaux dans les anciennes banlieues de Paris ; il y a généralement une *terreur* par quartier (Argot des souteneurs).

TERRIÈRE : Raccrocheuse qui pousse son *persil* dans les terrains vagues (Argot des souteneurs).

TESIÈRE : Toi.

Il y a plusieurs variantes de ce mot : *tesigue, tesigo* et *tésingard.*

Tesière est l'expression la plus usitée.

— La *Môme-Livarot* a un *béguin combiné* pour *tesière* (Argot des souteneurs).

TÉTASSES : Seins qui pendent jusque dans les bas de celles qui les possèdent (Argot du peuple). V. *Calebasse.*

TÊTE CARRÉE : V. *Alboche.*

TÊTE DE BOIS : Visage peu expressif.

Dans le peuple, on dit aussi : il a été sculpté dans un marron d'Inde, quand l'individu à qui cette expression s'adresse est laid à faire peur (Argot du peuple).

TÊTE DE CARTON : Visage sans expression.

Allusion à la poupée (Joséphine) des modistes (Argot du peuple).

TÊTE DE CHOUCROUTE : V. *Alboche.*

TÊTE DE PIOCHE : Individu à la tête dure qui ne veut rien apprendre.

Allusion à la dureté de l'acier trempé de la *pioche* (Argot du peuple). *N.*

TÉTER UNE GOUTTE : Faire *téter une goutte*, à quelqu'un : le battre.

Boire une goutte : se noyer.

Au régiment quand un soldat est atteint de la nostalgie, les camarades lui disent :

— Tu voudrais bien aller *téter une goutte.*

Téter une goutte, boire un verre sur le *zinc* (Argot du peuple). *N.*

TÊTES DE CLOUS : Caractères usés, qui n'en peuvent plus.

— Il est rien *dégueulbif*,

le canard que nous composons avec des *têtes de clous* (Argot d'imprimerie).

TICHE : Bénéfices.
Synonyme de *guelte*.
Prime que les directeurs de magasins de nouveautés donnent aux commis qui parviennent à vendre de la marchandise avariée ou des rossignols.
Tiche, en ce cas, est de la même famille qu'*affure* (part de vol) (Argot des calicots).

TIERCE (La) : Association de faux monnayeurs ; comme ils sont généralement trois : le *fabricateur*, l'*émetteur* et un complice de réserve, de ce nombre, *la tierce* (Argot des voleurs).

TIFFES : Les cheveux.
Tiffe est une corruption de *tignasse* (Argot des voleurs). N.

TIGNER D'ESBROUFFE : V. *Riffe*.

TIMBRÉ : A moitié fou.
Avoir reçu un coup de marteau (Argot du peuple).
V. *Mailloché*.

TINE : La foule.
Réunion de souteneurs et de voleurs.
Delvau dit dédaigneusement que cette expression est due à « quelques Vaugelas de la Roquette », que le vrai mot est *tigne*.
Pas le moins du monde ; dans le peuple on dit :
Tigne-le, pour : le prendre par les cheveux.
Tigner est également synonyme de *rechigner* (Argot des voleurs). N.

TIOLÉE (En avoir une) : Se dit dans le peuple d'une famille qui a de nombreux enfants :
Ils sont toute une *tiolée*.
C'est une corruption du mot *tole* qui veut dire maison.
Il y en a plein la *tole* (Argot du peuple). N.

TIRANTES : Jarretières. A. D.
Le mot est impropre ; c'est *serrantes*.
En effet, la jarretière *serre* la jambe ou la cuisse suivant la façon dont elle est placée.
Il est vrai qu'elle *tire* le bas, mais c'est en le *serrant* (Argot des voleurs).

TIRANTS : Bas.
Tirants radoucis : bas de soie.
Tirants de tremilet : bas de fil.
Tirants de filsangue : bas de filoselle.

Tirants à la manque : bas déchirés.

Allusion aux mailles qui *manquent* (Argot des voleurs).

TIRE-JUS : Mouchoir.

Le mot n'est pas ragoûtant, mais il exprime bien le fait de *tirer le jus* des narines (Argot du peuple). N.

TIRELIRE : La tête.

Allusion à la bouche qui représente exactement l'ouverture par laquelle on introduit les pièces de monnaies dans une *tirelire*.

Tirelire veut aussi dire le contraire de la tête, mais celle-là ne contient que de la monnaie pour la compagnie Richer (Argot du peuple). N.

TIRELIRE : Toutes les filles publiques mettent l'argent que les *michés* leur donnent pour leurs *gants*, dans leurs bas.

Leurs bas sont des *tirelires* (Argot des souteneurs) N.

TIRE-MONDE (Madame). V. *Guelte au trou*.

TIRER LE DIABLE PAR LA QUEUE : Il y en a (la moitié de Paris) qui passent leur temps à cette b.. sogne, sans être jamais avancés un jour plus que l'autre.

La misère ne les lâche pas.

Ce pauvre *diable*, depuis le temps que l'on la lui *tire*, n'en devrait plus avoir (Argot du peuple).

TIRER UN BOUCHON : Voleur qui fait dix ans de prison (Argot des voleurs).

TIRER LA LANGUE : Courir à en perdre haleine.

Faire *tirer la langue* à un débiteur en lui promettant de l'argent.

Tirer la langue : avoir faim, attendre après quelque chose qui ne vient jamais (Argot du peuple). N.

TOC : Bijoux de mauvais aloi.

Personnage contrefait ; se dit de tout ce qui n'est ni bien ni correct (Argot du peuple)

TOCASSE : Méchant.

On dit également *tocasserie* pour méchanceté.

Tocasserie est assurément une corruption de *tracasserie* (Argot des voleurs).

TOCASSON : Fille qui depuis des années est dans la circulation, qui veut conserver des airs de jeunesse et se refuse à *dételer* son vieux fiacre.

— Crois-tu que c'est pas dégoûtant, la mère *Tocasson* qui *trime* encore à 72 *berges* (Argot des filles).

TOILETTE (La) : Avant le règne de M. Deibler, la *toilette* des condamnés à mort durait une grande demi-heure, une éternité ; aujourd'hui, le mot est resté, mais pour la forme seulement, car on ne la leur fait plus.

Chaque semaine, les condamnés sont rasés et ont les cheveux coupés : on leur épargne ainsi une torture inutile.

Heindrich, l'avant-dernier bourreau, recommandait toujours à ses aides de se dépêcher pour ne pas laisser le condamné *vieillir* (Argot des voleurs).

TOLLARD : Bureau. *A. D.*

C'est une grave erreur. *Tollard*, dans les prisons centrales, veut dire : *bourreau*.

Bureau, c'est *burlingue* (Argot des voleurs). *N.*

TOMBER MALADE : Être arrêté, alors qu'on se croyait en sûreté.

Si l'arrestation a lieu à la rencontre, c'est-à-dire si on rencontre fortuitement l'agent qui vous recherchait, on dit : tomber le nez dessus (Argot du peuple). *N.*

TOMBER A PIC : On va se mettre à table, vous *tombez à pic*.

Mot à mot : Vous arrivez bien.

— J'étais dans la *purée*, ma tante vient de *claquer à pic* (Argot du peuple).

TOMBER PILE : Tomber sur le cul.

Les ouvriers typographes disent :

— Il est tombé sur le *côté de deux* (Argot du peuple).

TOMBER SUR LE DOS ET SE FAIRE UNE BOSSE AU VENTRE : Cela paraît être un fait extraordinaire ; pourtant rien n'est plus commun.

C'est la *secousse* qui est cause de ce phénomène qui dure neuf mois (Argot du peuple).

TOMBEUR : Homme fort.

Lutteur qui *tombe* tous ses adversaires.

Tomber une femme : la séduire, la faire céder.

Dans les cercles, le croupier dit : cinq louis qui *tombent* (Argot du peuple).

TOQUANTE : Montre de peu de valeur.

Double sens : elle fait

tic-toc et elle est en *toc* (Argot des voleurs).

TOQUARD : A. Delvau et M. Loredan Larchey écrivent *tocard*.

Ces écrivains, pas plus que moi, n'ont inventé l'expression ; pour trouver la véritable orthographe, il était donc inutile de remonter à la source.

Je trouve dans une vieille chanson ceci :

Maint'nant tu t'*toquardes*
| de la frime,
Tes deux oranges tombent
| dans tes bas.
T'es des mois sans chan-
| ger de lime,
Y'a même des mois qu'tu
| n'en a pas.

C'est donc *toquard* qui est le vrai mot (Argot du peuple).

TORCHER LE CUL DE MERDE (Se) : Ce n'est pas le comble de la propreté, mais cette expression caractéristique dit bien le peu de cas que l'on fait de quelqu'un et combien on le méprise (Argot du peuple).

TORD BOYAUX : Mauvaise eau-de-vie.

Elle corrode l'estomac et *tord* littéralement les *boyaux* des malheureux abrutis qui recherchent cet horrible breuvage (Argot du peuple).

TORPILLE D'OCCASION : Fille publique.

Ainsi nommée parce qu'elle fait *sauter* la bourse des *pantes* (Argot des souteneurs).

TORTILLANTE : Le cep de vigne qui pousse en espalier devant les maisons dans les campagnes.

Allusion au bois qui se *tortille* de mille façons.

Claude Tillier a écrit dans un de ses pamphlets :

— Nos pères étaient faits de ce bois noueux et *tortillé* dont on fait les forts (Argot du peuple).

TORTILLARD : Fil de fer (Argot des voleurs).

TORTILLER : Manger.

— Il te tortille un morceau de *lartif* en une *broquille*.

Se tortiller pour ne pas vouloir dire la vérité : chercher des faux-fuyants.

— As-tu vu comme elle *tortille* des fesses en marchant ?

— Il n'y a pas à *tortiller* du *cul*, il faut que tu avoues.

— Il ne faut pas *tortiller*, faut y passer (Argot du peuple).

TORTU : Le vin.

— Allons, mastroquet,

sers-nous deux *cholettes de tortu*.

Cholette : chopine, *tortu* : le vin, en souvenir du *bois tortu* qui produit le raisin (Argot du peuple).

TORTORER : Manger (Argot des souteneurs).

TORTORENT : Gargote où l'on mange (Argot des souteneurs).

TOUILLER : Remuer.
— *Touille* ton café pour faire fondre le sucre (Argot du peuple). N.

TOUPET (Avoir du) : Avoir un aplomb formidable.
Se payer de *toupet* pour affronter quelqu'un.
On dit dans le peuple :
— Il a plus de *toupet* que de cheveux (Argot du peuple).

TOUR (LA) : La Conciergerie et le Palais de justice.
Allusion à la tour de l'horloge.
A ce propos, une légende populaire veut que cette horloge ait sonné l'heure du signal pour le massacre de la Saint-Barthélémy (Argot du peuple).

TOUR POINTUE (La) : Préfecture de police (Argot des voyous).

TOURBE (Être dans la). V. *Purée*.

TOURBE : La lie du peuple.
Populace, le plus bas qu'il soit possible de l'imaginer (Argot du peuple).

TOURLADE : Les forçats, autrefois, quand le bagne était à *Toulon*, appelaient cette ville *Tourlade*. Changement de finale (Argot des voleurs).

TOURNANTE : Clé.
Elle fait en effet *tourner* le pêne dans la serrure (Argot des voleurs).

TOURNANTE : V. *Anguille*.

TOURNE-VIS : V. *Hirondelle de potence*.

TOURNE-VIS : Chapeau à cornes que portent les gendarmes.
Ce terme s'est généralisé, il est employé pour tous les chapeaux quelles que soient leurs formes (Argot du peuple).

TOURNER DE L'OEIL : Mourir (Argot du peuple).

TOURNIGUE : V. *Blaire*.

TOURTOUSE : La corde.
Tourtouser : lier.
Tourtousier : le cordier (Argot des voleurs).

TOURTOUSINE : La ficelle.
Allusion à la torsion du chanvre par le cordier (Argot du peuple).

TRAC : Peur.
 Tracquer : avoir peur.
 — J'ai un *trac* à tout casser (Argot du peuple). V. *Taf*.

TRAIN 11 (Le) : Les jambes.
 Celui qui ne peut pas se payer de voiture, fiacre ou omnibus, prend le *train 11*.
 Quand on joue au loto, celui qui appelle les numéros, quand il tire le numéro 11, crie :
 — 11, les deux jambes à ma tante (Argot du peuple).

TRAINÉE : Fille publique qui *traine* partout à la recherche de clients.
 Trainée est un gros terme de mépris employé par le peuple vis-à-vis d'une femme.
 Trainée : synonyme de *rouleuse* (Argot du peuple).

TRAINEUSE : V. *Rôdeuse*.

TRAINEUSE : Robe.
 Allusion à la *traine* de la robe qui balaye les trottoirs.
 On dit également : une *balayeuse* (Argot du peuple).

TRANCHE-LARD : Couteau.
 Allusion au couteau du charcutier.

On dit aussi : un *vingt-deux* (Argot du peuple).

TRANCHE : Le visage.
 Tranche est aussi un terme d'amitié et de familiarité :
 — Tiens, comment vas-tu, ma vieille *tranche* ? (Argot du peuple). N.

TRAVAILLER DANS LE BATIMENT : Voler avec effraction dans les maisons.
 L'expression est pittoresque (Argot des voleurs).

TRAVIOLES : Avoir des inquiétudes. L. L.
 Travioles : aller de travers, pochard qui *festonne*. Celui-là est loin d'avoir des inquiétudes, car il ne pense guère au lendemain.
 Une jeune fille qui *déraille* et devient rosière de la Maternité, va de *travioles*, de travers dans la vie (Argot du peuple). N.

TRÈFLE : Tabac- (Argot du peuple).

TRÉFOIN : Tabac.
 Ce mot est très vieux; il est employé par Eugène Suë dans les *Mystères de Paris*.
 — Pas de *tréfoin* à mettre dans ma *chiffarde*. (Argot des voleurs).

TREMBLOTTE : La fièvre.
 Allusion au *tremblement* qu'elle produit.

On dit d'un homme qui a peur de la moindre des choses : il a la *tremblotte*.

C'est aussi un truc employé par les mendiants pour exciter la charité publique ; ils font semblant de *trembler*.

Mot à mot : de *grelotter* (Argot du peuple). *N.*

TRÈPE : Ne veut pas dire la foule, comme le disent les dictionnaires d'argot ; ce mot veut dire *clientèle*, d'après Loyssel.

Faut pas blaguer, le *trèpe* est
                          | *bath*
Dans ce *taudion*, i s'trouve des
                          | *rupins*
Si quenq's *gonciers* traînent la
                          | *savate*
J'en ai r'bourré qu'ont d'*scar-*
                          | *pins.*

(Argot des voleurs).

TRESSER DES CHAUSSONS DE LISIÈRES : Occupation des prisonniers dans les maisons centrales.

— A *tresser des chaussons de lisières* pendant *dix berges*, j'ai *affuré* quatre *sigues!* (Argot des voleurs).

TRICHARD : Tricheur.
Voler au jeu (Argot du peuple).

TRICHER : V. *Gêné.*

TRIFOUILLÉE : Remuer, chercher en bousculant tout. *A. D*

Trifouillée, c'est trois fois fouiller, mais le peuple ne donne pas ce sens à cette expression.

Trifouillée veut dire battre.

— Je vais te coller une *trifouillée* en cinq sec (Argot du peuple). *N.*

TRIMARD : Chemin.
Grand trimard : grande route (Argot des voleurs).

TRIMARDER : Voyager.
Quand un apprenti a appris son état, pour se former, il fait son tour de France.

Il *trimarde*, mais en travaillant.

Mot à mot : parcourir les grandes routes.

Ceux qui *trimardent* ne sont autre chose que des vagabonds ; ils ont une profession, mais ne travaillent jamais. Cette profession leur sert pour mendier.

Le truc est des plus simples :

Le *trimardeur*, supposons le compositeur typographe, entre dans un atelier avec la quasi-certitude qu'il ne sera pas embauché, c'est ce qu'il souhaite. Il demande *mèche* ; on lui répond qu'il n'y a pas de place vacante, alors il lâche son boniment :

— Il vient de loin, de Paris ; il a été malade en

chemin, il est dans la plus affreuse misère, il sollicite la permission de faire la quête. Le patron donne, les compagnons donnent aussi ; il savent bien que c'est un fainéant, mais les typos ont bon cœur, ils préfèrent être volés dix fois que d'en refuser une à une misère véritable.

Avec ce métier, les *trimardeurs* sont les gens les plus heureux du monde (Argot d'imprimerie). *N*.

TRIMARDEUSE : Fille publique qui fait le trottoir.

L'asphalte n'est pas la grande route, on l'appelle néanmoins le *trimard* parce que la fille y *trime* (Argot des souteneurs).

TRIMANCHER : Marcher.

Même signification que *trimarder* (Argot du peuple).

TRIMBALLEUR DE REFROIDIS : Le cocher qui conduit les corbillards.

— Ce qui m'emmerde, quand je serai *refroidi*, c'est d'être *trimballé* par l'*omnibus à coni* (Argot des voleurs).

TRIMER : Aller et venir inutilement, se morfondre. *A. D.*

De *trimer* on a fait *trimard*, raccrocher, c'est-à-dire travailler, c'est le vrai sens du mot.

— Je *trime* d'un bout de l'année à l'autre pour élever mes gosses, et je n'en suis pas plus avancé.

Trimer veut dire *travailler* péniblement (Argot du peuple). *N*.

TRINQUER : Boire en choquant son verre.

Trinquer : recevoir une volée (Argot du peuple).

TRIPAILLE : Enfant (Argot des voleurs). V. *Loupiau*. *N*.

TRIPATROUILLAGE : Tripoter dans les poches de quelqu'un.

Tripoter dans une caisse ou un tiroir.

— Vous n'allez pas bientôt finir de me *tripatrouiller*, vous allez me chiffonner. (Argot du peuple). *N*.

TRIPES : Tétons déformés, élastiques comme un morceau de caoutchouc.

Allusion au morceau de tripe que les tripiers nomment le *bonnet* : c'est la panse (Argot du peuple).

TRIPOTÉE : (En donner ou en recevoir une).

— Il a reçu une rude *tripotée*.

On dit aussi *tripotée* pour beaucoup.

— J'ai une *tripotée* d'enfants qui me font perdre la tête (Argot du peuple).

TRIPOTEURS : Individu qui *tripote* une femme.

Boursier qui *tripote*, à la Bourse, des affaires malpropres et louches.

On dit aussi *patricoter* (Argot du peuple). *N.*

TRIQUE : Surveillance.

Casser sa trique, rompre sa surveillance.

Triquer (Être) : être condamné à la surveillance.

Allusion ancienne, quand autrefois les condamnés étaient pendant cinq ou dix ans sous la *trique* des argousins (Argot des voleurs).

TROGNE : Le visage.

Quand un individu a la *trogne* couperosée, dans le peuple, on lui lance cette plaisanterie :

— C'est ta femme qui boit, et c'est toi qui a le *nez rouge*.

Avoir une *trogne* de vin de Bourgogne, c'est une *trogne* d'ivrogne (Argot du peuple).

TROGNON : Expression de tendresse, comme mon petit chat, mon petit lapin bleu.

Qu'il est joli, qu'il est mignon,
Qu'il est gentil mon p'tit tro-
| gnon.

(Argot du peuple).

TROLLER : Porter. *A. D.*

Troller veut dire marcher.

— On te voit *troller* partout, tu ne travailles donc pas ?

Il existe au faubourg Antoine des ouvriers ébénistes en chambre qui confectionnent des meubles pour leur compte.

Ils *trollent* pour les vendre depuis la rue de la Muette jusqu'à la Bastille, généralement le samedi ; ce jour-là, le trottoir se nomme la *trolle* (Argot des ébénistes). *N.*

TROMBILLE : Bête, quelle que soit sa race (Argot des voleurs).

TROMBOLLER : Aimer autrement que platoniquement.

— Je vais *tromboller* ma *gonzesse* (Argot des souteneurs).

TROMPE-LA-MORT : Individu condamné par les médecins, qui n'en meurt pas plus vite pour cela.

— Il *trompe la mort* qui le guette.

On dit également :

— Il a repris du poil de la bête.

Cette expression : *trompe la mort*, date de 1848.

Un ouvrier forgeron, arrêté sur une barricade, lors

de l'insurrection de Juin, fut conduit, avec un groupe de combattants, à la tombée de la nuit, au Champ de Mars, où se faisaient en masse les exécutions sommaires. On fusillait les malheureux rang par rang.

Il était au second rang; par une présence d'esprit incroyable, à ce moment suprême, il tomba en même temps que le premier rang; on n'y fit pas attention.

Vers onze heures du soir, l'exécution terminée, des tombereaux vinrent enlever les cadavres pour les transporter au cimetière Montmartre et les jeter dans la fosse commune.

On ne les recouvrait pas de terre, afin que les familles puissent les reconnaître le lendemain.

L'ouvrier avait eu la malechance d'être jeté au fond du tombereau; il était inondé du sang qui coulait sur lui.

Pendant le trajet, après des efforts inouïs, il parvint à se hisser au-dessus des cadavres; il sauta à bas de la lugubre voiture sans être aperçu, et alla se cacher chez un ami.

Le calme revenu, il rentra à l'atelier. Stupéfaction générale. Les camarades, qui connaissaient l'aventure, lui crièrent :

— Tiens ! voilà *Trompe la mort*.

Il l'avait rudement trompée, car il ne mourut qu'en 1888, à l'âge de quatre-vingts ans.

Trompe la mort (Argot du peuple).

TRONCHE : Tête (Argot des voleurs).

TRONCHE DE REFROIDI : Fromage de Hollande, connu plus généralement sous le nom de *tête de mort* (Argot des voleurs).

TRONCHER : Le vocable s'explique suffisamment par ceci :

— Bibi a *tronché* la môme, elle a *avalé le pépin* (Argot du peuple).

TRONE (Être sur le) : Être assis sur la lunette des *chiottes*.

Quand ça va bien, sûrement, on est plus heureux qu'un roi assis sur le trône (Argot du peuple).

TROP CUIT : Femme ayant des cheveux rouges.

— Elle a été trop longtemps enfournée, elle est *trop cuite* (Argot du peuple). *N.*

TROP TOT VELÉ : Enfant venu avant terme.

Allusion au veau mort-né.

Avorton chétif et malingre (Argot du peuple).

TROTTEUSE : Montre qui marque les minutes.

Trotteuse : fille publique infatigable qui *trotte* du soir au matin pour raccrocher (Argot des souteneurs).

TROTTIN : Apprenti modiste que l'on rencontre arpentant les rues de Paris, portant une petite boîte qui contient un chapeau.

C'est le *gavroche* femelle des ateliers de modistes.

Le mot n'est pas nouveau. Scarron dit quelque part :

Ensuite il appelle un | trottin.

(Argot du peuple).

TROTTINETTES : Bottines (Argot des voleurs).

TROTTOIR : S'entend de deux façons.

Faire le trottoir, raccrocher.

Il n'est pas nécessaire pour faire le *trottoir* d'être sur le *trottoir*.

Le *trottoir* est partout où la femme *lève* l'homme.

Pendant l'Exposition de 1889, le *trottoir* de ces dames était le pont de l'Alma.

A ce sujet, on avait fait ce calembourg :

— Les putains préfèrent le pont pour voir *le velum* (Argot des filles). *N.*

TROU DE BALLE : Le derrière.

On dit aussi : *la lumière* (Argot du peuple).

TROUFFION : Petit troupier (Argot du peuple). *N.*

TROUILLE : Domestique malpropre, femme du peuple rougeaude et avachie. A. D.

Trouille ne se prend pas en ce sens ; cela veut dire : tu n'as pas *peur*.

Trouille est synonyme de hardiesse.

— Tu n'as pas la *trouille* d'entreprendre une tâche aussi difficile (Argot du peuple). *N.*

TROUILLOTER DE LA HURLETTE : Puer de la bouche (Argot du peuple). *N.*

TROUVER MAUVAISE (La) : Quand, par un verglas abominable, on se casse la figure, elle est *mauvaise*.

Quand votre femme vous pond un gosse tous les ans, elle est *mauvaise*.

Quand on a acheté cent mille francs de Panama, elle est *mauvaise*.

En un mot on *trouve mauvais* tout ce qui vous arrive de désagréable dans la vie (Argot du peuple). *N.*

TROUVEUR OU PART A DEUX. V. *Ramastiqueur*.

TROUVEURS-FAUX VENDEURS : Genre de vol pratiqué aux environs des gares de chemins de fer.

Il consiste à feindre de *trouver* une bague en cuivre placée à l'avance par un complice dans un endroit désigné, et à la vendre comme de l'or à un naïf qui débarque (Argot des voleurs). V. *Ramastiqueurs*. *N*.

TRUC : Connaître le *truc*, être malin.

Avoir du *truc*, avoir les moyens de réussir.

Truc : machine de théâtre employée dans les féeries pour un changement de décors à vue.

Truc : moyen secret que possède un individu de faire quelque chose (Argot des camelots et des saltimbanques).

TRUCHE : Est une manière spéciale de voler.

Le voleur qui la pratique est un *trucheur* (Argot des voleurs).

TRUFFE : Nez, lorsqu'il est gros en forme de groin.

Allusion au cochon qui s'en sert pour chercher des *truffes*.

Le peuple dit aussi : *piton* (Argot du peuple).

TRUFFÉ : Crétin, niais, imbécile.

Synonyme d'andouille.

On dit dans le peuple :
— Il est *truffé* de bêtise, il arrive de son *patelin*, il n'est pas *dessalé* (il n'est pas dégrossi).

On dit également :
— Il est *truffé* d'argent.

Truffé, pour : beaucoup (Argot du peuple).

TRUFFE DE SAVETIER : Des marrons.

Le marron remplace la *truffe* chez le savetier, comme la pomme de terre remplace *l'orange* pour le Limousin (Argot du peuple).

TRUMEAU : Comédie ou vaudeville Louis XV. *A. D.*

Trumeau signifie vieille femme.

On dit dans le peuple :
— Sale *trumeau*, ta gueule est bonne à foutre dans les lieux pour faire chier les gens de peur (Argot du peuple). *N*.

TRUQUAGE : Se dit d'un meuble, d'un tableau ou d'un objet d'art qui a subi un *truquage* pour lui donner l'apparence de la vétusté ou le style d'une époque.

Il y a des *truquages* célèbres qui ont trompé les plus grands amateurs.

Un des plus souvent mystifiés est M. de Rothschild.

Tout le monde a présent à la mémoire le fameux bouclier acheté 100,000 fr., comme datant du XVᵉ siècle, lequel avait été déniché à Rome chez un brocanteur.

Ce bouclier avait été fabriqué de toutes pièces dans une cave de la rue Bourg-l'Abbé, et ne valait pas cent sous (Argot des artistes peintres). *N.*

TRUQUEUR : Le *truqueur* est un filou qui va de village en village et de foire en foire, avec un petit jeu de hasard qu'il exploite habilement.

Ce jeu est généralement un *chandelier* fait avec les débris d'un vieux chapeau ; il met un sou sur le *chandelier* qui est placé dans une assiette. Il s'agit, au moyen d'une longue baguette d'osier, de faire tomber le *chandelier* et que le sou reste dans l'assiette.

Cela n'arrive jamais, à moins de connaître le *truc*.

Il y a une masse de *truqueurs*, surtout en cette *fin-de-siècle* où tout est *truc* pour gagner sa vie. (Argot du peuple). *N.*

TUBE : Chapeau haut de forme.

On dit aussi : *tuyau de poêle* (Argot du peuple).

TUBE : Le gosier.

Dans le peuple, on dit de celui qui a le ventre creux :

— Il n'a rien à se mettre dans le *tube*.

Boire un bon coup, c'est se *rincer* le *tube*.

— Il est quatre heures, je vais me *coller un peu de fripe dans le tube*.

Mot à mot : je vais manger (Argot du peuple).

TUER LE VER : Boire la goutte, le matin, ou un verre de vin blanc.

Quand on suppose que le *ver* est solitaire (dur à tuer), les ouvriers boivent plusieurs tournées, alors ce n'est pas le ver qui est tué, mais bien le buveur.

Les voleurs disent également qu'ils ont *tué le ver* lorsqu'ils ont des remords.

Ils ne le *tuent* pas souvent (Argot du peuple et des voleurs).

TUILE : Malheur qui arrive à quelqu'un.

— J'ai perdu mon porte-monnaie, quelle *tuile* !

Quand il arrive inopinément une douzaine de personnes à dîner, lorsqu'il n'y en a que pour deux, la ménagère dit :

— Quelle *tuile* nous

tombe sur la tête (Argot du peuple).

TUNE : Pièce de 5 francs en argent (Argot du peuple). V. *Brème de fonds.*

TUNE : Bicêtre, l'ancien refuge naturel des sujets du roi de *Thunes*. A. D.

Ce n'est pas le mot *tune* qui est vrai.

C'est *tunobe*.

La prison de la Force, démolie en 1850, était ainsi appelée par les prisonniers.

Dans les autres dictionnaires d'argot, on ne trouve que *tuneçon*, expression qui ne veut rien dire (Argot des voleurs). *N.*

TUNER : Mendier.

Tuneur : mendiant.

Il est pourtant rare qu'on donne une *tune* à un mendiant.

Tuner, c'est l'apocope du mot *importuner* (Argot des voleurs). *N.*

TURBIN : Tout travail, quel qu'il soit.

Turbiner, c'est durement travailler.

Aller au turbin, c'est aller à l'atelier.

Turbineur : celui qui travaille.

Turbineur : qui met en mouvement la *turbine*, de là, *turbin, turbiner* (Argot du peuple).

TURNE : *Poussier, taudis, logement malpropre et insalubre, sans air ni lumière.*

— Si tu restes éternellement dans ta *turne*, tu ne trouveras jamais rien à *briffer.*

— Comment peux-tu rester dans une pareille *turne* ! (Argot du peuple).

TU-TU : Petit paquet de mousseline chargé de cacher ce que le maillot collant indique trop — pour le père la Pudeur — *alias* M. Béranger-Caton.

La vieille chanson dit :

. . . .
Son maillot en s'déchirant
A laissé voir son... événement
Ça d'vait la gêner su' l'moment.

Ça ne gêne pas la *Môme Fromage* ni *Grille d'Egout*, moi non plus (Argot du peuple).

TU T'EN FERAIS MOURIR : Réponse ironique à une question saugrenue.

— Payes-tu à déjeuner ? prêtez-moi cent francs ; avance-moi mon mois ; viens coucher avec moi ?

— *Tu t'en ferais mourir.*

Mot à mot : Tu ne voudrais pas (Argot du peuple). *N.*

TUYAU : Le gosier.

Le *tuyau est bouché,*

pas *mèche* de *bouiotter* (Argot du peuple).

TUYAUX : Renseignements confidentiels.

Cette expression est en usage dans le monde qui fréquente les champs de courses.

Un bookmaker qui a un cheval chargé de paris fait donner par un émissaire un faux *tuyau* sur une rosse ; les imbéciles s'empressent de prendre ce cheval, qui n'arrive jamais (Argot des bookmakers). *N.*

TUYAU DE POÊLE : Chapeau haut de forme.

Allusion juste, car il a la forme et la couleur d'un *tuyau* (Argot du peuple).

TYPE : Individu quelconque.

— J'ai un *type* qui me cramponne.

Avoir un bon type, avoir un bon enfant qui se laisse faire (Argot des filles). *N.*

TYPOTE : Femme employée depuis peu d'années dans les ateliers de composition.

C'est un compagnon au même titre que les ouvriers typographes ; néanmoins, quand les *typote*s sont nombreuses, on se croirait plus volontiers dans une volière du Jardin d'Acclimatation que dans un atelier de composition.

Généralement, la *typote* est plus habile à soigner un pot-au-feu et à raccommoder ses bas qu'à *lever* la lettre.

Enfin, il est dit qu'il faut que la femme *lève* quelque chose (Argot d'imprimerie). *N.*

U

UN DE PLUS : Homme qui a des malheurs conjugaux.

Encore un *de plus* dans la grande confrérie.

— Mon vieux, tu en fais *un de plus*.

— Il vaut mieux être *cocu* qu'aveugle; on peut voir ses confrères (Argot du peuple).

URFE : Homme chic.

— J'ai *levé* un *miché* qui est rien *urfe*.

Une chose *urfe* est une belle chose, supérieure (Argot des filles). *N.*

URGE : Expression de convention entre les filles qui fréquentent les restaurants de nuit et certains bals publics pour *coter* un homme.

Un homme qui ne donne que *trois urges* est un *miché de carton*, celui qui donne *six urges* est pour le moins un prince russe (Argot des filles).

URLE : Parloir de prison. *L. L.*

Ce n'est pas *urle* qui est en usage, c'est *urloir*.

En effet, les visiteurs sont forcés, à cause des grilles qui les séparent des détenus, de *hurler* pour se faire entendre et converser (Argot des voleurs). V. *Parloir des singes*. *N.*

URSULE : Vieille fille qui a doublé le cap de la cinquantaine et a par conséquent coiffé deux fois Ste-Catherine.

Comme sa patronne *Ursule*, martyr à Cologne, elle est martyr d'une virginité rentrée et martyrise les autres par son caractère acariâtre (Argot du peuple). *N.*

UT : Quand les compagnons typographes portent la santé d'un des leurs, ils disent : *ut*.

Ut tibi prosit : que cela te profite (Argot d'imprimerie).

V

VACHE : Expression fréquemment employée dans le peuple pour qualifier une femme qui se livre au premier venu.

Dans le peuple, quand on a dit d'une femme : c'est une *vache*, il est impossible de rien dire de plus.

Quand un homme épouse une femme enceinte, on lui dit :

— Tu prends la *vache* et le *veau* (Argot du peuple).

VACHE : Homme mou, bon à rien.

Vache, quand il dénonce ses camarades ou travaille au rabais.

— Tu n'es qu'un cochon, tu passes ta vie à faire des *vacheries* (Argot du peuple).

VACHE : Sergent de ville ou agent de la sûreté.

Dans les prisons, malgré les règlements et la surveillance active pour les faire observer, les détenus écrivent leurs pensées sur les murs.

Les plus communes sont celles-ci :

— Mort aux *vaches*.

— Quand je serai *désenflaqué*, gare à la *vache* qui m'a fait *chouette* et qui m'a fait tirer un *bouchon* (Argot des voleurs). N.

VACHE A LAIT : Homme riche, qui a le louis facile

et que les *tapeurs* trayent jusqu'à extinction.

Vache à lait : gogo qui souscrit à toutes les émissions véreuses sans se lasser jamais.

Pour le souteneur, la *marmite* est une bonne *vache à lait*.

Une affaire qui rend bien, qui rapporte beaucoup, sans risques et sans efforts, est une *vache à lait*.

Allusion à la *vache laitière* qui est une fortune inépuisable (Argot du peuple).

VACHER : Individu grossier en paroles ou en gestes.

— Il est grossier comme du pain d'orge, on dirait qu'il a été élevé derrière le cul des *vaches*.

Allusion aux *vachers* qui jurent toute la journée. (Argot du peuple).

VACHERIES : Saletés, cochonneries faites à quelqu'un.

Prendre la femme d'un camarade et surtout la lui rendre, c'est une *vacherie*.

Emprunter les effets d'un ami, les *coller* chez ma *tante* et ensuite *laver* la reconnaissance, c'est lui faire une *vacherie* (Argot du peuple). *N.*

VACHERIES : On nomme ainsi les brasseries où les consommateurs sont servis par des femmes.

Le mot est juste, car elles sont de véritables *vaches*, pas à *lait*, par exemple (Argot du peuple). *N.*

VADE : Foule, rassemblement.

Synonyme de *trépe*.

Le camelot fait un *vade* pendant que des complices *fabriquent* les *profondes* des badauds (Argot des voleurs).

VA CHERCHER UN DÉMÊLOIR : Se dit de quelqu'un qui parle d'une façon embrouillée ; on ne peut *démêler* ce qu'il veut dire (Argot du peuple).

VA T'ASSEOIR SUR LE BOUCHON : Quand un individu vous rase, on lui dit *d'aller s'asseoir* ; s'il insiste, on l'envoie *s'asseoir sur le bouchon* (Argot du peuple).

VA-TE-LAVER (Un) : Soufflet.

On emploie aussi cette expression pour envoyer promener un gêneur (Argot du peuple).

VADROUILLE : Cette expression dans la marine signifie : *brosse à plancher*.

Elle s'applique aux filles qui traînent dans les ports

de mer (Argot des souteneurs).

VADROUILLE : Faire une *vadrouille*, en pousser une.

Vadrouiller : se déranger de ses habitudes, rôder dans des milieux auxquels on n'est pas habitué (Argot du peuple).

VAGUE (En pousser une) : Synonyme d'*arracheur de chiendent*, aller au hasard, *vaguement*, avec l'intention de voler n'importe qui ou n'importe quoi (Argot des voleurs).

VAGUE : Les filles qui raccrochent donnent un *coup de vague*, elles font leurs affaires.

Vaguer, promener au hasard, est une corruption du mot français *vaquer* (Argot des souteneurs).

VAISSELLE DE POCHE :
C'est une *vaisselle* que les ouvriers aiment bien à *casser*, surtout les jours de *Sainte-Flemme* (Argot du peuple).

VALADE : La poche.
— J'avais *caré* deux *sigues* dans une *valade* de mon *falzar*, ma *scie* les a dénichés, je vais *crapser* de la pépie pendant tout le *marqué* (Argot des voleurs).

VALANT : Pince à usage des cambrioleurs (Argot des voleurs). V. *Monseigneur. N.*

VALSER : Battre quelqu'un.
— Je vais te faire *valser* sans musique.
Ce qui arrive souvent le samedi de paye, quand le mari rentre au logis plus qu'*éméché* : il fait faire un *tour de valse* à sa ménagère si elle *ronchonne* (Argot du peuple).

VALTREUSE : Valise.
C'est un simple changement de finale (Argot du peuple).

VALTREUSIER : Voleur de valise.
Ce vol est pratiqué sur une grande échelle dans les salles d'attente des gares de chemins de fer.
Il est des plus simples :
Le *valtreusier* a une valise à la main qui paraît gonflée; pour compléter son apparence de voyageur, il porte une couverture de voyage. Il se promène ayant l'air indifférent, mais en réalité il guigne un voyageur assis à côté d'une valise respectable. Sans affectation, il s'assied à ses côtés et engage la conversation. Au moment de prendre un billet, le voyageur se dirige vers le guichet et laisse sa

valise à la garde de son compagnon ; aussitôt celui-ci se lève, change de valise et s'en va tranquillement. Neuf fois sur dix, le volé ne s'aperçoit de la substitution qu'à son arrivée à destination : la valise ne contient en fait de linge que des cailloux (Argot des voleurs).

VANNAGE : Tendre un piège, *amorcer* un individu par des promesses alléchantes pour le duper plus facilement.

M. Loredan Larchey dit que c'est une comparaison de l'escroc au meunier qui lâche un peu d'eau de sa *vanne* pour faire tourner le moulin (Argot des voleurs).

VANNE : Mot cher aux camelots.

Ils disent faire un *vanne* lorsqu'ils vendent un journal qui annonce une fausse nouvelle à sensation (Argot des camelots). *N.*

VANNÉ : Avoir trop fait la noce et l'amour.

Vanné : n'avoir plus rien dans le ventre, synonyme de *vidé*.

Vanné par excès de travail (Argot du peuple). *N.*

VANTERNE : Lanterne.

Vanterne sans loches.
A. D.

M. Lorédan Larchey, d'après H. Monnier, dit que le *vanternier*, au lieu d'entrer par la *lourde*, préfère s'introduire par la *fenêtre*.

Vanterne n'a jamais été une *lanterne*, pas plus que *vanterne* n'est une *fenêtre*. V. *Venterne*.

VASEUX : Paysan.

Il est *vaseux* parce qu'il vit dans la *vase* quand il pleut (Argot du peuple). *N.*

VEAU : Toute jeune fille qui n'a pas grand chemin à faire pour devenir *vache*.

Il existe à ce sujet une vieille chanson qu'il serait impossible de citer en entier :

Un jour, à la barrière,
   Un veau,
   Un veau,
Tortillant du derrière.
   Fort beau,
   Fort beau.
Je la . . . . sur parole.

Neuf jours plus tard, le camarade était au Midi (Argot du peuple).

VEAU : Femme de barrière, rôdeuse de caserne (Argot des voyous).

VEINARD : Homme qui a de la chance.

Il a de la *veine*, tout lui réussi.

Il a trouvé une bonne *veine*, tout lui réussira.

Il existe un vieux proverbe à ce sujet :

— Qui voit ses *veines*, voit ses *peines* (Argot du peuple). N.

VEINARDE : Fille qui a la main heureuse et tombe sur des *michés* qui se *fendent* généreusement (Argot des filles).

VELO : Postillon.

Vient de *véloce*, poste aux chevaux.

Nos *vélocipédistes* modernes qui portent une cravache et des éperons pour ressembler à quelqu'un, ignorent certainement ce vocable ancien (Argot des voleurs).

VÉLOCIPÉDISTE : Imbécile à deux roues (Argot du peuple).

VENTERNE : La fenêtre (Argot des voleurs).

VENTERNIER (Le) : Le *venternier* est une variété du *cambrioleur*, avec cette différence toutefois qu'au lieu d'entrer par la *lourde*, il entre par la *venterne*.

Le *venternier* opère généralement dans les chambres situées aux étages supérieurs ; il grimpe sur les toits et entre dans les chambres par les *fenêtres* à tabatières.

Ces voleurs sont nombreux (Argot des voleurs).

VENTOUSE : V. *Venterne*.

VERGNE : Pays ou ville.

Vidocq dit :

— J'ai roulé de *vergne* en *vergne* pour apprendre à *goupiner*.

A. Delvau dit :

— *Deux plombes crossent à la vergne* (deux heures sonnent à la ville) (Argot des voleurs).

VER-RONGEUR : Un fiacre.

Lorsqu'on le fait attendre longtemps à la porte d'une maison, l'heure s'écoule ; au moment de le payer, il *ronge* le porte-monnaie (Argot du peuple).

VERMINE : Avocat.

Les voleurs ont raison, les avocats sont des *vermines* qui rongent encore plus que les huissiers (Argot des voleurs).

VERTE (La) : L'absinthe.

Quatre heures, c'est l'heure de la *verte*.

Allusion de couleur (Argot du peuple).

VERVER : Pleurer (Argot des voleurs).

VESSE : Peur.

Lâcher une *vesse* : péter sournoisement.

Vesser : un pet mou (Argot du peuple).

VESSIE : Femme avariée, grasse à lard.

Allusion aux vessies de graisse que l'on vend à la foire au jambon.

Il existe une chanson à ce sujet, elle n'est pas des plus propres.

La voici comme document :

 Catau, catau, catau,
Vessie, pourriture et cha-
| rogne,
 Catau, catau, catau,
Vessie, pourriture et cha-
| meau.

(Argot du peuple).

VESTE : Remporter une *veste*.

Avoir compté sur un succès et faire un *four* complet.

Se dit d'une pièce mal accueillie au théâtre, d'une opération ratée, en un mot de tout insuccès (Argot du peuple).

VESTIGES : Légumes que mangent les prisonniers.

Dans le peuple, on dit d'un *passif* qui pratique depuis longtemps :

— Tu perds tes *légumes*.

Dans les prisons :

— Tu perds tes *vestiges*.

Cette explication suffit (Argot des voleurs).

VEUVE (La) : La guillotine (Argot des voleurs).

VEUVE POIGNET (En soirée chez la) : V. *Bataille des Jésuites*.

VI : Voici ce que dit *Mathurin Regnier* :

 Le *violet* tant estimé
 Entre vos couleurs singu-
| lières.
 Vous ne l'avez jamais aimé
 Que pour les deux lettres
| premières.

A la prison de St-Lazare, une fille atteinte d'une maladie épouvantable, était incarcérée à l'Infirmerie. La sœur l'exhortait à changer de vie ; elle lui citait des exemples de conversions absolument édifiantes. La malade, impatientée, lui répondit :

— Ma sœur, il est trop tard pour changer de vie, il fallait me dire cela quinze jours plutôt ; je ne serais pas ici (Argot du peuple). N.

VIANDE : Chair.

A. Delvau trouve que cette expression est froissante pour l'orgueil humain.

Pourquoi donc ?

Est-ce que la chair humaine n'est pas de la *viande* au même titre que celle de n'importe quel animal ?

Quand une femme a une belle carnation, rose, fraiche, c'est un hommage que lui rend le langage populaire en disant :

— Ah ! la belle *viande*, on en mangerait.

C'est assez rare en cette *fin-de-siècle*, pour que ce mot soit accepté comme une louange et non comme une grossièreté (Argot du peuple).

VIAUPER : Oublier fréquemment le chemin de l'atelier pour *viauper* chez les marchands de vins.

— Que fait ta fille ?

— Ah ! ne m'en parle pas ; elle *viaupe* avec Pierre et Paul.

Mot à mot : *viauper* faire la vie.

Faire la *vie* à quelqu'un, c'est lui faire une scène désagréable.

Lui rendre la *vie dure*, c'est le tourmenter, lui refuser à manger, être cruel (Argot du peuple).

VIDANGE : Accouchement.

— Ma femme est en *vidange*.

Mot à mot : elle se *vide*.

Elle est en *vidange*, car il faut qu'il se passe quelques semaines avant de la remplir à nouveau (Argot du peuple). *N*.

VICE (En avoir) : Roué qui la connaît dans les coins.

— On ne me la fera pas, j'ai trop de *vice*.

Cela est la cause d'un mauvais calembour par à peu près :

— Les serruriers sont les ouvriers les plus malins du monde, parce qu'ils ne manquent jamais de *vis* (Argot du peuple).

VICELOT : Gavroche qui a tous les *vices* en germe ; il est trop jeune pour qu'ils soient développés.

Dans les ateliers, on dit du *gosse* :

— Il est si *vicelot* qu'il en remontrerait à père et mère (Argot du peuple).

VICTOIRE : Chemise.

Ce mot n'est pas employé, comme le dit A. Delvau, pour consacrer le souvenir d'une marchande qui fournissait les chiffonniers.

— *Victoire !* J'ai enfin pu gagner de quoi m'acheter une *limace* pour *balancer* celle que je porte depuis six mois (Argot des chiffonniers).

VIDER SA POCHE A FIEL : Soulager son cœur, dire tout ce que l'on pense sans ménager ses expressions (Argot du peuple). *N*.

VIDER SON PANIER A CROTTES : Satisfaire un besoin. Il est aussi agréable de vider son panier que de l'emplir (Argot du peuple).

VIDER SON PETIT PORTEUR D'EAU : Expression employée dans les couvents par les jeunes filles, pour dire qu'elles ont un petit besoin à satisfaire (Argot du peuple). *N*.

VIDER UN HOMME : Il y a plusieurs manières de le *vider*.

On lui *vide* son porte-monnaie.

On le *vide* en le surmenant.

Une maîtresse amoureuse le *vide*, et quand il rentre au domicile conjugal, sa femme peut le fouiller... et elle aussi (Argot du peuple). *N.*

VIDOURSER : Terme employé dans les ateliers pour qualifier un peintre qui ne se préoccupe, en peignant son tableau, ni du ton ni de la perspective.

Il le *vidourse*, il le *lime* il le *lèche*.

Allusion à la fameuse expression :

Il est *poli* comme un *vi d'ours*.

De là : *vidourser* (Argot des artistes). *N.*

VIE DE PATACHON : Mettre les petits plats dans les grands.

Mener la vie à grandes guides.

Faire une *vie de bâtons de chaises*.

Mot à mot : faire *une vie de chien*, comme si la vie n'avait pas de lendemain (Argot du peuple). *N.*

VIE DE POLICHINELLE (Faire une) : Avoir une conduite déréglée, se saouler, courir la gueuse, se battre; en un mot, mener une vie désordonnée.

On sait que le *polichinelle* du guignol lyonnais est le type parfait du *bambocheur* (Argot du peuple). *N.*

VIEILLE PEAU : Expression méprisante employée dans le peuple, même vis-à-vis d'une personne jeune.

On dit d'un vieillard qui se donne des allures juvéniles :

— C'est un jeune homme dans une *vieille peau*.

Vieille peau signifie aussi : *vieille putain* (Argot du peuple).

VIGNES (Être dans les *vignes* du Seigneur) : Être pochard.

Dans le peuple, on dit d'un homme qui est toujours entre deux vins :

— Il ne peut plus boire ; il est saoul avec un pet de vigneron.

L'expression : être dans les *vignes*, est très vieille et usitée en Bourgogne (Argot du peuple).

VILAIN MERLE : Homme laid.

— Tu vas te marier avec ce *vilain merle-là*; tu pourras chanter au roi des oiseaux : tu auras un beau *merle au cul*.

Vilain merle : méchant homme, *bilieux*, *fielleux*, qui veut du mal à tout le monde (Argot du peuple).

VINASSE : Mauvais vin fabriqué avec du bois de campêche.

Se dit communément quand le marchand de vin a eu la main trop lourde pour mouiller le vin (Argot du peuple).

VINGT-DEUX : Couteau.

Jouer la vingt-deux, donner des coups de couteau.

Vingt-deux : les deux cocottes.

Vingt-deux : quand le compagnon placé le plus près de la porte voit entrer le prote dans l'atelier de composition, il crie :

— *Vingt-deux !*

Synonyme d'attention.

Quand c'est le patron, il crie :

— *Quarante-quatre !*

En raison de l'importance du *singe*, le chiffre est doublé (Argot d'imprimerie). *N.*

VIOCH : Vieillard.

(Vieux galantin qui se croit toujours jeune, qui se maquille comme une vieille roue de carrosse pour faire croire que le bon Dieu l'a oublié et qu'il n'a pas neigé sur sa chevelure... quand il a des cheveux (Argot des filles). *N.*

VIOCHARD : Fauteuil.

Allusion au *fauteuil* dans lequel s'accroupissent les vieillards devant un bon feu, en attendant que la *carline* vienne frapper à la porte (Argot des voleurs). *N.*

VIOLON : Cellule du poste de police.

Vieux jeu de mots qui date du temps où c'était l'*archer* qui vous conduisait au *violon* (Argot du peuple).

VIOLON (Le sentir) : Un individu sans le sou, sans domicile, vagabond, *sent le violon* (Argot du peuple).

VIRGULE : Béranger explique ce mot :

Ah ! prions Dieu pour ceux qui
    | n'en ont *guère*,
Ah ! prions Dieu pour ceux qui
    | | n'en ont *pas*.

Virgule : allusion à la forme ; ce n'est ni *guère*, ni *pas*, c'est un *peu*, comme on dit dans le peuple :

— Pas de quoi faire déjeuner le chat.

(Argot du peuple). *N.*

VIRGULE : Dans presque tous les lieux d'aisances

des maisons populeuses et des ateliers, il y a au mur des *virgules* qui sont autant de signatures des cochons qui y passent.

Ce qui a inspiré à un rimeur d'occasion :

Vous qui venez ici soulager vos entrailles,
Léchez plutôt vos doigts que de salir les murailles.

(Argot du peuple). *N*.

VIS : Serrer la vis à quelqu'un, c'est l'étrangler.

Opération qui n'a rien d'agréable à subir au point de vue physique.

Au point de vue moral non plus, car serrer la *vis* à un individu, c'est l'étrangler au point de vue de l'existence.

Être dur, injuste, ne rien jamais trouver de bien de ce que fait un individu, c'est lui serrer la *vis* (Argot du peuple).

VISAGE SANS NEZ : Le derrière.

C'est un visage qui n'est pas désagréable à voir, surtout lorsqu'il est blanc, jeune, dodu et ferme.

Voiture était de cet avis :

. . . . Ce visage gracieux
Qui peut faire pâlir le nôtre,
Contre moi n'ayant point d'appas,
Vous m'en avez fait voir un autre
Duquel je ne me gardois pas.

Ce visage a l'avantage sur l'autre de ne pas faire de grimaces (Argot du peuple).

VISAGE DE BOIS : Se casser le nez contre une porte fermée.

Éprouver une déception à laquelle on ne s'attendait pas.

Aller dîner en ville et ne trouver personne : *visage de bois*.

On dit également : *rester en figure* (Argot du peuple).

VISCOPE : Casquette à longue visière, comme en portent les gens faibles de la vue.

Un képi de troupier se nomme également une *viscope*.

On dit aussi un *abat-jour* (Argot du peuple).

VISE AU TRÈFLE : Infirmier.

L'allusion est amusante (Argot du peuple).

VITELOTTE : Nez.

Quand un individu a bu beaucoup dans sa vie, son nez devient rouge et tuberculeux.

Allusion à la pomme de terre que l'on nomme *vitelotte*, ou plutôt que l'on nommait, car elle a disparu entièrement, au grand désespoir des amateurs de gibelotte.

Elle était la sauce du lapin (Argot du peuple). *N.*

VITRES : Les yeux.

Vitre : le lorgnon ; il aide à voir (Argot du peuple).

VITRIERS : Les chasseurs de Vincennes. — Ils portèrent d'abord des sacs en cuir verni reluisant au soleil comme la pièce de verre que les *vitriers* portent sur leur dos. *L. L.*

Ce n'est pas cette cause qui a donné à ces soldats le nom de *vitriers*.

En 1848, aux journées de Juin, les gardes mobiles et les chasseurs de Vincennes furent lancés aux endroits les plus périlleux dans les faubourgs, notamment faubourg du Temple, Ils prirent toutes les barricades avec un entrain extraordinaire, mais sans cruauté inutile, la plupart de ces soldats étant des enfants de Paris.

Au lieu de tirer sur les insurgés, ils s'amusèrent à casser les carreaux sur tout leur passage.

Depuis le boulevard du Temple jusqu'à la Courtille, il ne resta pas une seule vitre aux fenêtres.

On fit une chanson à ce sujet ; elle est restée très populaire :

Encore un carreau d' cassé,
V'là l'vitrier qui passe.
Encore un carreau d' cassé,
V'là vitrier passé.

(Argot du peuple). *N.*

VOILA LE MARCHAND DE SABLE : Dans le peuple, quand un enfant s'endort à table, on dit :

— Voilà le *marchand de sable qui passe* (Argot du peuple).

VOIR LA LUNE : Quand une femme a vu cet astre, sa fleur d'oranger n'existe plus.

On dit, et c'est plus juste :

— Elle a vu la *comète*.

Inutile d'insister (Argot du peuple).

VOIR LES PISSENLITS POUSSER PAR LA RACINE : Être sous terre.

Dans le peuple, on dit également :

Aller dans le *royaume des taupes* (Argot du peuple).

VOIR LA FEUILLE A L'ENVERS : Pour la voir, il ne faut certes pas être sur le ventre.

Il existe plusieurs chansons qui célèbrent les joies de *voir la feuille à l'envers* :

Sitôt, par un doux badinage,
Il la jeta sur le gazon.
— Ne fais pas, dit-il, la sauvage,

Jouis de la belle saison.
Pour toi, le tendre amour m'engage,
Et pour toi je porte ses fers.
Ne faut-il pas, dans le jeune âge,
Voir un peu *la feuille à l'envers* ?
(Restif de la Bretonne,
Les Jolies Crieuses.)

Un autre auteur a écrit sur le même sujet :

. . . .
Oh ! la drôle de chanson
Que chantaient Blaise et Toinon.

(Argot du peuple).

VOIR SOPHIE : Cette très désagréable *Sophie* ne rend visite aux femmes qu'à chaque fin de mois.

Elle vient sans être annoncée (Argot des filles).

VOLANT : Manteau.

Allusion à ce qu'il *vole* à tous les vents (Argot des voleurs).

VOLÉ : Trompé dans ses espérances.

— Je comptais toucher une grosse somme, rien, je suis *volé*.

— Je rencontre une femme qui me paraissait dodue, avoir de l'œil, de la dent, des seins et des mollets. Quand le soir, pour nous coucher elle se déshabille, elle met un œil de verre et son râtelier sur la table de nuit, elle retire sa *réchauffante*; des tétons en caoutchouc garnissaient son corset, elle portait dix gilets de flanelle et six paires de bas.

Ce n'était plus qu'une planche, j'étais *volé* (Argot du peuple). *N*.

VOLÉE (En recevoir ou en donner une) : Battre ou être battu.

Recevoir une *volée de bois verts* : être fortement grondé.

Être éreinté par un article de journal (Argot du peuple).

VOLEUR AU CROQUANT : Voleur qui dévalise les paysans.

Ce sont les *grinchisseurs de cambrousse*. (Argot des voleurs).

VOLIGE : Femme d'une maigreur telle qu'il est impossible de la toucher sans se couper.

Allusion à la planche nommée *volige* qui est la plus mince connue en menuiserie (Argot du peuple).

VOUS N'AVEZ RIEN ? Dans le peuple on nomme ainsi les employés d'octroi qui inspectent les passants aux barrières, parce que leur phrase consacrée est celle-ci :

— *Vous n'avez rien à déclarer ?*

— Si, leur répond quelquefois un passant facétieux,

je déclare que j'ai bien déjeuné (Argot du peuple).

VOUSAILLE : Vous (Argot des voleurs).

VOYAGE (Le) : Les saltimbanques qui font le tour de France dans leur *roulotte voyagent* constamment.

On dit de ceux qui connaissent parfaitement leur topographie :

— Ils se *connaissent en voyage*. (Argot des saltimbanques).

VOYAGEUR : L'*engayeur* qui *bat comtois*, qui fait le compère à la porte des baraques de lutteurs se nomme *le voyageur* (Argot des saltimbanques).

VOYAGEURS : Pou, puce, punaise ou morpion.

Ces insectes désagréables *voyagent* sur le corps du pauvre bougre qui en est affligé (Argot du peuple).

VOYEURS : Il existe des *voyeurs* pour hommes et pour femmes.

Ce sont des trous imperceptibles pratiqués dans une tapisserie, qui permettent aux spectateurs de *voir* sans être *vus*.

Il y a des maisons de rendez-vous célèbres, où les blasés payent cinq louis pour repaître leurs yeux d'un spectacle ignoble, où toutes les lubricités les plus ordurières s'étalent (Argot des filles). *N*.

VOYOU : Le *voyou* n'est pas à comparer à l'ancien *titi*, au *gamin*, au *gavroche*.

C'est une petite crapule qui a en lui les germes de toutes les passions, de tous les vices et de tous les crimes imaginables.

Le *gamin de Paris* est gouailleur, spirituel, courageux, susceptible de dévouement, il est flâneur, c'est vrai, mais sa flânerie est innocente.

Le *voyou* a un langage à part ; comme le moineau franc, il a les instincts pillards, il est sans cœur, n'aime rien et convoite tout (Argot du peuple).

VOYOUTE : La femelle du *voyou* ; seulement, en plus, elle est putain à l'âge où l'on va encore à l'école.

A douze ans, la *voyoute* est déjà une *petite marmite* qui gagne du *pognon* à son *voyou-souteneur* (Argot du peuple).

VRILLE : Femme pour femme.

Pourquoi *vrille* ?

Elle ne *perce* rien (Argot des souteneurs).

VRILLEURS : Les *vrilleurs* sont des voleurs de nuit qui dévalisent les boutiques des bijoutiers.

Ce vol nécessite une audace extraordinaire.

Avec l'*avant-courrier* (mèche), ils percent la devanture en tôle de plusieurs trous en carré ; avec une scie fine introduite dans l'un des trous, ils scient la tôle et pratiquent une ouverture assez large pour y passer le bras.

A l'aide d'un diamant, ils coupent la glace en carré également, pour que les débris ne fassent pas de bruit en tombant ; préalablement, ils appliquent sur la partie coupée un fort tampon de mastic, après quoi, à l'aide d'une tringle d'acier, ils attirent à eux tous les bijoux qu'ils peuvent.

Ils en est qui raflent tout un étalage en quelques minutes (Argot des voleurs). *N*.

W

WAGON : Chez certains marchands de vin, il y a des buveurs attitrés qui ont des verres qui contiennent une chopine et même un litre de vin.

Celui qui ne l'avale pas d'un coup — pas le verre, le vin — perd la tournée.

On nomme également ce verre un *omnibus* (Argot du peuple). N.

WAGON : Vieille femme, usée, avachie.

Vieille raccrocheuse de bas étage.

Wagon de troisième classe, parce qu'il n'y en a pas de quatrième.

On dit aussi *vieux compartiment* (il y a dix places).

On peut entrer chez elle avec une voiture à bras (Argot du peuple).

WATERLOO : Quand une affaire ne réussit pas, qu'elle rate en un mot, celui qui l'a entreprise ou conçue éprouve une défaite.

Allusion à la fameuse bataille du 18 juin 1815.

Il en est qui se consolent facilement et s'écrient comme Cambronne,

— Merde ! (Argot du peuple).

X

X : Inconnu, secret ; sert à désigner un polytechnicien, ou une personne qui a des dispositions pour les mathématiques :

. . . .
Sur l'affreux chevalet des x et
{ des y
a dit Victor Hugo (Argot des gens de lettres).

X : Ce mystérieux X a fait parler de lui pendant six mois à propos de l'affaire du Panama.

X, l'inconnu, c'est tout le monde et ce n'est personne (Argot du peuple).

Y

Y ALLER DE SON VOYAGE : Quand quelqu'un vous raconte une histoire à dormir debout et que l'on l'écoute attentivement, on *y va de son voyage*.

Y aller de son voyage est pris, dans le peuple, dans un sens tout différend :

— ... Ma femme *y va encore de son voyage* (Argot du peuple). *N*.

Y TOMBERA DU BOUDIN GRILLÉ.

Vieille formule qui veut dire c'est impossible.

Elle est due à Achille, un acteur du petit Lazzari.

Un acteur du théâtre des Folies-Dramatiques se vantait d'avoir un talent énorme.

— Quand il *dégottera* Frédérick Lemaître, dit Achille, *y tombera du boudin grillé*.

C'est-à-dire jamais (Argot du peuple). *N*.

YEUX SUR LE PLAT : Quand un individu fait des *yeux blancs*, que la prunelle remonte dans l'orbite, on dit : il fait *des yeux sur le plat*.

C'est un jeu de mots fort juste (Argot du peuple).

YOUPIN : Juif.

Cette expression depuis peu remplace dans le peuple celle de *youtre*.

C'est le superlatif du mépris :

— Tu n'es qu'un sale *youpin* (Argot du peuple).

YOUTRE : Juif.

Dans le peuple on ne dit pas *youtre*, mais *youte*.

Vient du mot allemand *jude* (Argot du peuple). V. *Baptisé au sécateur*. N.

YOUTRERIE (La) : La Synagogue quand tous les juifs y sont réunis.

Youtrerie est synonyme de ladrerie, d'avarice, d'apreté.

Ce mot peint bien les estimables rogneurs de pièces de six liards (Argot du peuple).

Z

ZÉPHIR : Quand un troupier indiscipliné est envoyé en Afrique, aux compagnies de discipline, pour casser des cailloux sur les routes, il devient, de par son incorporation, un *zéphir*.

Quand il fait un vent doux, on dit :

— Quel doux *zéphir*.

Quand un malpropre lâche une *tubéreuse*, c'est un sale *zéphir* pour celui qui est sous le vent (Argot du peuple).

ZEZETTE : Une petite absinthe.

Dans les cantines de lavoir, les blanchisseuses qui ne crachent pas dessus s'offrent à quatre heures une petite *zezette* de trois sous (Argot des blanchisseuses). *N*.

ZIF : Marchandises imaginaires qu'un commerçant fait figurer sur son catalogue pour avoir l'air d'être bien assorti (Argot des bourgeois).

ZIG ou ZIGUE : Un homme est un bon ou un mauvais camarade.

C'est un bon *zig* ou un mauvais *zig*. (Argot du peuple).

ZIG A LA REBIFFE : Voleur bon enfant qui revient au bout de quelques jours à la prison.

Il *rebiffe*, il récidive (Argot des voleurs),

ZINC : Argent monnayé.

— J'ai du *zinc* dans ma *profonde*, nous pouvons aller de l'avant (Argot du peuple).

ZINC : Le comptoir du *mastroquet*.

Allusion au plomb qui couvre le comptoir.

Boire sur le *zinc*, c'est boire debout.

— Viens-tu *licher* un *glacis* sur le *zinc*, j'ai dix *ronds* d'*affure* (Argot du peuple).

ZINC (Avoir du) : On ne dit plus *chic*, à ce qu'il paraît. C'est rococo. C'est bourgeois. Et quand une femme a du genre et de l'élégance, on dit qu'elle a du *zinc*. A. D.

Avoir du *zinc* ne vient pas du tout de là.

Les fonctionnaires, officiers de paix, commissaires de police et préfets portent des habits brodés d'argent ; les préfets surtout en ont sur toutes les coutures ; les jours de cérémonie, ils sortent leur *zinc*.

— As-tu vu le *dabe des renifleurs*, mince de zinc sur le *rable* (Argot du peuple). *N*.

ZINC DES RATICHONS : L'autel du prêtre.

En effet, pour célébrer la messe, il boit un coup de *pive* (Argot des voleurs).

ZIOTER : Regarder.

— Qu'a-t-il donc, le *mec* ? Il ne fait que me *zioter* (Argot du peuple). *N*.

ZOZOTTE : Argent.

— Pas moyen de trimballer ma *bidoche*, j'ai pas de *zozotte*.

Zozotte a aussi une autre signification dans le même argot :

— As-tu bien passé la première nuit de tes noces ?

— Mon cochon était tellement *poivre* qu'il a *pioncé* comme une marmotte toute la nuit.

— Alors, pas de *zozotte* ? (Argot des blanchisseuses). *N*.

ZUT : C'est fini, je prends congé. J'en ai assez.

Que mes lecteurs ne prennent pas ce mot dans un mauvais sens. Je voudrais qu'ils le traduisent de cette manière :

— Au revoir !

PETIT SUPPLÉMENT

Au fur et à mesure de la composition du dictionnaire, de nouvelles expressions m'ont été adressées par d'aimables correspondants, il a été impossible de les placer à leur lettre respective ; pour être aussi complet que possible, on les trouvera par lettre alphabétique dans ce *Petit Supplément*, où le lecteur pourra facilement se reconnaître.

A

ACŒURER : Y aller de *bon cœur*.

Assommer un individu, l'accommoder à la *sauce pavé*, le frapper avec entrain (Argot des voleurs).

ACHETOIRES : Monnaie.

Cette expression est très usitée dans le peuple.

Le père ne travaille pas, tout est au mont-de-piété, pas de feu dans le poêle, l'enfant pleure :

— Maman, maman, j'ai froid, j'ai faim.

— Mon pauvre petit, je n'ai pas d'*achetoires* (Argot du peuple).

ACCESSOIRES : Objets de théâtre.

Dans le peuple, on donne à ce mot un tout autre sens : *accessoires*, les testicules (Argot du peuple). *N.*

AFFAIRE : Pour les voleurs, tous genres de vols sont des *affaires* (Argot des voleurs).

AFFE : La vie.

Les voleurs *vivant* dans des transes continuelles, comme le mourant, ils ont des *affres*.

Affres en français signifie *angoisses* (Argot des voleurs). V. *Affe* (*Dict.*).

AGACER UN POLICHINELLE SUR LE ZINC : On nomme *polichinelle* un verre d'eau-de-vie, environ un cinquième de litre, que certains pochards abrutis boivent sur le *zinc*.

Il en est qui *agacent* jusqu'à cinq *polichinelles* dans une matinée (Argot du peuple). N.

APPUYER : Abaisser un décor, le faire descendre des frises sur la scène. A. D.

Appuyer est pris dans un autre sens :

— Je vais m'*appuyer* six heures de chemin.

— Je vais m'*appuyer* ce vieux *birbe* sur l'estomac, quelle corvée !

— Je vais m'*appuyer* une chopine (Argot du peuple). N.

ARTONNER : Tromper la police.

C'est l'insaisissable *Arton* à qui revient l'honneur de ce mot.

— Depuis six *marqués*, j'artonne l'*arnaque* (Argot des voleurs). N.

AVOIR LE FIL : Un couteau qui coupe bien a le *fil*.

Un individu malin, rusé, possède le *fil*.

— Y a pas moyen de lui mettre à ce *gonce* là, il a le *fil*.

Avoir le fil, être au courant de toutes choses et être constamment en éveil (Argot du peuple). N.

AVOIR L'ÉTRENNE : S'offrir une chose neuve.

Elle me dit : Mon vieux,
Pâme-toi si tu veux,
Tu n'en auras pas l'*étrenne*.

Faire étrenner un camarade : lui flanquer une bonne volée (Argot du peuple). N.

AVOIR MANGÉ SES PIEDS : Puer de la bouche (Argot du peuple).

B

BAISSER UNE ESPACE QUI LÈVE : Dans les ateliers de typographie, quand un camarade envoie chercher un litre par l'apprenti, il le met sous son *rang* — le prote n'aime pas que l'on boive pendant le travail ; — il verse une rasade et fait dire au copain qu'il veut régaler :

— Viens donc *baisser une espace qui lève*.

Synonyme de *lever le coude* (Argot d'imprimerie). N.

BALAYÉ : On *balaye* une foule à coups de canon.

On *balaye* des ouvriers qui ne font pas l'affaire du patron.

On *balaye* la femme quand elle devient par trop gênante.

Balayé : synonyme de *nettoyage* (Argot du peuple). N.

BARBE A POUX : *Barbe* de capucin, barbe en broussaille, longue, sale et crasseuse, dans laquelle jamais le peigne ne pénètre ; les *poux* peuvent y nicher à l'aise sans crainte d'être dérangés (Argot du peuple). N.

BAROMÈTRE : La médaille des députés.

Pour le coiffeur ou l'ouvrier chapelier qui quitte son rasoir ou balance son tablier par un caprice du suffrage universel, la *médaille* qu'il a dans sa poche marque le beau fixe pendant quatre ans.

Elle est pour lui le *baromètre* du bonheur (Argot du peuple). N.

BATTRE LA BRELOQUE : Les *tapins*, au régiment, *battent la breloque* pour annoncer l'heure de la soupe.

Une pendule détraquée qui marche comme les montres marseillaises, lesquelles abattent l'heure en quarante-cinq minutes, *bat la breloque*.

Avoir le *coco fêlé*, ne plus savoir ce que l'on fait, avoir des moments d'absence, c'est *battre la breloque*.

On dit également : *battre la campagne* (Argot du peuple).

BÉRENGÉRISME : En être atteint, c'est une maladie bien désagréable.

Le *Père la Pudeur* qui fonctionne au bal de l'Elysée-Montmartre *bérengérise* les danseuses qui lèvent la jambe à hauteur de l'œil, sans pantalon :

— Veux-tu cacher ton prospectus ? dit le vieil empêcheur de danser en rond.

— Ça m'est recommandé par mon médecin de lui faire prendre l'air, répond la *Môme Cervelas* (Argot du peuple). N.

BÉQUET : Le *passifleur* met des *béquets*, des pièces, aux vieux souliers ; il en existe qui arrivent à une perfection si grande qu'il est impossible de découvrir la pièce (Argot du peuple).

BÉQUET : Terme d'imprimerie.

Petits paquets de composition pour *ajouter* ou *compléter* un grand paquet.

En corrigeant un article, on ajoute des *petits béquets* à droite et à gauche pour le corser (Argot d'imprimerie).

BIBARDER : Vieillir.

— C'est extraordinaire comme les chagrins te font *bibarder*.

Bibarder veut aussi dire boire.

— *Bibardons*-nous une tasse ? (Argot du peuple).

BIEN DE LA MAISON (Es-tu) : Expression employée au jeu de *manille*.

Dans la partie à quatre, les joueurs sont deux à deux ; ils se questionnent à voix haute pour savoir comment diriger leur jeu :

— *Es-tu bien de la maison ?* As-tu beaucoup d'atout ? (Argot du peuple). N.

BINAISE : Abréviation du mot *combinaison*.

Binaise : tirer un plan pour faire quelque chose.

— Faisons une *binaise* pour nous offrir un *hilo* (Argot d'imprimerie). N.

BŒUF (Avoir un mâle) : Être fort en colère.

Superlatif de *bouffer son bœuf* (Argot d'imprimerie).

BOUCHON : Bourse.

Allusion à l'argent qu'elle contient, qui sert à *boucher* des trous.

Pour payer une dette, on dit : *boucher un trou* (Argot du peuple).

BOUIF : Mauvais ouvrier.

On disait cela primitivement des ouvriers cordonniers, mais depuis, cette expression s'est étendue à tous les corps de métiers.

Un mauvais écrivain ou un mauvais acteur, c'est un *bouif* (Argot du peuple).

BOULANGER (Le) : Le diable (Argot des voleurs).

BOULANGER QUI MET LES AMES AU FOUR (Le) : Le diable qui fait cuire les gens en enfer (Argot des voleurs).

BOULE DE SUIF : Homme ou femme gras à lard (Argot des voleurs).

BOULOTTER DE LA CALIJATTE : Cette expression très pittoresque a une saveur toute particulière ; elle est connue depuis peu.

Boulotter : manger ; *calijatte* : secret.

Mot à mot : *manger du secret*.

On sait que la cellule est la terreur du plus grand nombre des détenus, mais elle est un paradis relatif quand il n'est pas au *secret*.

Être au *secret* est un supplice épouvantable. On comprend que les plus endurcis voleurs redoutent cette torture ; cela explique qu'ils sont parfois empêchés de commettre un acte criminel ou qu'ils avouent tout ce qu'on leur demande pour éviter de *boulotter de la calijatte* pendant de longues semaines (Argot des voleurs). N.

BOUQUET : Quand un *nourrisseur de poupard* a bien préparé une affaire, et que le vol a été fructueux, il reçoit une prime de ses complices, quelquefois quarante pour cent ; cela se nomme recevoir un *bouquet* (Argot des voleurs).

BOURDON : Quand le metteur en page ne s'aperçoit pas qu'un mot a été oublié en composant un article, ce dernier devient incompréhensible.

S'il s'en aperçoit et qu'il faille remanier le paquet, c'est enlever le *bourdon* (Argot d'imprimerie).

BRANCARD : Un vieil adage dit que les femmes c'est comme les souliers : quand c'est vieux, ça boit.

Toutes ne boivent pas ; il en est qui, trop vieilles pour continuer leur profession, instruisent les jeunes et leur apprennent les secrets du métier.

Mot à mot : *brancard*, aller *traîner* les apprenties putains sur le *trimard* (Argot des filles).

BRICOLE A CHEVEUX : Le peigne ou l'épingle qui fixe le chignon d'une femme (Argot des voleurs). *N.*

BRISER : S'en aller.

— Mon vieux, il est l'heure de la *mouise*, je me la *brise* au galop.

Quand une commandite d'ouvriers compositeurs a achevé son travail, le metteur en page frappe sur sa casse avec un *taquoir*.

Ce signal veut dire : c'est fini, *brisez* (Argot d'imprimerie).

BRODEUSE : Homme et femme à la fois.

De la famille des pédérastes (Argot du peuple).

BRULER LA CHANDELLE PAR LES DEUX BOUTS : Individu qui dépense sans compter, qui jette son argent par les fenêtres.

— Tu *brûles la chandelle par les deux bouts* (Argot du peuple). *N.*

BUSTINGUE : Garni.

Il en existe un célèbre dans la rue de Flandre, à la Villette. C'est là que descendent les saltimbanques et les phénomènes qui viennent se faire engager.

On nomme *bustingue* tous les garnis où logent les *ambulants* (Argot des voleurs).

C

ÇA NE VA QUE D'UNE FESSE : Chose qui va mal.

Besogne accomplie avec répugnance.

Être très malade (Argot du peuple). *N.*

CABARET DES SIX-FESSES : Auberge tenue par trois femmes (Argot du peuple). *N.*

CACHET DE LA RÉPUBLIQUE : C'est un coup de pied canaille.

Quand deux hommes se battent, le plus fort, d'un coup de talon, écrase la figure de son adversaire.

Il lui *pose le cachet* (Argot du peuple).

CAILLÉ : Poisson quelle que soit sa nature.

Il est *caillé*, il a des *écailles* (Argot des voleurs).

CALLOT : Teigneux

Vient de *calabre*, teigne (Argot des voleurs).

CAMBROU : Domestique mâle.

Il garde la *cambrouse* (Argot des voleurs).

CAMELOTTE EN POGNE : Voler un objet quelconque dans la main de quelqu'un (Argot des voleurs).

CANULE : Petit instrument placé au bout d'une seringue, d'un irrigateur.

Canule : Être ennuyeux.

— Ah ! lâche-nous, voilà une heure que tu nous *canules* (Argot du peuple).

CANELLE : La ville de Caen.

— Il y a un *bath chopin* à faire à *Canelle*, en es-tu ? (Argot des voleurs).

CAPOU : Écrivain public (Argot des voleurs).

CARCAN A STRAPONTIN : Vieille fille publique.

De *carcan* : vieux cheval (Argot des filles).

CARIBENER : Vol à la care.

Le voleur qui a cette spécialité se nomme un *caribeneur* (Argot des voleurs).

CARLINE (La) : La mort.

Ce mot est usité dans les bagnes pour désigner cette vilaine personne.

Allusion au personnage de *Carlin* dont le visage est couvert d'un masque noir (Argot des voleurs).

CARRELEUR DE SOULIERS : Ouvrier lorrain qui vient tous les étés parcourir nos campagnes avec sa hotte sur le dos.

Il raccommode les souliers.

Ce nom lui vient de ce qu'il crie : *carreleur de souliers*.

Ce à quoi les gamins répondent :

— *Gare l'aut' soulier !* (Argot du peuple).

CAROTTE FILANDREUSE : Carotte tirée de longueur, mais peu claire comme explications.

Allusion à une vieille *carotte* pleine de *filaments*, qui ne se digère pas facilement.

— Ça ne prend pas, ta *carotte* est *filandreuse* (Argot du peuple). N.

CAZIN : Partie de billard qui se joue avec une quille au milieu du tapis (Argot du peuple). N.

CAZINER : Jouer au *cazin*, faire toucher par la bande les billes, en jouant avec la rouge (Argot du peuple).

CHAT (Mon petit) : Terme d'amitié employé souvent vis-à-vis d'une jeune fille.
Chat... (Argot du peuple). V. *Tâte-minette*. N.

CHATOUILLE (Une) : Une chansonnette.
Vieux terme de goguette :
— Allons, *dégoise*-nous ta petite *chatouille* (Argot du peuple). N.

CHENAILLER : Faire des reproches à quelqu'un.
C'est une façon polie pour ne pas dire engueuler.
— Je ne t'ai pourtant rien fait pour que tu soies toujours à me *chenailler* (Argot du peuple). N.

CHÉQUARDS : Les députés, ou, du moins, les Cent-Quatre à qui on reprocha si vivement d'avoir reçu des *chèques* du baron de Reinach et du fameux Arton (Argot du peuple). N.

CHEVALIER DE LA ROSETTE : Homme qui aime son sexe (Argot du peuple). N.

CHIFFARDE : La pipe.
— Pas mèche de fumer ma *chiffarde*, pas de *saint-père* (Argot du peuple).

CIBOULOT : La tête.
Perdre le *ciboulot* : perdre la tête.
Se faire sauter le *ciboulot* : se brûler la cervelle.
— Son *ciboulot* est vidé (Argot du peuple). N.

CLAIR COMME DE L'EAU DE BOUDIN : Affaire obscure, embrouillée.
Mot à mot : affaire ténébreuse.
Allusion à la noirceur de l'*eau* qui sert aux charcutiers pour faire cuire le boudin (Argot du peuple). N.

COUP DOUBLE : Deux jumeaux.
Ce mot peut se passer d'explications (Argot du peuple). N.

D

DARONNE DU DARDANT : La déesse Vénus.
Daronne, mère ; *dardant*, amour.
Mot à mot : la *mère des amours* (Argot des voleurs).

DARONNE DU GRAND AURE : La Sainte Vierge.
Je n'ai pu trouver nulle part la signification du mot *aure* (Argot des voleurs).

DÉBRICABRAQUÉ : Un *bric-à-brac* monte sa boutique de *bric* et de *broque*, *ric-à-rac* (petit à petit).

On construit une pièce avec différents morceaux, un *béquet* par-ci, un *béquet* par-là. Si elle ne plaît pas au directeur, il faut que l'auteur la *retape*, qu'il la *débricabraque*.

Mot à mot : qu'il la démolisse pour la *rebricabraquer* (Argot du peuple). *N*.

DÉCADENER : Quand le gendarme ôte le *cabriolet* d'un prisonnier, il le *décadène*.

Mot à mot : il le *déchaîne*.

On dit également *dédurailler* (Argot des voleurs).

DÉFILER SON CHAPELET : Quand deux commères se disputent, c'est un déluge de paroles et d'épithètes interminable.

— As-tu vu comme je lui ai *défilé mon chapelet* ?

Allusion au *chapelet* qu'une dévote fait tourner toute sa vie dans ses mains sans en trouver la fin (Argot du peuple). *N*.

DÉGUI : Abréviation de *déguisement* (Argot des voleurs).

F

FAGOT AFFRANCHI : Forçat libéré.

Mot à mot : il est *affranchi* de ses fers (Argot des voleurs).

FAGOT A PERTE DE VUE : Condamné aux travaux forcés à perpétuité.

Par abréviation on dit : *gerbé à perpète* (Argot des voleurs).

FAIRE : Les bouchers *font* un animal à l'abattoir.

Faire : tuer, voler.

Faire quelqu'un : le *lever*.

Faire : synonyme de *fabriquer* (Argot du peuple et des voleurs).

FAIRE LA TORTUE : Ne rien manger,

Jeuner volontairement ou par la force des choses (Argot des voleurs). *N*.

FEMME DE CARÊME : Femme outrageusement maigre.

Un hareng saur en jupons (Argot du peuple). *N*.

FERME TA GUEULE OU JE SAUTE DEDANS : On dit cela à un individu qui baille à se démantibuler la machoire, ou qui braille à vous assourdir (Argot du peuple). *N*.

FIN-DE-SIÈCLE : Cette expression nouvelle veut dire bien des choses.

Un chapeau excentrique est *fin-de-siècle*.

Une chanteuse comme Yvette; une danseuse comme la *Goulue*, un livre ou une pièce où les expressions sont ce qu'il y a de plus réaliste, tout cela est *fin-de-siècle* (Argots divers). *N.*

FLAMSIK : Flamand.

C'est une corruption du mot *flahut* (Argot des voleurs).

FLANCHE : Affaire.

— Si tu veux, mon vieil *aminche*, nous avons un rude *flanche* en vue?

— Je le connais ton *flanche* à la *manque* (Argot des voleurs).

FLAQUET : Le gousset du pantalon, ou la poche du gilet.

C'est là généralement où on met son argent.

Flac, sac ou *argent*, de là *flaquet* (Argot des voleurs).

FLEUR DE CONNERIE : Suprême imbécile, crème de crétin.

Mot à mot : le roi des *gaffeurs* (Argot du peuple). *N.*

FLOUE : La foule.

Quand la foule est nombreuse, les voleurs peuvent travailler à leur aise (Argot des voleurs).

FONCÉE : Une mariée est en *blanc* le matin, le soir elle change de costume, les loustics disent qu'elle est en *foncée* (Argot du peuple). *N.*

FONDANTS : Des bonbons pustuleux qui suintent sans cesse.

On dit : il a des *bonbons fondants* (Argot du peuple). *N.*

FOUINARD : Individu qui *fouine* partout, qui fourre son nez dans les affaires des autres.

Fouinard date de la pièce de *Lesurques*; c'était l'acteur Alexandre qui jouait le rôle de ce personnage (Argot du peuple).

FOURLINE : Vient de *fourloureur*. Ce mot signifie à la fois voleur et asssassin (Argot des voleurs).

FRICOTEUR : Agent d'affaires, synonyme de tripoteur.

Au régiment, les troupiers qui *coupent* aux exercices, aux corvées, en un mot au service, sont des *fricoteurs* (Argot du peuple).

H

HUILE DANS LA LAMPE (N'avoir plus d') : Mourir.

Allusion à la lampe qui *s'éteint* faute d'huile (Argot du peuple). *N.*

HOTEL-DIDEROT : La prison de Mazas.

On dit également *Mazas-les-Bains* (Argot du peuple). *N.*

M

MALHEUREUX (Être) : C'est l'état de pauvreté, en français.

En typographie, cette expression a une autre signification.

Dans une équipe, chacun, à tour de rôle, a son *tour de malheureux*, la liste en est affichée dans l'atelier de composition.

Les *malheureux* restent après les autres pour corriger, faire les *morasses* et serrer les formes (Argot d'imprimerie). *N.*

MANCHE (Avoir son) : Être formidablement en colère.

Un compositeur typographe qui a de la mauvaise copie (la mienne par exemple) qu'il ne peut lire, a *son manche* contre l'auteur.

Heureusement que ce n'est pas celui du balai.

Synonyme d'avoir *sa chèvre* (Argot d'imprimerie). *N.*

MESSIÈRES : Victimes.

Ce mot est très vieux ; il a été employé par Eugène Sue, à propos du personnage du *Maître d'école*, à qui la *Chouette* dit :

— Ma vieille *fourline*, attention, v'la les *messières* (Argot des voleurs).

MON LINGE EST LAVÉ : Quand deux individus se battent, celui qui est vaincu dit qu'il *a son linge lavé*.

Être arrêté a la même signification (Argot des voleurs).

MOULIN A CAFÉ : Le tribunal correctionnel.

Allusion à la vitesse avec laquelle les juges expédient les affaires.

Les prévenus sont condamnés à la vapeur (Argot du palais). *N.*

MOUILLER SES BIBELOTS : Pisser dans son pantalon (Argot du peuple).

MOTS A QUEUE : C'est une plaisanterie d'atelier fort amusante.

C'est un *homme de l'artichaud Colas*.

On en a fait des à-peu-près tout aussi drôles sur les heures.

Il est une heure, (*teneur*) de livres.

Deux heures, (*deux sœurs*) de charité.

Trois heures (*toiseur*) vérificateur.

Quatre heures, (*cardeur*) de matelas.

Cinq heures, (*zingueur*) plombier.

Six heures, (*ciseleur*) sur métaux.

Sept heures (*cette heure*) est la mienne.

Huit heures, (*huîtres*) d'Ostende.

Neuf heures, (*neveu*) de son oncle.

Dix heures, (*diseur*) de bonne aventure.

Onze heures, (*on se*) réunira à la maison mortuaire pour midi (Argot des ateliers).

N

N'EN JETEZ PLUS, LA COUR EST PLEINE : De 1848 à 1860, il exista un homme mystérieux qui chantait dans les cours ; son élégance et sa distinction l'avait fait surnommer le *marquis*.

Avec une voix très agréable, il chantait le répertoire de Désaugiers.

Aussitôt qu'il arrivait, les sous commençaient à pleuvoir drus comme grêle, il s'arrêtait avant d'entamer une nouvelle chanson et criait :

— *N'en jetez plus, la cour est pleine.*

L'expression est restée comme synonyme de : *j'en ai assez* (Argot du peuple). N.

NOIRE COMME LE CUL DU DIABLE : Se dit d'une femme brune, presque moricaude.

On dit également de quelqu'un qui a la conscience chargée de nombreux méfaits ;

— *Son âme est noire comme le cul du diable.*

Se dit aussi d'une affaire embrouillée, dans laquelle personne ne voit goutte (Argot du peuple).

P

PATTE DE VELOURS (Faire) : Avoir envie de dire des injures à quelqu'un et au contraire lui faire *risette*.

Avoir envie d'*égratigner* et au contraire *caresser*.

Allusion au chat qui rentre ses griffes quand il est content :

— Il fait *patte de velours* (Argot du peuple). N.

PHILOSOPHES : Des souliers.

Ils sont bien forcés d'accepter le temps comme il est, boue ou neige, et le pied qui les chausse.

On appelle également *philosophes* des grecs qui opèrent seuls dans les cercles et dans les tripots.

Le *philosophe d'allumage* est celui qui prépare les *pontes*, qui en ce cas deviennent des *pantes* (Argot du peuple). N.

PLUS DE GAZ DANS SON COMPTEUR : Mourir.

Le robinet de la vie est

fermé, les yeux sont *éteints* (Argot du peuple). *N.*

PUTAINS DES PAUVRES : Les députés

Cette expression nouvelle n'est pas très polie pour les *Bidards* du suffrage universel, si on s'en rapporte à la légende de Sainte-Thérèse.

Seulement cela ne doit pas être pris dans le même sens, car si les députés sont putains ce n'est pas par charité (Argot du peuple). *N.*

Q

QUENOTTES : Les dents.

— Fais voir, mon petit ami, tes jolies *quenottes* (Argot du peuple).

S

SANGLIER : Le prêtre.

Pourquoi ?

Le prêtre n'a pourtant rien du *sanglier*, ni les allures, ni la rudesse, car il ne tient pas tête à ceux qui le combattent (Argot des voleurs).

SCIER SON ARMOIRE : Quand le contrebassiste, dans un orchestre, fait sa partie, les voyous disent :

— Il *scie son armoire*.

Allusion de forme (Argot du peuple). *N.*

SE PAYER UN COUP DE VEUVE : S'offrir une satisfaction personnelle solitairement.

La *veuve*, c'est madame Poignet.

Quand un assassin *lingre* un *pante*, il s'offre un *coup de veuve*, seulement c'est *Charlot* qui opère à sa place, et la satisfaction n'est pas synonyme de jouissance (Argot du peuple). *N.*

SI MA TANTE ÉTAIT UN HOMME.

Cette expression est employée communément dans le peuple pour exprimer l'absence de la virilité de la femme :

— *Si ma tante en avait elle serait colonel dans la garde nationale* (Argot du peuple). *N.*

STOPPER : *Stopper*, arrêter.

Le mécanicien arrête la machine, il *stoppe*.

On dit à un orateur qui fait un discours maladroit : *stoppez*, dans le sens de taisez-vous.

La science du tailleur a créé le *stoppeur*, celui qui reprise les accrocs aux vêtements.

Il est regrettable que son aiguille habile ne puisse repriser les consciences, il aurait eu un rude ouvrage au Palais-Bourbon (Argot du peuple).

SUIF (En recevoir un) : Être fortement réprimandé par le patron.

On dit également recevoir un *gras*

— J'ai perdu un tiers, ce que le *contre-coup* m'a *graissé*, c'est un vrai *beurre*.

Deux mots pour exprimer le même objet (Argot du peuple).

SURETTE : Pomme.

Allusion à l'acidité de ce fruit que l'on rencontre en Normandie sur les grandes routes (Argot des voleurs).

SYMBOLE (Avoir un) :

Avoir un compte ouvert chez le mastroquet (Argot d'imprimerie).

T

TABLEAU-RADIS : Toile que le marchand n'a pu vendre.

Quand il *revient* à l'atelier, on dit : mon *tableau-radis*.

On en dit autant d'un livre : un *livre-radis*.

Allusion au *radis* rose ou noir qui occasionne des *renvois* (Argot d'atelier).

TAMBOUR : Chien.

Quand un étranger pénètre dans une maison, les aboiements réitérés du chien imitent le *roulement du tambour*.

L'expression *alarmiste*, citée plus haut, est plus juste (Argot des voleurs).

TARTE : Chose de mauvaise qualité.

Les faux-monnayeurs sont des *mornifleurs-tarte*.

Ils écoulent de *mauvais* argent.

Allusion aux *tartes* faites avec de la vieille graisse et de la farine avariée que l'on vend dans les fêtes foraines (Argot des voleurs). *N*.

TENIR LA CHANDELLE : Mari complaisant qui sait que sa femme le trompe et qui accepte ça très tranquillement.

L'amant de cœur d'une fille entretenue.

Ils *tiennent la chandelle* (Argot du peuple).

TIRE-BOGUE : Voleur à la tire qui a la spécialité de *faire les montres* (Argot des voleurs).

TOILE D'EMBALLAGE : Linceul.

Cette expression est toujours en usage, malgré que dans les hôpitaux on n'ensevelisse plus les morts dans des *serpillières* (Argot du peuple).

TROU AUX POMMES DE TERRE : La bouche (Argot du peuple).

VERTU NAUFRAGÉE : Jeune fille qui ne pourrait plus être couronnée rosière, même laïque ; sa *vertu a fait naufrage* sur le gazon ou ailleurs (Argot du peuple). *N*.

VIDER LE PLANCHER : S'en aller.

— Mon p'tit, ça ne marche plus, tu vas *vider le plancher* (Argot du peuple).

VIOLON : Les serruriers, pour percer des petits trous, se servent d'un foret emmanché dans une bobine pour l'activer ; ils ont une tige d'acier flexible, garnie d'un fil d'archal, ils appuient le pivot du foret sur une plaque de fer assujétie sur l'estomac ; cette plaque se nomme *conscience*, la tige d'acier se nomme un *archet*. Par le va et vient du foret, l'ouvrier joue un air de *violon* (Argot du peuple). *N*.

VOITURE A BRAS : Vieille femme.

Cette expression est employée pour dire qu'elle est une *vieille charrette* qui a traîné la moitié du Paris masculin (Argot du peuple).

VOLE-AU-VENT : Plume (Argot des voleurs).

FIN

Au moment d'imprimer cette dernière feuille, il m'arrive une série d'expressions nouvelles qui seront, pour compléter ce volume, publiées en supplément, à part.

Imp. Lambert, Épinette et Cie, 231, rue Championnet. — Paris.

DU MÊME AUTEUR

PARIS-DOCUMENTAIRE

VOLUMES PARUS

I. Paris-oublié.
II. Paris-qui-s'efface.
III. Paris-Canard.
IV. Paris-Palette.
V. Paris-Impur.
VI. Paris-Cocu.
VII. Paris-Police.
VIII. Paris-Escarpe.
IX. Paris-Boursicotier.
X. Paris-Galant.
XI. Paris-Médaillé.
XII. Paris-Croque-Mort.

VOLUMES A PARAITRE

Paris-la-Nuit.
Paris-Ambulant.
Paris-Dompteur.
Paris-Mastroquet.
Paris-Brasserie.
Paris-Bastringue.
Paris-Cabotin.
Paris-Palais.
Paris-Brocanteur.
Paris-Gargantua.
Paris-Canotier.
Paris-Tripot.
Paris-à-Table.
Paris-Mendigo.
Paris-Prison.
Paris-Escrime.
Paris-qui-s'éveille.
Paris-Toqué.
Paris-Musicien.
Paris-Huissier.
Paris-Étudiant.
Paris-Domestique.
Paris-Gavroche.
Paris-Borgia.
Paris-Badaud.
Paris-Cafard.
Paris-Portière.
Paris-Bourgeois.

VOLUMES DIVERS ÉPUISÉS

La Commune de Paris, 1870-1871.
Les Maisons comiques.
Mémoires secrets de Troppmann.
Les Virtuoses du Trottoir.
Les Curiosités de Paris.
Les Sauterelles rouges.
Ces Dames du grand monde.
Les Jeux et les Joueurs.

EN VENTE

TROTTOIRS & LUPANARS

PARIS-IMPUR

www.ingramcontent.com/pod-product-compliance
Lightning Source LLC
Chambersburg PA
CBHW070906170426
43202CB00012B/2213